企业内部审计全流程指南

杨文梅　主编

人民邮电出版社

北　京

图书在版编目（CIP）数据

　　企业内部审计全流程指南 / 杨文梅主编. —北京：
人民邮电出版社，2016.5（2023.3重印）
　　ISBN 978-7-115-42237-8

　　Ⅰ. ①企… Ⅱ. ①杨… Ⅲ. ①企业管理—内部审计—
指南　Ⅳ. ① F239.45-62

　　中国版本图书馆 CIP 数据核字（2016）第 072864 号

内 容 提 要

　　《企业内部审计全流程指南》依据最新的《中华人民共和国内部审计准则》《企业内部控制基本规范》《企业内部控制配套指引》《企业会计准则》《企业财务通则》等法规编写而成。

　　本书共分为五章，主要从内部审计机构的管理、内部审计工作流程步骤、企业绩效审计、业务流程内部控制审计、信息系统审计五个方面，对企业内部审计及其管理做了实操性的指引，通过大量的实战范本，对企业内部审计的整个流程进行了详细的介绍。

　　本书内容新颖、可操作性强，适合企业财务人员、内部审计从业者、企业管理者和相关财经院校的审计、财会类专业师生参考阅读。

◆ 主　　编　杨文梅
　　责任编辑　包华楠
　　责任印制　焦志炜
◆ 人民邮电出版社出版发行　　北京丰台区成寿寺路11号
　　邮编　100164　电子邮件　315@ptpress.com.cn
　　网址　http://www.ptpress.com.cn
　　北京天宇星印刷厂印刷
◆ 开本：787×1092　1/16
　　印张：20.5　　　　　2016年5月第1版
　　字数：450千字　　　2023 年 3 月北京第 33 次印刷
　　　　　　　定　价：59.00元
读者服务热线：(010) 81055656　印装质量热线：(010) 81055316
反盗版热线：(010) 81055315
广告经营许可证：京东市监广登字 20170147 号

前　言 preface

　　企业内部审计是在企业内部建立的一种独立的评价活动，它可以对企业的活动进行审查和评价。内部审计对企业管理起着制约、防护、鉴证、促进、建设和参谋的作用。

　　内部审计是我国审计监督体系中的一个重要组成部分，其作用丝毫不逊于外部审计。自我国加入世界贸易组织以来，经济快速增长，经济行为日益国际化，我国企业内部审计也得到了较快的发展，目前已具备了一定数量的组织机构和人员，内部审计在维护国家财经法纪、改善企业经营管理、提高企业经济效益等方面都发挥了积极的作用。但同时我们也看到，企业内部审计在发展进程中日益暴露出一系列亟待解决的问题，如内部审计机构设置不合理，隶属关系不清，具体业务缺乏指导；重视审计业务，忽视理论研究；不少人对审计工作不理解，认为企业领导是"一言堂"，轻视内部审计的作用，对内部审计有抵触情绪，甚至不配合，认为内部审计可有可无；专业人员配备不全，限制了内部审计工作的开展；重视服务监督，轻视服务机制。

　　然而，在当今国际金融资本与产业资本一体化程度不断加剧的现实背景下，企业之间的竞争越来越激烈，这就要求企业不断提高自身内涵式的发展能力，也就是提高企业自身的管理能力，而加强企业内部审计是企业改善管理、防范风险的有效途径，对企业经济目标的实现、提高经济效益具有十分重要的意义。

　　基于此，我们组织实战经验丰富的企业内部审计专业人士编写了《企业内部审计全流程指南》一书，主要从内部审计的管理、内部审计工作流程步骤、企业绩效审计、业务流程内部控制审计、信息系统审计五个方面，对企业内部审计及其管理做了实操性的指引，通过大量的实战范本，对企业内部审计的整个流程进行了详细的介绍。

　　本书具有以下特点。

　　1. 实操性强

　　本书涵盖了内部审计的整个流程介绍，并配有大量实战范本、图表和文书，与实际工作联系紧密，具有很强的操作性。

1

2. 指导性强

本书依据最新的《中华人民共和国内部审计准则》《企业内部控制基本规范》《企业内部控制配套指引》《企业会计准则》《企业财务通则》等法规编写而成，可作为内部审计从业者的培训用书和实用指南。

3. 专业性强

本书作者具有丰富的企业内部审计工作经验，对企业内部审计实施有独到的见解和操作经验。

本书由国际注册内部审计师（CIA）、高级会计师杨文梅主编，同时，获得了相关会计师事务所、税务师事务所、审计事务所等机构一线审计人员的支持与配合。参与本书编写和提供资料的有王益峰、梁文敏、齐小娟、陈超、车转、陈宇娇、成晓霞、程思敏、郭鹏丽、蒋昆波、李建伟、李相田、马晓娟、王丹、王雅兰、王振彪、武晓婷、徐亚楠、赵娜、赵仁涛、谭双可、冯永华、李景安、吴少佳、赵静洁、唐晓航、陈海川、马会玲、卢硕果、庞翠玉、闻世渺、任克勇、滕宝红，全书由杨文梅统稿、审核完成。在此，作者对上述机构和人员所付出的努力表示衷心感谢。

由于作者水平有限，本书不足之处在所难免，恳请读者提出宝贵意见和建议。

目　录 |contents

第1章　内部审计的管理

内部审计是企业内部经济监督的一种形式，是企业内部审计机构依照国家有关法规和企业有关规章制度，对企业（包括投资的企业、承包租赁的企业）和各部门的财务收支及其经济活动的真实性、合法性、合理性和有效性进行独立审计，对企业安排的工作落实情况进行审计监察，以达到堵塞漏洞、完善制度、改善管理、提高经济效益的目的。

第2章　内部审计工作流程步骤

任何工作都是有序可循的，内部审计工作也是如此。为了完善企业内部审计工作、确保内部审计人员顺利完成审计任务，有必要规范内部审计具体业务的操作流程。

第3章　企业绩效审计

为了规范绩效审计工作，提高绩效审计质量和效率，根据《内部审计基本准则》，中国内部审计协会制定了《第2202号内部审计具体准则——绩效审计》。绩效审计已成为审计工作的发展方向，审计工作的重点已逐步由真实性、合法性向效益性转移。

第4章　业务流程内部控制审计

内部控制审计是通过对被审计单位的内部控制制度的审查、分析测试、评价，确定其可信程度，从而对内部控制是否有效作出鉴定的一种现代审计方法。内部控制审计的具体目标可以概括为：检查并评价内部控制能否确保资产和资金的安全，即检查并评价内部控制能否保障资产和资金的存在、完整、为我所有、金额正确、处于增值状态。

第5章　信息系统审计

　　信息系统审计是指内部审计机构和内部审计人员对组织的信息系统及其相关的信息技术内部控制和流程所进行的审查和评价活动。

第1章

内部审计的管理

内部审计是企业内部经济监督的一种形式，是企业内部审计机构依照国家有关法规和企业有关规章制度，对企业（包括投资的企业、承包租赁的企业）和各部门的财务收支及其经济活动的真实性、合法性、合理性和有效性进行独立审计，对企业安排的工作落实情况进行审计监察，以达到堵塞漏洞、完善制度、改善管理、提高经济效益的目的。

第1节 内部审计机构的建立与管理

一、内部审计机构的设置

（一）内部审计机构的设置方式

内部审计机构应结合部门、单位的组织管理体系等具体情况予以设置。一般而言，内部审计机构的设置采取分级管理和集中管理两种方式。

1. 分级管理方式

分级管理方式是指按照部门、单位的组织级次设置审计机构，一级组织相应设置一级审计机构；部门、单位本级的审计机构对下属各内部审计机构进行统一指导，下属审计机构独立行使职权。分级管理的方式可使内部审计人员熟悉各自单位的环境和情况，使审计有较强的针对性和及时性；但也会使内部审计机构过于庞大，内部审计人员会受到所在单位负责人的一定约束，独立性相对不强。

2. 集中管理方式

集中管理方式是指只在本部门、本单位最高层次设置内部审计机构，在下属单位不专门设置内部审计机构，由专门派出的审计人员对下属单位进行审计。在这种设置方式下，派出人员对下属单位具有较高的权威，其独立性程度也较高。但要求加强审计的计划性，在了解下属单位的实际情况之后，再开展工作。

提醒您

> 分级管理与集中管理也不是截然分开的，内部审计机构的设置可根据企业的特点灵活选择。例如，一些特大型企业，或是下属单位众多的部门，就宜采用分级管理的形式；如有必要，也可在部门内对一些较小的下属机构，实行集中管理。

（二）内部审计机构的设置原则

内部审计机构设置与其他机构设置一样，需要遵循一定的组织原则和要求，以便真正发挥内部审计机构的作用并达到其他既定的工作目标。设置内部审计机构需要遵循以下几个原则。

1. 应当保持内部审计机构相对的独立性

企业设置内部审计机构时必须符合审计独立性的原则。内部审计机构，无论是部门中的还是企业中的，均必须保持其组织上和业务上的独立地位。有的单位将内部审计机构附设在财务部门内，这是不合适的，因为内部审计机构要审计财务收支和财务报表，监督财务工作，要对内部控制进行评价，如果将其设置在财务部门内，则很难对财务工作、会计信息进行有效的监督和评价。财务部门和其他部门一般是同级部门，如果将内部审计机构设置在财务部门内，则难以对其他部门进行有效的监督和评价。同样，如果将内部审计机构设置在其他部门内，则内部审计机构就丧失了其独立性，就难以客观地进行审计。

相关链接 》》》...

内部审计机构与董事会或者最高管理层的关系

内部审计机构与董事会或者最高管理层的关系是指内部审计机构因其隶属于董事会或者最高管理层所形成的接受其领导并向其报告的组织关系。《第2302号内部审计具体准则——与董事会或者最高管理层的关系》对此作出了明确的规定。

一、一般原则

内部审计机构应当接受董事会或者最高管理层的领导，保持与董事会或最高管理层的良好关系，实现董事会、最高管理层与内部审计在组织治理中的协同作用。

1. 对内部审计机构有管理权限的机构

对内部审计机构有管理权限的董事会或者类似的机构包括：

（1）董事会；

（2）董事会下属的审计委员会；

（3）非盈利组织的理事会。

2. 对内部审计机构有管理权限的最高管理层

对内部审计机构有管理权限的最高管理层包括：

（1）总经理；

（2）与总经理级别相当的人员。

3. 内部审计机构与董事会或者最高管理层的关系

内部审计机构与董事会或者最高管理层的关系主要包括：

（1）接受董事会或者最高管理层的领导；

（2）向董事会或者最高管理层报告工作。

内部审计机构负责人应当积极寻求董事会或者最高管理层对内部审计工作的理解与支持。

在设立监事会的组织中，内部审计机构应当在授权范围内配合监事会的工作。

二、接受董事会或者最高管理层的领导

1. 接受领导的方式

内部审计机构接受董事会或者最高管理层领导的方式主要包括：

（1）报请董事会或者最高管理层批准审计工作事项；

（2）接受并完成董事会或者最高管理层的业务委派。

2. 报请批准的事项

内部审计机构应当向董事会或者最高管理层报请批准的事项主要包括：

（1）内部审计章程；

（2）年度审计计划；

（3）人力资源计划；

（4）财务预算；

（5）内部审计政策的制定及变动。

3. 其他

内部审计机构除实施常规审计业务外，还可以接受董事会或者最高管理层委派的下列事项：

（1）进行舞弊检查；

（2）实施专项审计；

（3）开展经济责任审计；

（4）评价社会审计组织的工作质量；

（5）其他。

三、向董事会或者最高管理层报告

内部审计机构应当与董事会或者最高管理层保持有效的沟通，除向董事会或者最高管理层提交审计报告外，还应当定期提交工作报告，一般每年至少一次。

1. 报告的内容

内部审计机构的工作报告应当概括、清晰地说明内部审计工作的开展以及内部审计资源的使用情况，主要包括下列内容：

（1）年度审计计划的执行情况；

（2）审计项目涉及范围及审计意见的总括说明；

（3）对组织业务活动、内部控制和风险管理的总体评价；

（4）审计中发现的差异和缺陷的汇总及其原因分析；

（5）审计发现的重要问题和建议；

（6）财务预算的执行情况；

（7）人力资源计划的执行情况；

（8）内部审计工作的效率和效果；

（9）董事会或者最高管理层要求或关注的其他内容。

2. 提交报告的要求

（1）内部审计机构提交工作报告时，还应当对年度审计计划、财务预算和人力资源计划执行中出现的重大偏差及原因作出说明，并提出改进措施。

（2）内部审计机构应当及时向董事会或者最高管理层提交审计报告，审计报告应当清晰地反映审计中发现的重要问题、审计结论、意见和建议。

3. 须交流的事项

日常工作中，内部审计机构还应当与董事会或者最高管理层就下列事项进行交流：

（1）董事会或者最高管理层关注的领域；

（2）内部审计活动满足董事会或者最高管理层信息需求的程度；

（3）内部审计的新趋势和最佳实务；

（4）内部审计与外部审计之间的协调。

2. 应当注意保持其功能性和效率性的统一

内部审计机构是企业中专门从事审计工作的部门。为真正发挥内部审计机构的专业监督作用，企业应该设置专职工作岗位，规定内部审计机构和内部审计人员的专属职能，保证其不参与直接经营活动，不直接承担经营责任，不能经管其他部门、其他单位的钱财物资和账目。只有在形式和实质上置身于具体的业务之外，内部审计机构才能保持内部审计的独立性，其审计工作的成果才能被管理层和其他部门认可。

3. 应保存内部审计机构和报告的足够权威性

内部审计机构在开展审计工作和提交审计报告时，必须具有一定的权威性，只有具有权威性，才能减少内部审计的阻力和障碍，顺利开展审计工作，实现强化内部审计和监督的目标。因此，在设置内部审计机构时，企业最高管理层和治理层应该明确授权内部审计机构进行独立审计和报告的权利。

（三）内部审计机构的组成

企业的内部审计机构通常由执行董事、审计委员会和审计人员组成。

1. 执行董事

执行董事是审计工作的委托和最高决策机构。执行董事负责依据企业的规章制度，管理及决策要求，结合股东的具体利益要求等因素，委托企业内部或外部审计机构具体的审计监察事项；根据股东会授权，决定外部审计机构的聘请和改聘，审批审计结果和审计决定等。

2. 审计委员会

审计委员会为执行董事下设专业委员会，是企业审计工作的最高管理机构。其职责为：

（1）确定年度内部审计工作重点，审议、批准企业内部审计制度和企业年度内部审计计划；

（2）监督企业的审计制度执行及其实施；

（3）提议聘请或更换外部审计机构；

（4）组织协调和配合外部审计机构对企业的审计工作；

（5）组织企业本部各部门、项目部召开审计工作会议；

（6）审议核定内部审计报告和内部审计决定。

3. 审计人员

审计人员为企业审计工作的具体执行者。其职责为：

（1）制订企业审计监察制度、具体审计业务规范和年度审计计划；

（2）定期按审计计划对企业的各项经济业务、财务工作进行审计，发布审计通知书；

（3）依据审计监察制度要求，或者企业高级管理人员及执行董事的委托，参与企业重大经济业务决策，监核决策过程；

（4）接受企业高级管理人员和执行董事的委托，对特殊经济事项等进行专项审计；

（5）出具审计报告，发表审计意见，并作出包括错弊纠正、责任人追究、程序制度修正等在内的审计决定，向总经理和执行董事汇报；

（6）根据审计结论和发现的问题，组织对企业管理人员和普通员工进行业务规范、制度规范等方面的培训；

（7）对阻挠审计工作及拒绝提供资料的人员，有权向执行董事提出建议，采取必要措施，追究其责任；

（8）协调外部审计工作；

（9）负责调查、处理企业内部各种涉及经济问题的检举信件；

（10）对审计结果中反映出的重大问题，可先形成处理意见，然后提交审计委员会讨论解决。

二、内部审计人员优化配置

高质量的审计来自高素质的审计队伍，在众多审计资源中，人才是根本性和决定性的要素。

（一）配置适宜的内部审计人员数量

在大中型企业中，应当根据规模的大小，职工人数的多少，独立核算机构的数量和职权的分解程度，设置相应规模的内部审计机构。从内部审计工作实践来看，内部审计机构在经营管理中发挥重要作用的企业一般规模较大。一般认为，我国目前内部审计人员数量占企业职工总数的0.5%比较合适。

（二）调整内部审计机构专业人才结构

调整内部审计机构专业人才结构，主要体现在以下几个方面。

1. 合理调整内部审计人员的业务水平结构

合理调整内部审计人员的业务水平结构，目的是保证内部审计专业人才具有相对较高的水平。理想的配置是要保持中高级人才在审计队伍占较高的比例。随着内部审计的不断发展，内部审计涉及内容十分广泛，内容相当深入，也加大了内部审计机构的责任，对内部审计人员提出了更高的要求。内部审计人员的业务水平评价标准应包括学历水平、职称等级和工作经验。

企业要加强对内部审计人员的配备，明确对内部审计人员的业务素质要求。在人员选择上，内部审计机构要比其他管理部门有更大的自主权，要求进入内部审计机构的人员必须有较高的素质，应具有大学本科以上学历，同时内部审计人员最少取得一项国家中级以上的专业资格证书，同时应具有三年以上基层工作经验。内部审计人员只有具有较高的素质，才能确保工作质量，为开展现代管理审计和风险审计打下坚实的基础。

2. 合理调整审计队伍的专业技术结构

随着内部审计内容和对象的不断扩展，要求内部审计人员掌握的知识技能种类不断扩展。内部审计人员所需要的执业知识的范围相当广泛，包括会计、审计、法律、税务、信息技术等。内部审计是一项涉及面非常宽的工作，因此，内部审计人员专业结构应当包括财务、审计、法律、管理、经济、期货、工程等，在取得专业资格上至少应有"五师"组合配备，即会计师、审计师、经济师、工程师和律师五方面的专业人员，这样才能基本符合现代综合审计的需要。

3. 合理调整审计队伍的年龄结构

将经验丰富的资深内部审计人员和富有革新精神的年轻内部审计人员合理结合，发挥各自优势，避免出现"断层"现象，同时为审计工作的稳定与持续发展提供保证。

4. 合理调整审计队伍来源结构

由于内部审计是一门综合性和专业性很强的工作，要求人员来源要趋于多元化。内部审计人员的来源不同，各自的工作经历、专业特长和不足等也各不相同。

人员来源主要有以下几个方面。

（1）从高等学校招聘的大学毕业生：他们拥有很好的理论基础，接受新生事物快，但缺乏审计实务知识，缺乏对企业整个业务流程的深刻认识，缺乏综合管理知识，缺乏良好的沟通能力。

（2）企业内部财会人员：他们的财会实务经验丰富，擅长财务收支审计，但由于长期从事具体账务工作，缺乏综合管理知识，思维存在局限性。

（3）工程和造价管理人员：他们一般具有工程及技术经济专业背景，主要从事工程项目审计，但由于专业单一，难以适应管理审计、绩效审计等综合性审计的要求。

（4）企业内部具有丰富阅历的领导人员：他们一般年龄偏大，具有严谨的逻辑思维能力、丰富的管理经验和良好的沟通能力，但缺乏活力和创新力，缺乏对国际内部审计理念的吸收。

（5）企业内部其他部门调入的人员。

5. 借用内外专家或聘请外部中介机构进行审计

内部审计机构不可能配置所有适应企业内部审计业务需要的专业人才，因此，在内部审计人员的配置上，企业可以采取以下措施。

（1）临时借用内部或外部的专家参与审计工作，在充分利用专家的专业知识的同时也节约了审计资源，降低了审计成本。

（2）部分大型审计项目聘请外部中介机构联合审计。发挥内外各级专业人才的力量，对于部分专业性强的审计采取聘请外部中介机构联合审计的办法。

（3）联合其他职能部门一起组成审计组开展审计。为加强与其他职能部门的合作，企业内部审计机构与其他职能部门应联合就共同关注的问题进行审计，这样不仅可以加强其他部门对审计工作的认识和理解，还可以增强内部审计机构和其他部门的团结协作精神，从而增强整体审计效果，提高内部审计人员的专业技能和素质，避免重复工作，提高工作效率。

相关链接 »»...

合格的内部审计人员应当具备的条件

合格的内部审计人员不仅应具备丰富的知识，还应具备一定的专业胜任能力。

一、必备知识

合格的内部审计人员需要掌握以下知识。

1. 内部审计知识

作为内部审计人员，掌握一定的审计知识是最起码的要求。

2. 财务知识

掌握一定的财务知识，能使内部审计人员通过财务系统了解到很多业务轨迹，为内部审计工作提供线索。

3. 内部控制及风险管理知识

在企业随时会面临各种风险的情况下，内部审计人员必须理解风险管理的概念，风险和控制是一个问题的两个方面，只有风险而无控制就可能出问题，只有控制而无风险则是在浪费资源。

4. 公司治理知识

因为内部审计与公司治理参与者之间存在着报告关系，所以内部审计人员应掌握一定的公司治理知识，将公司治理作为审计对象，能够促进公司治理与企业管理及其内部控制的整合。

5. 信息技术知识

内部审计人员必须迎接信息技术的挑战，要了解本单位的信息系统和精通各种审计软件，通过使用审计软件可以提高审计效率和审计质量。

6. 单位的经营业务

熟悉本单位的经营业务对内部审计人员来说至关重要，若不懂本单位的经营业务，就不能深入企业内部，去发现需要解决的问题。

二、必备能力

以上知识通过多看相关方面的书籍就可以掌握，但是，学习知识不是目的，具备一定的能力才是关键。合格的内部审计人员需要具备以下能力。

1. 发现问题的能力

在一个陌生的组织中如何发现问题，是内部审计人员每天都要面对的问题，发现问题是内部审计人员的天职，也是内部审计人员的立身之本，如何才能发现问题，内部审计人员应具备一定的敏感性和判断力。

2. 分析问题的能力

分析问题贯穿于整个审计过程的始末，从制订审计计划、分析发现的问题、寻求解决问题的办法等都需要内部审计人员具备很强的分析问题的能力。

3. 解决问题的能力

只发现问题显然不够，内部审计人员还要与被审计单位一同寻求解决问题的办法，只有把问题解决，才有可能使被审计单位接受审计意见。合格的内部审计人员必须具备很强的解决问题的能力。

4．表达能力

不管有多么重大的审计发现，也不管有多么可行的问题解决方案，如果内部审计人员不能把问题和方案表达清楚，那么会使审计成果大打折扣。合格的内部审计人员应具备一定的书面表达能力和口头表达能力。

5．人际交往技巧

由于内部审计人员经常发现被审计单位工作中发生错误或低效率的地方，内部审计人员经常会存在潜在的人际关系的冲突，具有良好的沟通协调能力，以积极的态度运用人际交往技巧可以有效解决人际关系的冲突。

三、内部审计人员的职业道德规范

内部审计人员职业道德是内部审计人员在开展内部审计工作中应当具有的职业品德、应当遵守的职业纪律和应当承担的职业责任的总称。

《第1201号——内部审计人员职业道德规范》是内部审计职业规范体系的重要组成内容。它从职业道德行为的角度对内部审计人员的职业素质、品质、专业胜任能力等各方面提出了严格的要求，保证内部审计人员能够独立、客观地进行内部审计活动，确保内部审计作用的发挥，促进组织目标的实现。

（一）诚信正直

内部审计人员在从事内部审计活动时，应当保持诚信正直。

1．诚实、守信

内部审计人员在实施内部审计业务时，应当诚实、守信，不应有下列行为：

（1）歪曲事实；

（2）隐瞒审计发现的问题；

（3）进行缺少证据支持的判断；

（4）做误导性的或者含糊的陈述。

2．廉洁、正直

内部审计人员在实施内部审计业务时，应当廉洁、正直，不应有下列行为：

（1）利用职权牟取私利；

（2）屈从于外部压力，违反原则。

（二）客观、公正

内部审计人员应当遵循客观性原则，在实施内部审计业务时，应当实事求是，不得由于偏见、利益冲突而影响职业判断。

1. 对客观性进行评估

内部审计人员实施内部审计业务前，应当采取下列步骤对客观性进行评估：

（1）识别可能影响客观性的因素；

（2）评估可能影响客观性因素的严重程度；

（3）向审计项目负责人或者内部审计机构负责人报告客观性受损可能造成的影响。

2. 识别可能影响客观性的因素

内部审计人员应当识别下列可能影响客观性的因素：

（1）审计本人曾经参与过的业务活动；

（2）与被审计单位存在直接利益关系；

（3）与被审计单位存在长期合作关系；

（4）与被审计单位管理层有密切的私人关系；

（5）遭受来自组织内部和外部的压力；

（6）内部审计范围受到限制。

3. 采取保障内部审计客观性的措施

内部审计机构负责人应当采取下列措施保障内部审计的客观性：

（1）提高内部审计人员的职业道德水准；

（2）选派适当的内部审计人员参加审计项目，并进行适当分工；

（3）采用工作轮换的方式安排审计项目及审计组；

（4）建立适当、有效的激励机制；

（5）制定并实施系统、有效的内部审计质量控制制度、程序和方法；

（6）当内部审计人员的客观性受到严重影响且无法采取适当措施降低影响时，停止实施有关业务，并及时向董事会或者最高管理层报告。

（三）提高专业胜任能力

内部审计人员应当保持并提高专业胜任能力，按照规定参加后续教育。内部审计人员应当具备下列履行职责所需的专业知识、职业技能和实践经验：

（1）审计、会计、财务、税务、经济、金融、统计、管理、内部控制、风险管理、法律和信息技术等专业知识，以及与组织业务活动相关的专业知识；

（2）语言文字表达、问题分析、审计技术应用、人际沟通、组织管理等职业技能；

（3）必要的实践经验及相关职业经历。

提醒您

内部审计人员应当通过后续教育和职业实践等途径，了解、学习和掌握相关法律法规、专业知识、技术方法和审计实务的发展变化，保持和提升专业胜任能力。

（四）保密

内部审计人员应当遵循保密原则，按照规定使用其在履行职责时所获取的信息。

内部审计工作的性质决定了内部审计人员经常会接触到组织的一些机密的内部信息及资料，内部审计人员应当对这些信息及资料进行保密，不能滥用，要避免因信息泄露给组织带来损失。

（1）内部审计人员应当对实施内部审计业务所获取的信息保密，非因有效授权、法律规定或其他合法事由不得披露。

（2）内部审计人员在社会交往中，应当履行保密义务，警惕非故意泄密的可能性。

（3）内部审计人员不得利用其在实施内部审计业务时获取的信息牟取不正当利益，或者以有悖于法律法规、组织规定及职业道德的方式使用信息。

第 2 节　内部审计机构的工作管理

一、工作程序规范化

企业有必要制定内部审计机构的工作程序，对内部审计机构的工作加以规范，并可以此作为绩效考核的依据。表1-2-1是某企业内部审计机构工作程序规范。

表1-2-1　内部审计机构工作程序规范

序号	步骤	规定
1	编制年度审计工作计划	内部审计机构在年初应根据董事会的要求和本集团公司的具体情况，确定审计重点，编制年度审计工作计划，经副总经理、运营总监审核后执行
2	确定审计对象和制定项目审计方案	（1）内部审计机构根据批准的年度审计工作计划，结合具体情况，确定审计对象，并指定项目负责人 （2）项目负责人在对被审计单位的生产经营、财务收支等情况初步了解的基础上，编制项目审计方案，确定具体的审计时间、范围和审计方式等，经内部审计机构经理批准后实施
3	发出审计通知书	除突击审计外，内部审计机构根据批准的项目审计方案，成立审计组并在项目审计开始三天前，将审计的时间、范围、内容、方式、要求及审计人员名单等事项通知被审计单位
4	搜集审计证据	在审计过程中，内部审计人员要根据审计工作具体要求，科学、严密地搜集并分析审计证据，认真编写审计工作底稿，记录审计过程，获取有价值的审计证据，并对审计中发现的问题，随时向有关企业、部门和人员提出改进意见

序号	步骤	规定
5	提出正式审计报告	（1）内部审计机构在对审计事项进行审计后，应进行综合分析，编写审计报告初稿，征求被审计单位意见 （2）被审计单位应当自接到审计报告初稿之日起五日内提出书面意见；自接到审计报告五日内未提出书面意见的，视同无异议 （3）当被审计单位对审计结论有不同意见时，首先，对事实和数据是否确切可以提出补充意见，经审计组查明后修改或补充；其次，对审计报告的法规依据和处理建议的内容也可提出不同的看法，内部审计机构可以采纳或维持原报告结论 （4）内部审计机构在征求被审计单位的意见后，提出正式审计报告，报送副总经理、运营总监审定批示，由副总经理、运营总监办公会议或董事会作出审计决定或由内部审计机构作出审计意见书，抄送被审计单位并通知其执行；若需其他有关单位或部门协助执行的，应当制发协助执行审计决定通知书
6	检查审计决定的执行情况	（1）被审计单位或者协助执行的有关单位、部门应当自审计意见书和审计决定送达之日起一个月内，将审计决定的执行情况书面报告内部审计机构 （2）内部审计机构应当自审计意见书和审计决定送达之日起两个月内，检查审计决定的执行情况 （3）被审计单位未按规定期限和要求执行审计决定的，内部审计机构应当责令执行；仍不执行的，提请总裁裁决
7	复审	（1）被审计单位对审计结论和决定如有异议，应在收到审计结论和决定之日起五日内向副总经理、运营总监提出书面复审申请，副总经理、运营总监对是否有必要复审作出决定 （2）复审小组人员由副总经理、运营总监直接指定（审计人员与被审计单位当事人回避），在副总经理、运营总监作出复审决定之日起三十日内进行复审。在复审中如发现隐瞒或漏审、错审等情况，复审小组应重新作出审计结论。在申请复审和复审期间，原审计结论和决定应照常执行。复审小组的复审结论和决定为终审结论和决定，被审计单位必须执行
8	建立审计档案	内部审计机构办理的每一审计事项都必须按规定要求在审计结论和决定后一个月内建立审计档案，并妥善保管，以备考查。审计档案未经副总经理、运营总监批准不得销毁，亦不得擅自借其他单位和部门调阅

二、内部审计机构的项目管理

内部审计机构应当根据年度审计计划确定的审计项目，编制项目审计方案并组织实施，在实施过程中做好审计项目管理与控制工作。

（一）项目管理的职责

在审计项目管理过程中，内部审计机构负责人与项目负责人应当充分履行职责，以确保审计质量，提高审计效率。

1. 内部审计机构负责人

内部审计机构负责人在项目管理中应当履行下列职责：

（1）选派审计项目负责人并对其进行有效的授权；

（2）审定项目审计方案；

（3）督导审计项目的实施；

（4）协调、沟通审计过程中发现的重大问题；

（5）审定审计报告；

（6）督促被审计单位对审计过程中发现的问题进行整改；

（7）其他有关事项。

2. 审计项目负责人

审计项目负责人在项目管理中应当履行下列职责：

（1）编制项目审计方案；

（2）组织审计项目的实施；

（3）对项目审计工作进行现场督导；

（4）向内部审计机构负责人及时汇报审计进展及重大审计发现；

（5）组织编制审计报告；

（6）组织实施后续审计；

（7）其他有关事项。

（二）项目管理的工具

内部审计机构可以采取下列辅助管理工具，完善和改进项目管理工作，保证审计项目管理与控制的有效性：

（1）审计工作授权表；

（2）审计任务清单；

（3）审计工作底稿检查表；

（4）审计文书跟踪表；

（5）其他辅助管理工具。

提醒您

内部审计机构应当建立审计项目档案管理制度，加强审计工作底稿的归档、保管、查询、复制、移交、销毁等环节的管理工作，妥善保存审计档案。

三、利用外部专家服务的管理

利用外部专家服务是指内部审计机构聘请在某一领域中具有专门技能、知识和经验的人员或者单位提供专业服务，并在审计活动中利用其工作结果的行为。

（一）适宜利用外部专家服务的范围

内部审计机构和内部审计人员可以在下列方面利用外部专家服务：

（1）特定资产的评估；

（2）工程项目的评估；

（3）产品或者服务质量问题；

（4）信息技术问题；

（5）衍生金融工具问题；

（6）舞弊及安全问题；

（7）法律问题；

（8）风险管理问题。

（二）对外部专家的聘请

内部审计机构聘请外部专家时，应当对外部专家的独立性、客观性进行评价，评价时应当考虑下列影响因素：

（1）外部专家与被审计单位之间是否存在重大利益关系；

（2）外部专家与被审计单位董事会、最高管理层是否存在密切的私人关系；

（3）外部专家与审计事项之间是否存在专业相关性；

（4）外部专家是否正在或者即将为组织提供其他服务；

（5）其他可能影响独立性、客观性的因素。

> **提醒您**
>
> 在聘请外部专家时，内部审计机构应当对外部专家的专业胜任能力进行评价，考虑其专业资格、经验、声望等。

（三）签订服务协议

在利用外部专家服务前，内部审计机构应当与外部专家签订书面协议。书面协议主要包括下列内容：

（1）外部专家服务的目的、范围及相关责任；

（2）外部专家服务结果的预定用途；

（3）在审计报告中可能提及外部专家的情形；

（4）外部专家利用相关资料的范围；

（5）报酬及其支付方式；

（6）对保密性的要求；

（7）违约责任。

（四）对外部专家服务结果的评价和利用

内部审计机构在利用外部专家服务结果作为审计证据时，应当评价其相关性、可靠性和充分性。

内部审计机构在评价外部专家服务结果时，应当考虑下列影响因素：

（1）外部专家选用的假设和方法的适当性；

（2）外部专家所用资料的相关性、可靠性和充分性。

提醒您

内部审计机构在利用外部专家服务时，如果有必要，则应当在审计报告中提及。内部审计机构对外部专家服务评价后，如果认为其服务的结果无法形成相关、可靠和充分的审计证据，则应当通过实施其他替代审计程序补充获取相应的审计证据。

四、内部审计与外部审计的协调

内部审计与外部审计的协调是指内部审计机构与社会审计组织、国家审计机关在审计工作中的沟通与合作。

（一）协调的目的

内部审计应当做好与外部审计的协调工作，以实现下列目的：

（1）保证充分、适当的审计范围；

（2）减少重复审计，提高审计效率；

（3）共享审计成果，降低审计成本；

（4）持续改进内部审计机构工作。

（二）协调的方法

内部审计与外部审计之间的协调，可以通过定期会议、不定期会面或者其他沟通方式进行。

（三）协调的内容

内部审计与外部审计的协调工作包括下列方面：

（1）与外部审计机构和人员的沟通；

（2）配合外部审计工作；

（3）评价外部审计工作质量；

（4）利用外部审计工作成果。

内部审计与外部审计应当在审计范围上进行协调。在编制年度审计计划和项目审计方案时，应当考虑双方的工作，以确保充分、适当的审计范围，最大限度减少重复性工作。

在条件允许的情况下，内部审计与外部审计应当在必要的范围内互相交流相关审计工作底稿，以便利用对方的工作成果。

五、内部审计中人际关系的协调

内部审计机构是组织内部的特殊机构，其职责就是对组织的经营管理活动进行审计和评价。为了履行职责，内部审计人员不仅要与组织内部所有的人员打交道，还要与组织外部的人员进行沟通和协作。如果不能恰当地处理人际关系，就很可能导致内部审计人员与相关人员之间产生冲突，不仅无法保证内部审计作用的充分发挥，还会直接影响内部审计人员的生存和发展空间。

（一）人际关系的建立

内部审计中的人际关系是指内部审计人员在审计活动中形成的与组织内外相关机构和人士之间相互交往与联系的关系，既包括与组织内部主要负责人、高层管理者、其他相关职能部门、职员之间的人际关系，也包括与组织外部审计机关、社会审计机构、税务机关、往来银行、法律顾问、专家等之间的人际关系。

1. 建立与组织负责人和高层管理者的良好人际关系

内部审计人员接受组织负责人的委托进行内部审计，因此，内部审计工作的顺利开展首先需要组织负责人和高层管理者的授权和支持，为此，必须与组织负责人和高层管理者保持良好的人际关系。

2. 形成与组织中其他职能部门良好的人际关系

内部审计人员应当与组织中其他职能部门如财务、供销、生产、人力资源等部门形成良好的沟通和人际关系，在审计活动中更好地相互合作和取得更多的支持。例如，开展内部审计活动时需要从其他职能部门了解组织的相关情况；审计中发现问题时，获得其他职能部门的意见有助于寻找更优的解决方法；在审计意见的落实和事后监督等方面都需要与其他职能部门的相互协作支持，才能实现审计成果的高效利用。

3. 维护与组织外部的良好人际关系

内部审计工作的顺利高效进行需要组织外部相关机构和有关人士的认同和支持，及时获得充分、相关、可靠的审计证据。例如，通过银行函证取得可靠的审计证据；合理利用外部审计的结果，必要时可以聘请外部专家的协助，获取专业帮助，如进行资产评估、基建工程验收、法律咨询等。

4. 与内部审计机构中的其他成员之间的关系

内部审计机构成员间应建立并保持良好的人际关系，重视各成员间的人际关系、相互协作、相互包容，形成良好的团队精神。

（二）处理人际关系的方式和方法

1. 良好的个人形象

俗话说"正人先正己"。由于内部审计人员工作在一个充满矛盾的环境中，他们必须具有良好的个人形象。除了自身的声望与正直之外，内部审计人员还需要得到领导、被审计人和同事的信赖。

2. 沟通

内部审计人员在处理人际关系时，应当主动、及时、有效地与他人进行沟通，以保证信息的快捷传递和充分交流。

（1）沟通的类型

内部审计人员处理人际关系时采用的沟通类型包括两类，如图1-2-1所示。

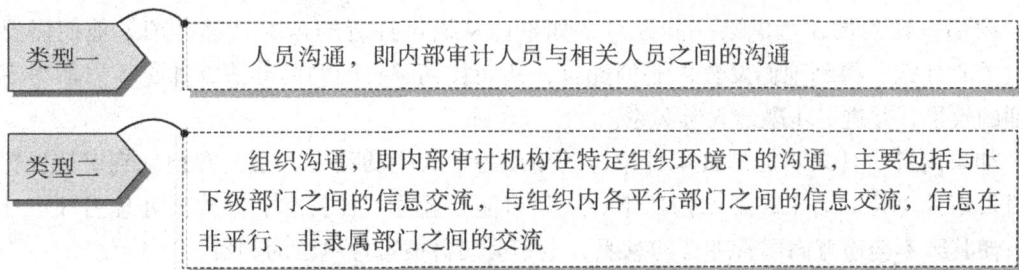

类型一	人员沟通，即内部审计人员与相关人员之间的沟通
类型二	组织沟通，即内部审计机构在特定组织环境下的沟通，主要包括与上下级部门之间的信息交流，与组织内各平行部门之间的信息交流，信息在非平行、非隶属部门之间的交流

图1-2-1　沟通的类型

（2）沟通的方式

内部审计人员处理人际关系时采用的主要沟通方式有口头沟通和书面沟通两种。口头沟通，即内部审计人员利用口头语言进行信息交流。书面沟通，即内部审计人员利用书面语言进行信息交流。

（3）沟通的途径

沟通的途径如图1-2-2所示。

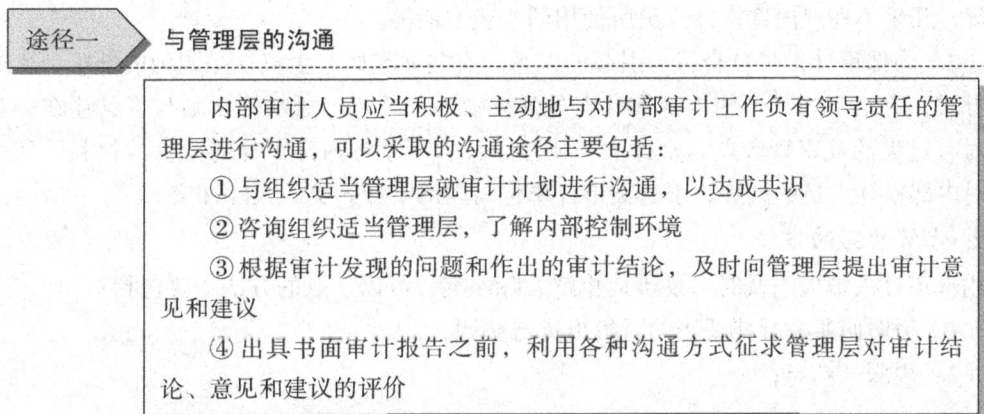

途径一	与管理层的沟通

内部审计人员应当积极、主动地与对内部审计工作负有领导责任的管理层进行沟通，可以采取的沟通途径主要包括：

①与组织适当管理层就审计计划进行沟通，以达成共识

②咨询组织适当管理层，了解内部控制环境

③根据审计发现的问题和作出的审计结论，及时向管理层提出审计意见和建议

④出具书面审计报告之前，利用各种沟通方式征求管理层对审计结论、意见和建议的评价

途径二　与被审计单位的沟通

内部审计人员应当与被审计单位建立并保持良好的人际关系，可以采取下列沟通途径获得被审计单位的理解、配合和支持：

①在了解被审计单位基本情况时，应当进行及时、有效的沟通和协调

②通过询问、会谈、会议、问卷调查等沟通方式，了解被审计单位业务活动、内部控制和风险管理的情况

③通过口头方式或者其他非正式方式，与被审计单位交流审计过程中发现的问题

④在审计报告提交之前，以书面方式与被审计单位进行结果沟通

图1-2-2　沟通的途径

3. 换位思考

内部审计人员在考虑某一问题时，如果能从被审计者的角度考虑，理解他们需要什么、关心什么，得到他们发自内心的配合，从而找到解决问题的办法，那么可以取得意想不到的效果，并进一步融洽人际关系。

如果内部审计人员能从被审计单位的角度考虑其中的利害关系，并预见到审计处罚决定对被审计单位的后果，那么内部审计人员可能会选择一种折中的方式来处理内部审计活动，使其既不会违背高层管理者的意愿，也不会损害被审计单位的利益。

（三）内部审计工作中人际冲突的起因

1. 引起冲突的原因

内部审计人员与被审计者之间存在着潜在的人际冲突。这种冲突可以概括为以下两种。

（1）被审计者害怕内部审计人员。由于部分被审计者害怕内部审计人员在审计过程中发现问题并会对其造成不利，形成了双方潜在的冲突，这种冲突是被审计者受到潜在威胁的感情反应。部分被审计者认为，内部审计人员没有资格不断审查其活动。这种想法可能是由于内部审计人员缺乏处理人际关系的技巧，以致将不存在的缺陷表示出来而产生的。部分被审计者会抱怨，内部审计人员打乱了其正常的工作秩序，不必要地改变了其所遵循的常规，几乎不理解内部审计人员所使用的专业术语等。

（2）内部审计人员自身行为引起的误解。有些冲突的产生仅仅是因为内部审计人员工作的方式、方法不当。一些内部审计人员强调缺陷、差错，通常把缺陷与责备连在一起，经常对有过失的被审计者点名批评。如果被审计者不了解内部审计的职责与权利，那么会造成对内部审计人员的误解，引起被审计单位与内部审计人员的人际冲突。

2. 化解冲突的方法

内部审计人员应当及时、妥善地化解人际冲突，可以采取的方法主要包括：

（1）暂时回避，寻找适当的时机再进行协调；

（2）说服、劝导；

（3）适当的妥协；

（4）互相协作；

（5）向适当管理层报告，寻求协调。

第3节　内部审计质量控制

内部审计质量控制是指内部审计机构为保证其审计质量符合内部审计准则的要求而制定和执行的制度、程序和方法。

提高内部审计质量是一项系统工程，应从每项基础工作、每个审计项目和每个审计环节抓起，实施全面质量控制。

一、健全内部审计组织保障机制

内部审计的成功运作，需要有制度健全、运行有效的公司治理模式配合。为此，企业应从完善独立董事制度、合理设计经理激励约束机制、实现董事长与总经理分离、明晰产权等方面强化公司治理。内部审计机构要逐步实现由董事会、审计委员会或最高管理者领导，对其负责并报告工作，独立于各职能部门，发挥其权威性。

（1）在董事会下设立审计委员会，审计委员会主要由独立董事组成，其中至少应有一名为财会方面的专家。它的职责是对总经理的职责和经营完成情况进行控制监督，直接对董事会负责并报告工作。

（2）在总经理层以下设立审计机构，主要是对总经理以下的各级职能管理部门及分公司、业务分部经理等的职责和任务完成情况进行监督管理，协助总经理进行日常的控制管理活动，对总经理负责并报告工作。

（3）在各分公司设立审计工作组，负责监督分公司的各项生产或管理活动，并配合上级审计机构进行各项审计活动。其中，审计委员会与经理层，审计机构及各审计工作组之间都存在着业务上的指导关系，以保证审计工作的顺利开展。

这种模式的建立能使审计的独立性、权威性在很大程度上得到保障，同时又与国际内部审计师协会的《内审实务准则》的要求相一致。当然，企业内部审计机构的设置模式并不一定要千篇一律，只要能保证内部审计职能的充分发挥和内部审计质量符合要求即可。

二、建立健全质量控制制度

企业应结合自身的实际情况建立健全各项审计制度，促使内部审计工作向制度化和规范化方向发展。

（一）全面质量控制制度

全面质量控制制度主要包括职业道德原则、专业胜任能力、工作委派、督导、咨询、业务承接、监控等。制定全面质量控制政策和程序要使其有效且切合实际。首先要考虑人员职业道德、业务能力，工作的委派要与其实际能力相适应，做到任务具体、职责明确，用规章制度规范和管理工作；要在实际工作中不断完善全面质量控制政策与程序，并采取措施保证各项制度全面贯彻落实；建立激励与约束机制，奖罚分明。确保所有审计工作符合独立审计准则的要求。

（二）项目质量控制制度

项目质量控制制度是搞好质量控制的关键。

（1）内部审计人员要在执行全面质量控制政策和程序中选择适用于审计项目的质量控制程序。

（2）督导人员应当在考虑助理人员的专业胜任能力等情况下，合理确定对其工作进行指导、监督和复核的方式及程度。对每一个业务项目都必须从头严抓，按操作程序做好每一步，在实施过程中要及时传达指导意见，监督审计全过程，了解出现的重要会计和审计问题并及时提出处理意见。

（3）严格执行复核制度，任何一级都要具体明确复核内容和承担相应的责任，层层把关，确保每一个项目的每一个环节自始至终符合独立审计准则的要求。

三、健全内部审计质量的人员控制机制

（一）落实内部审计质量控制主体权责

1. 建立健全内部审计质量控制机构

进行内部审计质量控制，必须设置一个健全有效的组织机构及配备相应的专职人员。

对于规模较大，业务相对复杂的企业，应当建立结构独立的、体质完善的内部审计机构职能部门，并配备相应职能的内部审计人员团队，做到能够有效处理内部审计工作，增强对企业运营状况的监控。

若企业规模较小，审计业务量较少，则可以简化处理，设置专门的拥有相当的专业技能的内部审计质量控制人员或直接由内部审计机构负责人完成内部审计质量控制工作，总之，务必做到完善企业的内部审计质量控制机构的设置，从而能够真正有效地促进企业的发展。

2. 建立健全内部审计质量控制岗位责任制

只有将内部审计质量控制的职责落实到每一个岗位和人员，才能够避免形成内部审计质量控制的真空地带，使内部审计质量控制取得良好的效果，同时使内部审计质量得到保证。健全有效的内部审计质量控制岗位责任制，能有效地提高内部审计工作质量。

（二）提高内部审计职业人员的综合素质

全面提高内部审计职业人员的综合素质，加强内部审计队伍建设。内部审计职业人员的素质包括学识、工作经验、职业技能和职业道德等，这些对内部审计工作的质量起着决定性作用。要保证和提高内部审计质量，就要有一批合格的、胜任的、高素质的内部审计职业人员。加强内部审计队伍建设要从图1-3-1所示的几方面着手。

要点一 ▶ **建立职业准入制度和从业资格制度**

> 对进入内部审计机构的人员要严格把关，按照一定的程序和职业条件选任内部审计人员，包括知识、技能、经验、职称资格等。要求从业人员取得和具有与其工作相适应的专业资格，确保内部审计人员达到履行其职责所需要的专业胜任能力。对不符合审计职业条件的内部审计人员，采取一定程序、方式淘汰，退出职业队伍

要点二 ▶ **加强对内部审计人员职业的后续教育**

> 企业根据自身情况的不同，应当组织各种相应的后续教育活动。企业应当有计划、有步骤地安排内部审计人员参加一些高层次的短期培训，系统地更新知识，鼓励内部审计人员利用业余时间接受相关学历或专业进修教育。组织的培训活动除审计、财会专业外，还应涉及与审计工作相关的企业管理、经济法规、市场营销、计算机技术等

要点三 ▶ **建立内部审计人员待遇提高和晋升制度**

> 对公司员工而言，从事工作的最基本的需求就是薪金待遇，一个拥有待遇提高和晋升制度的企业，无疑能够提高员工对工作的积极性和紧迫感，使其更加坚定的恪守岗位，认真对待自己的工作，同时，也能不断吸引外界高素质的专业内部审计人才加入

图1-3-1 加强内部审计队伍建设的要点

四、内部审计质量控制的手段

为了实现内部审计质量控制的日常监督与定期监督相结合，内部审计机构和内部审计人员应做到以下几点。

（一）充分发挥审计组长的督导作用

审计组长在审计项目质量控制中占有很重要的地位，内部审计质量的好坏，在很大程度上取决于审计组长的能力与水平。审计组长除具备专业经验和全面的业务能力、做好协

调工作外，主要工作还应该放在加强内部审计项目质量控制方面。

（二）抓好三级复核制度的落实

三级复核制度是指内部审计机构项目负责人、部门负责人和机构负责人对具体审计项目履行情况进行逐级审查的制度。各级复核人员应明确其具体复核的内容和承担的责任，实现层层把关、级级负责，确保每一个审计项目的每一个环节自始至终都处于适当层次的控制之中。实施三级复核应坚持"全面复核，突出重点"的原则，即在重点复核审计报告、审计意见和审计建议的同时，兼顾对审计方案的制定和执行、审计事项的调查和取证、审计工作底稿的编制、审计程序的实施等方面的复核，努力做到复核的内容覆盖审计项目的全部，不留盲区。

（三）建立责任追究和奖惩制度

建立责任追究制度的目的在于促使各级内部审计人员明确各自责任、强化责任意识、降低审计风险。实施责任追究制度，在对违规者进行处罚的同时，也对遵循者实施了保护，是确认审计人员审计责任的一种方式。

同时，要将审计质量的高低与内部审计人员的职务升降、奖金提成和相关业务技能培训相挂钩，将奖惩制度落实到内部审计质量控制的实行工作中。

五、审前、审中、审后全过程控制

审计是一个过程，审计质量控制也是一个过程。因此，要保证内部审计质量、不断提高内部审计工作水平，就必须从审前、审中、审后三个环节，对审计项目实施全过程控制。

（一）审前控制

审前控制包括审计项目选择控制和审计方案制定控制。

1. 审计项目选择

审计项目选择要重点放在：

（1）领导关注、员工关心、社会重视、资金投入大的项目；

（2）与当前中心工作相关而且容易成为热点话题的项目；

（3）选择内部审计机构力所能及且能够获得被审计单位接受、支持配合的项目；选择工作改进空间较大，在增值性等方面有潜力的项目；选择基础数据和资料有保障的项目。

2. 审计方案制定控制

（1）应进行充分的审前调查，在摸清被审计对象总体情况的前提下，科学、合理地确定审计范围、审计内容、审计重点、审计目标、内部审计人员分工安排和审计时间等，并明确各级负责人对下级内部审计人员的监督和指导责任。

（2）应使所制定的审计方案全面具体、细化到位、便于操作，完整体现审计的全过程要求。

（3）应明确规定审计方案调整的情况和审批要求，减少审计方案调整的随意性。

（二）审中控制

审中控制主要是工作底稿编制控制和审计技术方法控制。

1. 工作底稿编制控制

从完整意义上讲，审计工作底稿应记录审计查出的问题和审计工作过程。审计查出问题的记录主要记录审计成果，它是编制审计报告、提出审计意见和建议的依据，需要被审计单位认可并签字；而审计工作过程的记录反映的是内部审计人员实施审计检查的范围和方法，它有助于检查内部审计人员的工作状况，分清审计责任，防范审计风险，不需要被审计单位签字认可。

针对目前内部审计人员注重审计查出问题的记录而忽视审计工作过程的记录的情况和两种记录性质上的差异，比较恰当的做法是实行审计日记和审计底稿两种文本格式，前者登记审计工作过程，按日记录或按工作段落记录；后者登记审计工作成果，按事记录，后附原始材料或取证材料。

2. 审计技术方法控制

运用现代审计技术方法，防范和控制内部审计风险。其主要措施有以下两项。

（1）使用以制度基础审计方法为核心，兼容抽样审计法与详细审计法的审计方法体系。运用制度基础审计确定重点，对审计重点采取详细审计，增加审计证据数量，减少失误和差错；对非审计重点采取抽样审计法，确定合理的样本量，作出审计判断和结论。这样，可以克服传统的、单一的审计方法的缺点，推动和促进内部控制的建设和执行，使审计主客体之间良性互动，达到既提高审计效率，又防范和控制内部审计风险的目的。

（2）用现代科学技术改进审计方法和手段。企业可以应用计算机辅助审计方法，迅速提高内部审计人员计算机专业知识和技能，不断开发设计计算机辅助审计软件，建立审计作业平台。以审计方法的创新，来提高审计质量，降低内部审计风险。

（三）审后控制

审后控制主要是审计报告编制复核和审计结论的执行情况。

1. 审计报告编制复核

审计报告是内部审计机构向组织领导报告审计项目结果的文件，是内部审计机构向被审计单位下达审计结论的方式，是审计工作的最终成果，是审计质量的综合体现。企业应对审计报告实施三级复核。重点复核：

（1）审计事实是否清楚；

（2）审计程序是否合适，是否实现审计目标；

（3）审计证据是否具有客观性、相关性、充分性和合法性；

（4）审计依据是否正确；

（5）审计评价意见是否恰当；

（6）审计建议是否利于改善组织的风险管理和增加组织价值；

（7）审计报告的结构是否完整、层次分明，用语是否规范。

2. 审计结论的执行情况评价分类

对审计报告复核后，应做好复核标识，以便分清责任。同时，应根据审计结果及审计建议、处理决定的执行情况等对被审计单位进行信用评价并分类，分别建立起各自的信用档案，实行分类管理，并作为今后内部审计工作的参考。

第2章

内部审计工作流程步骤

　　任何工作都是有序可循的，内部审计工作也是如此。为了完善企业内部审计工作、确保内部审计人员顺利完成审计任务，有必要规范内部审计具体业务的操作流程。

第1节　审计立项与授权

一、审计立项

审计立项是指确定具体的内部审计项目，即被审计的对象。审计对象包括集团下属的各子公司，集团内部的各职能部门、各项经营活动或项目、系统等。

审计对象的选择一般由以下三种方式决定：

（1）内部审计机构通过对企业的经营活动进行风险分析来制订年度审计工作计划，经批准后逐项实施；

（2）由公司总裁或董事会下达计划外专项审计任务；

（3）由被审计者提出审计要求，经批准实施审计业务。

二、审计批准与授权

对于已立项的审计项目，内部审计机构应在审计实施前以正式报告的形式报集团总裁审核、批准与授权。

第2节　审计准备

在确定审计事项后，内部审计人员开始审计准备工作，制订审计计划。审计准备工作包括以下内容。

一、初步确定具体审计目标和审计范围

（一）确定内部审计目标

内部审计的总目标是审查和评价企业各项经营管理活动，协助企业成员有效地履行他们的职责。针对已确定的具体审计任务，内部审计人员应制定具体的审计目标，以有助于拟定审计方案和进行审计工作结束后的审计评价。

（二）确定内部审计的范围

内部审计的范围一般包括以下几个方面：

（1）组织内部控制系统的恰当性和有效性；

（2）财务会计信息，资料的准确性、完整性、可靠性；

（3）经营活动的效率和效果；

（4）资产的护卫情况；

（5）对法律、法规及政策、计划的遵守和执行情况；

内部审计人员应根据具体的审计任务确定具体的审计范围以确保审计目标的实现。

二、研究背景资料

在制订审计计划时应收集、研究被审计对象的背景资料。

当被审计对象为集团子公司、职能部门时，背景资料主要包括其组织结构、经营管理情况、管理人员相关资料、定期的财务报告、有关的政策法规、预算资料等。

当被审计对象为某一项目、系统时，背景资料主要是指其立项和预算资料、合同及相关责任人资料等。

如果在以前年度实施过内部审计，则应调阅以前的审计文件，关注以前的审计发现及被审计对象对审计建议的态度。

三、成立审计小组和确定审计时间

不同的审计项目要求内部审计人员具备不同的知识和技能，根据实际业务的需要，内部审计机构应安排适当的内部审计人员，指定审计项目负责人，并对审计工作进行具体安排。

成立审计小组的同时，应初步确定审计时间，包括审计开始的时间、外勤工作时间、审计结束及审计报告的提出时间。

四、编制年度审计工作计划

企业的内部审计机构应在年初根据董事会的要求和企业的具体情况，确定审计重点，编制年度审计工作计划，经副总经理、运营总监审核后执行。

年度审计工作计划是对年度预期要完成的审计任务所作的工作安排，是企业年度工作计划的重要组成部分。

（一）年度审计工作计划的内容

年度审计工作计划应当包括下列基本内容：

（1）年度审计工作目标；

（2）具体审计项目及实施时间；

（3）各审计项目需要的审计资源；

（4）后续审计安排。

（二）年度审计工作计划的编制依据

编制年度审计工作计划应当结合内部审计中长期规划，在对组织风险进行评估的基础上，根据组织的风险状况、管理需要和审计资源的配置情况，确定具体审计项目及时间安排。

内部审计机构在编制年度审计工作计划前，应当重点调查了解下列情况，以评价具体审计项目的风险：

（1）组织的战略目标、年度目标及业务活动重点；

（2）对相关业务活动有重大影响的法律、法规、政策、计划和合同；

（3）相关内部控制的有效性和风险管理水平；

（4）相关业务活动的复杂性及其近期变化；

（5）相关人员的能力及其岗位的近期变动；

（6）其他与项目有关的重要情况。

五、制定项目审计方案

审计方案说明了审计目标、范围和具体进行的程序。同进，审计方案还是对审计工作的记录。

对内部审计人员来说，审计方案就像船长手中的航海图、驾驶员面前的交通图一样意义重大。一份完善的审计方案应该像一张清晰明确的道路图，标明了审计的工作方向和步骤，为内部审计人员有效地进行现场检查和评价活动提供了行动指南；同时，它也应该成为内部审计人员在现场审计过程中实现自我控制的一种手段，以保证效率和效果的方式在规定的时间和费用预算范围内达到审计目标，完成审计任务。

审计方案在计划审计工作时由审计负责人初步制定，并在审计工作实际进行中根据需要进行修改和调整。

提醒您

内部审计机构在实施审计时，应当根据年度审计项目计划或指令和被审计单位的情况及预计审计工作的复杂程度，决定是否编制审计方案。预计审计时间短、审计目标单一、情况简单的审计项目，可以不编制审计方案。

（一）审计方案的内容

审计方案的主要内容包括：

（1）编制审计方案的依据；

（2）被审计单位的名称和基本情况；

（3）审计目的、审计范围及审计策略；

（4）重要财会及经济活动问题及重点审计区域；

（5）审计工作进度及时间预算；

（6）审计组组成及人员分工；

（7）重要性水平的确定及风险的评估；

（8）需被审计单位配合支持的事项；

（9）编制审计方案的日期；

（10）其他有关内容。

提醒您

审计组在编制审计方案时，应当考虑项目审计的要求、审计成本效益和可操作性，并对审计重要性、财会及经营活动的风险程度进行适当评估。

（二）审计方案的编写

1. 编写审计方案前资料的收集

审计组编写审计方案时，应当收集、了解与审计事项有关的法律、法规、规章、政策和其他文件资料。

审计组编写审计方案前，应当调查了解被审计单位的下列情况，并要求被审计单位提供有关资料：

（1）业务性质、经营规模与特点及管理组织结构；

（2）经营情况与经营风险；

（3）合同、协议、章程、营业执照、法人代码证、税务登记证、贷款证等法律性文件；

（4）计划审计期间的各种经济活动合同和分析性资料、各项预算及执行情况；

（5）银行账户、会计报表及其他有关的会计资料；

（6）财务会计机构及工作情况；

（7）相关内部控制制度；

（8）相关的重要会议记录；

（9）前次接受审计、检查的情况；

（10）有关行业和财经政策及宏观经济形势对被审计单位的影响；

（11）其他与编制审计方案相关的重要情况。

提醒您

审计组对曾经审计过的单位，应当注意利用原有的审计档案资料。

2. 审计方案的编写

内部审计人员可以同被审计单位的有关人员就审计方案的某些要点和某些审计程序进行讨论，使被审计单位有关人员配合审计程序的执行及有关协调工作，但独立编制审计方案仍是内部审计人员的责任。

审计项目负责人应当根据被审计单位的下列情况，编制项目审计方案：

（1）业务活动概况；

（2）内部控制、风险管理体系的设计及运行情况；

（3）财务、会计资料；

（4）重要的合同、协议及会议记录；

（5）上次审计结论、建议及后续审计情况；

（6）上次外部审计的审计意见；

（7）其他与项目审计方案有关的重要情况。

（三）审计方案的审核

对审计方案，应审核以下主要事项：

（1）审计目的、审计范围及重点审计领域的确定是否恰当；

（2）时间预算是否合理；

（3）审计组成员的选派与分工是否恰当；

（4）对被审计单位的内部控制制度的信赖程度是否恰当；

（5）对审计重要性的确定及风险的评估是否恰当；

（6）审计程序能否达到审计目标；

（7）审计程序是否适合各审计项目的具体情况；

（8）其他需要审核的事项。

（四）审计方案的调整

审计组在实施审计过程中，发现审计方案不适应实际需要时，可以根据具体情况按照规定及时调整。

审计组调整审计方案，应当向审计部主管说明调整的理由，书面提出调整建议，报经审计部主管同意后实施。

审计组在特殊情况下不能按前条规定办理调整审计方案签批手续的，可以口头请示审计部主管同意后，调整并实施审计方案。项目审计结束时，审计组应当及时补办签批手续。

六、发出审计通知书

在审计前，内部审计人员应发出"审计通知书"（如图2-2-1所示），通知被审计单位进行审计的时间、审计目标和范围，并要求被审计单位及时准备相关的文件、报表和其他资料，告知需要配合的相关事项。

在经授权实施突击审计的情况下，内部审计机构可不预先通知被审计单位。

图2-2-1　内部审计通知书

内部审计通知书

内审[　　]字

签发：

_____部/项目部：

　　根据公司审计委员会批准，审计员将于近期内对你部门进行内部审计工作，具体审计时间和计划将在审计开始前一周通知，请在接到审计员通知的具体审计时间和计划后尽快完成准备工作并提前进行工作安排。

　　请各有关部门对审计工作予以协助。

审计员：_____

_____年____月____日

（一）什么是审计通知书

审计通知书是指内部审计机构在实施审计之前，告知被审计单位或者人员接受审计的书面文件。

（二）审计通知书的内容

审计通知书应当包括下列内容：

（1）审计项目名称；

（2）被审计单位名称或者被审计人员姓名；

（3）审计范围和审计内容；

（4）审计时间；

（5）需要被审计单位提供的资料及其他必要的协助要求；

（6）审计组组长及审计组成员名单；

（7）内部审计机构的印章和签发日期。

提醒您

审计通知书最好能够明确对被审计单位的以下要求：

① 及时提供审计人员所要求的全部资料；

② 为审计人员的审计提供必要的条件及合作；

③ 审计费用的承担方式；

④ 其他要求事项。

【实战范本 01】年度审计计划

年度审计计划

一、导言

××公司审计部已完成了××年度审计计划，本计划是按照××公司《内部审计章程（草）》，同时参照了国际内部审计师协会颁布的《内部审计实务标准》而制定的。审计计划以风险为基础，采用了风险评估、研讨会等方式，确定了本年度内部审计工作目标和审计计划的工作重点，除例行常规性的审计任务外，审计部已将××年度公司采购供应环节作为本年度重点审计项目，同时亦考虑对员工反映的重点问题进行审计。

我们的年度审计计划是在广泛征求意见的基础上，充分考虑了被审计单位和部门的意见和建议以及公司实际情况后确定的。

由于所属单位和部门的差异较大，被评估的高风险领域不同，我们在选择可审计项目时充分考虑了差异性。

××年度审计计划中的审计项目将在目前已有的审计资源上完成，包括一名审计副总、一名审计经理，三名审计人员。

此外，××年度审计项目是基于目前的风险评估，这些项目将受到未来风险评估变化的影响。

二、××年度内部审计工作目标

××年度审计部工作目标将紧紧围绕公司生产经营和管理工作，按照董事会制定的年度工作总体思路和主要经营目标，在公司内部为董事会和管理部门提供客观的审计和检查服务，以内部审计部门的宗旨为使命，确保履行我们的服务与监督职能。

我们的目的就是协助董事会建立良好的公司治理机制，并对公司各级管理部门有效履行职责提供审核、意见和建议。

我们审计部××年度的发展目标，将重点培养审计专业骨干，强化审计部监督与服务职能，扩大审计部的服务范围，并通过内部培训提高审计人员的计算机操作水平和业务分析能力，提高业务技能，同时注重改进我们的审计方法和审计技巧。

三、××年度审计项目说明

鉴于各单位、部门实际情况不一，确定的审计项目不同，现对其分述如下。

（一）对上年度财务报告、本年季度报、半年报财务信息进行内部审计

审计级次：一级（重点项目）。

审计安排：全年。

审计目标：上年年报、本年季度报、半年报财务信息的合法性、合规性、真实性和完整性的内部审计。

审计内容：财务报表是否遵守《企业会计准则》及相关规定；会计政策与会计估计是否合理，是否发生变更，是否存在重大异常事项，是否满足持续经营假设，与财务报告相

关的内部控制是否存在重大缺陷或重大风险，各项财务信息是否准确完整。

（二）采购供应环节项目审计

审计级次：一级（年度重点项目）。

审计安排：优先。

审计目标：检查采购供应部门运作和内部控制系统，测定是否遵守已确定的政策、程序、标准及其他内部控制制度，并评价控制的适当性和效果性。

审计内容：

（1）确定重要原料和物品的采购是否从多个符合条件的供应商那里取得详细的报价单，并确定是否向批准的供应商订货；评价供应商的信誉情况、所提供产品的质量和价格以及能否及时供货；

（2）确定公司采购供应主管和职员与批准的供应商之间是否存在潜在利益冲突；

（3）是否制订采购计划并由授权的主管按采购计划进行审批，是否提交书面订单；

（4）是否由独立于采购部门和会计部门的人员对收货数量进行审核；

（5）是否由独立于采购部门的人员对收到的原料和货物的质量进行审核；

（6）原材料出入库记录是否完整；

（7）对购入原材料和货物而发生的应付账款的记录是否采取良好的控制。

审计程序：

（1）向采购部经理和采购人员询问，并发放相关调查问卷；

（2）根据公司有关的采购供应政策和程序手册，编制采购审批授权流程图；

（3）抽查有关的购货文件和记录；

（4）对所有可获取的购货文件记录的审批授权情况进行测试。

（三）募集资金的使用和保管

审计级次：一级（年度重点项目）。

审计安排：每季度一次。

审计目标：募集资金按《深圳市××科技股份有限公司募集资金管理办法》进行管理和使用，审批控制手续完备、账务记录准确、完整。

审计内容：

（1）检查募集资金三方监管协议是否有效执行，支付款审批权限是否按公司规定执行；

（2）是否存在未履行审议程序擅自变更募集资金用途、暂时补充流动资金、置换预先投入、改变实施地点等情形；

（3）募集资金使用与已披露情况是否一致，项目进度、投资效益与招股说明书是否相符；

（4）监督募集资金购买的大额固定资产项目是否签订合同，合同履行是否正常，合同审批权限是否符合授权规定。

（四）固定资产审计

审计级次：一级（年度重点项目）。

审计安排：半年度一次。

审计目标：固定资产内部控制管理制度有效运行；固定资产的购置符合授权审批的

规定，入账手续齐全，计价符合会计准则和会计政策要求；半年度、年度固定资产的盘点情况。

审计内容：

（1）固定资产购置的审批授权权限、签订购买合同是否经过审批程序，入账是否准确及时，核算和折旧、减值准备的计提等是否符合公司财务制度的要求；

（2）固定资产购买所签订合同是否按合同条款予以执行，每年度抽查合同××份以上；

（3）固定资产的保管、使用、管理、维护、盘点等是否符合内部控制制度的要求；

（4）检查购入资产的运营状况是否与合同所标的功能相一致。

（五）常规性审计项目

审计级次：二级。

审计安排：按季度或月度时间点进行。

审计目标：财务信息的管理控制。

审计内容：

（1）每月对公司各内部机构以及×××、×××等子公司的会计资料、财务收支环节及有关的经济活动的合法性、合规性、真实性和完整性进行审计；

（2）每月根据财务凭证和支付款项目抽查采购与付款、固定资产、销售与回款等环节的财务控制项目××至××项，进行合规性检查；

（3）每月抽查××至××项物料领料程序的审批、出库、使用、欠料、退料等是否符合公司内部控制管理制度；

（4）每月抽查××至××项成品出库程序，出库指令是否符合公司规定、出库单是否严格按审批流程签字确认。

（六）突发性审计或临时性审计

根据公司实际需要，按照公司董事会、审计委员会、公司管理者提出的需要，进行内部突发性审计工作或临时性审计工作。

四、审计资源分配情况

审计资源的分配是基于审计部一名审计经理，三名审计人员而完成的。安排具体审计项目的时间是在征询了被审计单位和部门意见的基础之上而确定的。审计资源分配情况如表2-2-1所示。

表2-2-1　审计资源分配情况

审计项目	审计开展时间	所需时间（小时）	人员数量	备注
一、重点审计项目		840		
（一）采购供应审计	××年5月1日	480	4	
（二）募集资金项目审计	资金到位之时、半年度	360	2	
二、常规性审计项目		560		
（一）关联交易项目	××年7月	240	2	

（续表）

审计项目	审计开展时间	所需时间（小时）	人员数量	备注
（二）××分公司	××年12月底	120	2	
（三）××分公司	××年12月底	200	2	
三、突发性审计项目	按公司要求	视项目而定	视项目而定	
四、后续教育		600	4	
五、非审计会议及培训		300	4	
六、审计计划	××年1月	80	4	
七、审计实施	全年度	1400+未定（三项）		年度合计
八、审计跟踪	项目审计之后	200		年度合计
九、其他事项		待定		

五、后续审计的必要安排

审计部将执行公司内部审计章程，接受公司既定的后续审计政策。

我们有责任对审计报告中认为有问题的每一审计项目实施后续审计，安排相关后续审计计划、审计范围和目标，实施相关后续审计程序，其目的是确定有无采取纠正措施，向公司董事会和管理层报告这些措施，并评价它们对纠正审计过程中发现的缺陷的效果。

同时，我们有责任和义务发送与后续审计有关的报告。

六、风险评估过程

审计部已基本按照××年度审计计划完成了各项审计工作，我们总结了××年审计过程中发现的问题，评价了审计效果，针对公司、所属单位和部门的实际情况（包括经营状况、管理水平、高风险区域等），拟定了××年度审计计划。

鉴于公司管理层正在将风险管理融入到公司的全面运营之中，我们力求将内部审计工作与其协调一致，使这两项工作产生协同增效的作用。

审计部在对可能影响公司的风险进行了评估后，制定了可审计项目计划核对表，将其发至公司的管理层，管理层提出了各自的建议，我们根据反馈的意见对各单位、各部门的可审计项目进行修定后下发至各单位、各部门（具体明细如表2-2-2所示），要求各单位、各部门对可审计项目提出建议。

表2-2-2　××公司××年度可审计项目计划核对表

序号	审计项目	意见与建议	备注
1	采购供应环节审计		
2	生产成本环节审计		
3	销售及应收账款审计		

（续表）

序号	审计项目	意见与建议	备注
4	募集资金项目审计		
5	关联交易项目审计		
6	基建工程项目审计		
7	××分公司常规审计		
8	×××分公司常规审计		
9	其他突发性例行审计项目		

各单位、各部门在进行了充分的讨论后，对可审计项目提出了各自的建议，审计部认真研究了来自各个方面的反馈信息，最终确定了××年度审计项目，为了不影响各单位、各部门的日常工作，同时增加每次审计的效率和效果，我们与被审计部门讨论了××年度具体审计项目的实施时间。

七、附则

以上年度计划呈公司董事会、审计委员会批复。

【实战范本02】集团公司××年度审计工作计划

集团公司××年度审计工作计划

一、集团公司内部审计工作总体思路

（一）今后五年公司审计工作的总体目标

由传统的财务收支审计转变为经济效益审计、内部控制审计、经济合同审计等并重。

（二）××年审计工作重点

以内控制度审计为基础，以经营业绩审计为中心，提高审计工作质量，加强审计意见的落实，充分发挥内部审计在防范风险、完善管理和提高经济效益中的作用，即在实施审计监督的同时，提高审计服务职能。

二、××年度集团公司内部审计工作计划如下

（一）完善审计内控制度，促进集团内控管理的健全与完善

（1）首先完善集团公司内审制度，做到审计工作有据可依，根据审计业务类型，准备建立《集团公司内部控制制度审计办法》《集团公司预算执行情况审计办法》《集团公司合同管理审计办法》三项内审制度。

（2）内控制度是指公司为实现经营目标，保障资产完整、保证会计信息真实、促进经济活动健康有序进行而制定的一种内部协调、组织、制约、检查的控制系统。××年度内审工作应该建立在公司内控制度的基础上，对其执行情况进行检查与评价，主要是评价

内控制度是否健全、有效，可依赖程度如何；评价在内控制度健全、有效、可依赖的前提下，在运行中是否得到认真地贯彻和执行，是否有利于公司的经营活动、促进公司的发展等，以便及时发现管理中的薄弱环节，从而确定审计重点，提高审计工作效率，保证审计工作质量，有针对性地提出审计意见，促进下属企业健全和完善内控制度，保证其经营活动正常运行。

（3）通过预算审计促进预算管理思想观念的转变。目前公司费用开支的相关制度尚未健全，部分单位即以预算作为费用开支的标准（而非以费用制度为预算标准），因此，费用开支丧失了计划性，部分项目突破预算范围。审计部将配合财务部等相关部门，建立与健全各项费用管理办法，制定相关费用开支标准，同时使之成为预算编制指引、规范性文件。

（二）以经营业绩审计为中心，结合经济责任审计

内部审计必须以公司经营业绩审计为中心，主要是对下属企业的每半年度经营业绩（预算执行）审计，通过经营业绩审计不仅要查错防弊，及时发现问题并予以纠正，逐步实现由发现型向预防型的转变，更重要的是要找出影响业绩提高的主要因素，分析原因，抓住关键，提出建议和意见，进而促进下属企业加强经营管理，提高经济效益。

在开展经营业绩审计时，内部审计应注意的问题有：经营业绩审计一定要与经济责任审计以及其他专项审计相结合，经济责任审计也就是对下属企业经营者年度或任期内的经营目标、经营任务完成情况以及真实性进行审计。集团公司不仅要加强离任审计，还应搞好任中审计，注重对下属企业领导干部任中经营绩效的评价。

1. 对下属企业经营业绩审计（年度审计、半年度审计）

通过对下属企业2015年度经营业绩审计，出具审计报告，提交集团公司考核小组，作为对各下属企业考核的依据。

通过对××年的半年度预算执行审计，发现预算执行过程与内控管理中存在的问题，敦促其纠正问题、执行集团经营政策、落实经营管理措施，围绕集团年度经营目标提高经营效益。

2. 结合经营活动开展经营专项审计，促进内控制度的贯彻与执行

（1）收入合同审计。集团实行资金集中管理，各企业的收入应全部纳入预算管理，并入账核算，禁设小金库，因此，对下属企业的各项收入项目是否纳入预算管理，收入金额全部入账，以及收入内控是否健全、有效进行审计。

（2）各项成本费用支出跟踪审计。集团公司与下属企业签订经营责任书，但主营业务成本并不纳入业绩考核，并在ERP中实行预算控制，因此，对下属企业的主营业务成本的开支范围、标准、原始票据合法性进行审计，以确定下属企业各项成本费用支出的真实、合法性。

（3）工程项目的竣工结算审计。近年来集团公司不断有一些修缮工程竣工结算，工程竣工结算均聘请具有工程造价资质的咨询公司审计，因此，主要是对工程招标、合同签订、竣工验收、付款进行审计。

三、集团公司内部审计工作原则

依照"审后要追究、审后要整改、审后要运用"的原则，建立审计结果落实反馈制

度，加强对审计意见落实情况的跟踪，并定期组织开展审计成果运用执行情况的检查。

（1）对下发整改通知责令限期整改的下属企业，要及时进行回访，监督审计意见的落实，使企业存在的问题逐渐减少，同样的问题不再重复出现，从而达到查违纠偏、防患于未然、强化管理、规避风险的目的。

（2）与集团公司各职能部门，尤其是财务部要进一步加强合作与工作沟通，将审计部掌握的相关信息及时通报，避免管理、监督、考核脱节。

四、加大宣传力度，改善内审环境，加强审计人员培训，进一步提高审计工作质量

（1）上一年度审计队伍人员出现流动，审计岗位配备不足，导致年度工作目标未能全部落实，××年，需要领导支持与相关部门配合，按岗位设置配备审计人员，充实审计队伍力量。

（2）协助与配合相关部门健全与完善内控制度，使管理有制度，审计有依据，处罚有规定，进一步发挥审计事前、事中、事后参与经营管理作用。

（3）利用公司内刊宣传内审，报道一些通过内审使被审计单位增加效益的事例，或者定期与公司各职能部门及下属企业老总、相关部门进行座谈，让所有员工了解内审在企业中的作用，特别是让下属企业领导从了解、重视到全力支持内审工作，为内审工作的进一步开展打下更好的基础。

（4）通过审计回访，落实审计问题整改，同时也使审计部了解下属企业的诉求、解决问题存在的困难，深层次了解企业经营情况，更好地服务企业。

（5）要对现有的审计人员进行业务培训，组织参加国际内审师资格考试等，不断丰富业务知识，提高审计人员自身素质，适应新形势、新任务的需要。

××集团审计部

××年×月×日

附××年度内部审计工作计划表（如表2-2-3所示）。

表2-2-3　××年度内部审计工作计划表

序号	项目	工作目标与内容	时间安排	负责人与参加人
1	年度审计	审核各企业年度经营情况、年度考核目标完成与预算执行情况	××年2月至6月	林×× 梁×× 梁×× 李××等
2	预算审计	半年度预算执行情况审计	××年8月至12月	林×× 梁×× 李××等
3	经营审计	自保实际实现保费节余与奖金计提，修理材料成本专项审计	××年2月至6月	梁×× 梁×× 李××

（续表）

序号	项目	工作目标与内容	时间安排	负责人与参加人
4	审计制度	完成《集团公司预算执行情况审计办法》《集团公司内部控制制度审计办法》《集团公司合同管理审计办法》三项内审制度	第一项制度：××年1月至3月 第二、三项制度：××年9月至11月	林×× 梁×× 梁××
5	内控审计评价	配合集团营收流程改造，对内控制度的健全性、有效性进行评价；配合相关部门完善内控制度（修理材料成本等）	不定期穿插进行	林×× 梁×× 李×× 李××
6	后续审计	审计问题整改	不定期穿插进行	梁×× 梁××
7	工程审计	工程建设合同、工程决算造价、监督工程验收、付款	××年1月至12月	林×× 黎××
8	其他	领导交办责任审计	不定期穿插进行	梁×× 梁×× 李××
9	审计沟通	组织财务人员沟通年度审计中存在的问题，防范风险	××年7月	林×× 梁××
10	后续教育	组织审计人员学习内审与新税法	不定期穿插进行	全体审计人员

【实战范本03】审计工作方案

审计工作方案

××年×月×日   编写人：

被审计单位（部门）	××公司
审计目的	对财务收支的真实性、合理性进行确认，对相关制度的建设与执行进行评价，对××的任期进行评价
审计方式	就地审计
编制依据	审计部××年度工作计划及审计部的工作安排
审计范围	××年×月×日至××年×月×日的财务报表

（续表）

审计内容	××公司××年×月×日至××年×月×日的资产、负债、损益、所有者权益的真实性、合规性、准确性				
	××公司××经济责任审计				
	××有限公司内控管理情况				
	××有限公司会计核算管理情况				
	××有限公司资产管理情况				
	会计核算体系、会计基础工作规范情况				
	资产保护措施及执行情况				
	担保、重大资产处置情况				
	其他需要审计的事项				
计划工作时间	外勤工作时间：××小时				
费用预算	××元				

		具体工作事项			
姓名	职责	审计内容	时间	审计重点	
审计组人员及分工	项目负责及审计实施	1. 草拟审计通知书		1. ××公司的公司规章制度执行情况 2. 会计核算管理情况 3. 财务制度财经纪律执行情况 4. 资产管理情况 5. 资产是否安全 6. 内控是否有效并得到很好地执行 7. 印章管理 8. 资产是否真实完整 9. 负债是否存在 10. 收入是否真实完整 11. 成本费用是否真实完整 12. 房租付款是否真实 13. 固定资产、存货是否账实相符	
		2. 草拟审计工作方案			
		3. 内控审计			
		4. 会计报表审计			
		5. 房租审计			
		6. 货币资金、固定资产、存货抽查，物流存货抽查			
		7. ××经济责任审计			
		8. 撰写审计报告初稿			
		……			

（续表）

一、准备阶段		时间	执行人
具体实施步骤	根据公司其他任务及人员的实际情况进行审前准备报表审计		
	1. 收集查阅××公司相关资料文件，进行初步分析		
	2. 对××公司××年1月至12月账务情况、报表情况进行查询		
	3. 草拟审计工作方案、草拟审计通知书		
	4. ×月×日送达审计通知书		
	5. ×月×日与被审计单位见面，宣读审计通知书与被审计单位就本次审计工作进行安排、沟通，审阅与核查××公司所提交的资料		
	二、实施阶段	**时间**	**执行人**
	××年×月×日至×月×日按审计内容实施审计，时间顺序可根据实际情况进行调整，审计内容可交叉进行		
	1. 发放往来询证函、并做回函统计		
	2. 对××公司货币资金进行盘点、检查		
	3. 对××公司银行存款进行函证或替代程序检查		
	4. 对××公司并账情况进行审计		
	5. 对××公司上线情况进行审计		
	6. 准备门店及物流商品盘点资料、门店固定资产实物清单、现金盘点资料		
	7. 对物流库存商品进行抽盘		
	8. 对门店库存商品及固定资产、现金进行抽盘		
	9. 对房租支付情况进行审计		
	10. 对内控管理进行审计		
	11. 进行××经济责任审计		
	三、整理报告阶段	**时间**	**执行人**
	1. 整理审计底稿；汇总审计情况；草拟审计内容的初步交换意见；按项目情况的安排实施追加审计程序；复核审计底稿；汇总审计情况和交换意见		

（续表）

具体实施步骤	2. 撰写审计报告交换意见初稿报部门领导审核		
	3. 审计报告交换意见初稿报部门领导审核后与被审计单位初步交换意见；根据初步交换意见的反馈结果，决定是否追加审计程序		
	4. 根据反馈结果，修订交换意见、撰写审计报告初稿报部门领导审核		
	5. 根据部门领导的意见，出具正式审计报告		
	四、终结阶段	时间	执行人
	1. 根据公司领导对审计报告的批示意见，出具审计意见书，下达审计结论		
	2. 审计底稿装订归档		
高级审计师审核意见			
审计部门负责人审批意见			
审计负责人审批意见			

【实战范本04】某企业资本性支出业务流程审计方案

某企业资本性支出业务流程审计方案

单位名称		审计覆盖期间		工作底稿编号	
填写人		审阅人		日期	

1. 内部审计步骤

	内部审计步骤	完成日期	工作底稿索引
1	分析流程目标和流程风险并根据经营环境和/或经营战略的重大变化进行修订		
2	根据经营环境和/或经营战略的重大变化修订关键运作要素		
3	取得有关资本性支出业务流程的现行政策和程序记录，评价其是否及时更新和充分适用		
4	了解并记录被审计单位资本性支出业务流程的组织架构和管理模式（如集中采购或分散采购）及在物资采购架构中各级公司的职责分工		

2. 流程目标

	流程目标	关键运作要素
1	资本性支出采购遵循公司的管理制度和规定进行	
2	资本性支出采购以公平交易价格进行	■ 合格供应商的选择
3	资本性支出购入资产质量得以保证	■ 与供应商关系
4	资本性支出项目所涉及的相关资产和应付账款记录及时、真实、准确和完整，并符合有关会计准则的要求	■ 成本控制 ■ 购入资产质量可满足项目建设的需要
5	对资本性支出的购买、使用、保养和授权的职责存在适当分离，减少舞弊的发生	

3. 流程风险

	流程风险	对应流程目标
1	有关资本性支出的政策和流程可能未能良好建立和记录	1
2	对个别供应商可能存在依赖性	2, 3
3	供应商选择可能未建立在公平、公正的基础之上	2, 3
4	合格供应商名录的建立和修订可能未经充分授权	2, 3
5	可能未能对供应商表现进行定期评价，以保证供应商资质的延续性	2, 3
6	资本性支出可能未经适当授权或批准	5
7	采购人员可能未就其与供应商的利益冲突作出充分声明	2, 5
8	采购合同的签订可能不符合现行法律法规	1
9	采购合同可能未能予以良好和保密保管	1
10	资本性支出采购设备种类及质量可能不能满足特定项目的需求	1, 3
11	采购价格可能未以公平交易价格确定	2
12	采购合同进度可能未被有效跟进，以确保与工程进度的配合	4
13	大量计划外采购可能导致资源的不合理利用	1
14	资本性支出项目所涉及的相关资产和应付账款记录可能不及时、真实、准确和完整	4
15	采购支付可能未按照发票金额及合同约定进行并经充分授权	4, 5
16	可能出现重复付款	4
17	可能未能建立适当的对资本性支出的购买、使用、保养和授权的职责分离	5

（续表）

序号	流程风险	对应流程目标
18	对财务管理系统和资本性支出相关管理系统的访问和修改可能未经授权	4，5
19	资本性支出实际执行成本可能超出预计或经批准的成本范围	1
20	可能由于未遵守合同条款要求或有关法律法规，导致合同索赔、项目停滞或政府处罚	1

4. 各项流程的审计

4.1 立项和招标

内部审计步骤
■ 了解并记录立项和招标相关流程，确定相关控制点是否设计存在，是否可满足相应目标
■ 选取样本进行穿行测试，对控制点的存在进行复核
■ 与流程负责人进行访谈，评价其是否了解相关控制及其执行相关控制的能力
■ 在审计覆盖期间选取若干笔业务进行符合性测试，对控制点的运行有效性进行评价

序号	控制点	检查方法	审计范围	完成日期	工作底稿索引
1	立项				
1.1	项目发起单位或部门提出项目建议书并根据项目金额和性质的不同取得具有相应权限的机构批准，计划建设部门应将项目建议书与全年的省公司全面预算核对，对符合预算要求的项目予以审批	取得项目建议书，检查相关部门负责人或其授权人员是否根据其职责权限及授权对项目建议出具审核意见及签字确认；获得已立项项目建议书并与全面预算相核对，以保证项目立项在预算范围内进行			
1.2	可行性研究报告/设计计划应由具备相应资质的单位进行编制	检查可行性研究报告/设计计划的编制单位是否具备相应的资质证明			
1.3	可行性研究报告/设计计划应由编制单位盖章确认并提交可行性研究评审/设计会审会议评审；会审会议组成人员	取得可行性研究报告/设计计划，检查其是否经编制单位确认；检查可行性研究报告评审/设计会审会议组成人员，确认参			

序号	控制点	检查方法	审计范围	完成日期	工作底稿索引
	配置应针对技术和商务方面的不同领域，如包括技术部门人员、财务部门人员、法律部门人员等	与人员符合公司关于会审会议组成人员的有关规定；抽取部分工程项目，检查可行性研究报告/设计计划的评审会议纪要，以确定评审过程是否完整，参与部门是否符合有关规定			
1.4	根据项目性质和金额的不同，可行性研究报告/设计计划应由具相应权限的机构或其授权人员进行审批	取得可行性报告/设计计划的审批文件，检查项目是否具有相应审批权限的机构审批			
1.5	项目设计经审批立项后，项目发起单位或部门提供设备采购详细清单，由具有相应权限的机构审阅批准后，将采购清单传递到物资采购部门	抽取部分工程项目的设备采购详细清单，检查其是否由具有适当权限的机构批准			
2	招标				
2.1	根据项目预算金额不同，选择采用招标方式或自行议标方式特殊处理应经具有相应权限的机构进行审批	了解有关招标方式选择的政策，选取采用不同方式招标的项目，检查其招标方式是否符合有关规定			
2.2	招标文件由法律事务部门对相关法律文件的合法性、合规性进行审核				
	取得部分项目的招标文件，检查法律事务部门对相关法律文件的合法性、合规性出具的审核意见				
2.3	依据项目金额的不同，物资采购部门负责人或其授权人审批招标文件	抽查相关招标文件，检查采购部门和其他部门具有审批权限的人员作出的审批意见，以确定其与授权权限相符			
2.4	委托招标公司完成招标工作的项目，招标公司应具有相应的资质证明	对于采用委托招标方式的项目，检查招标公司的资质证明以及委托合同			

（续表）

序号	控制点	检查方法	审计范围	完成日期	工作底稿索引
2.5	对于采用招标方式进行的项目，物资采购部门应会同项目发起单位或部门根据计划建设部门确定的有资格的供应商范围确定参与招标的单位的范围；物资采购部门应确保不合格供应商未参与招标	选取采用招标方式进行的项目，检查参与招标的单位是否建立在选型入围供应商范围基础之上并排除于不合格供应商名录之外；检查是否存在经常性参与竞标的供应商，如有，应询问原因并评价适当性			
2.6	依据项目金额和性质的不同，应由不同权限机构对邀标范围进行审批	选取不同金额层级的项目，检查其邀标范围是否经具有相应授权的机构或其授权人员审阅批准			
2.7	参与竞标的供应商不应少于规定数量（如三家以上），特殊情况应有特别说明；参与竞标的供应商应各自独立，不构成关联方关系	选取采用招标方式进行的项目，检查参与竞标的供应商数量是否达到要求数量，特例情况是否取得具有相应授权的机构批准；通过审阅竞标供应商的法定信息（如注册地址、联络电话等），检查竞标供应商的独立性			
3		评标			
3.1	评标委员会人员数量及组成应符合有关规定，评标专家应由规定的专家库中随机抽取，与投标人有利害关系的人员不应担任评标委员会成员	取得有关评标委员会建立的政策规定；选取招标项目中评标委员会成员名单，检查评标委员会的组成是否符合规定			
3.2	评标委员会的评标过程应做到公平、公正	抽取评标委员会评标过程纪要，检查评标委员会的评标过程是否合理并得以完整记录			
3.3	评标委员会出具评标报告，并由评标委员会全体成员签字确认	抽取评标委员会评标报告，检查评标报告是否经评标委员会全体成员签字确认			
3.4	决标委员会应由计划建设部门、物资采购部门、财务部门、审计部门等部门共同组成，决标委员会成员应独立于招标环节应建立决标委员会成员定期轮换制度并由相关部门中具有决标权限的人员随机组成	选取招标项目中决标委员会成员名单，检查决标委员会的组成是否符合独立性规定			

（续表）

序号	控制点	检查方法	审计范围	完成日期	工作底稿索引
3.5	决标委员会审阅评标报告，并在推荐的备选供应商范围中确定中标厂家；根据项目金额和性质的不同，主管管理层（总经理或其授权的副总经理）或其授权人员应对决标结果进行额外审批	抽取评标报告，检查中标厂家的选择是否由决标委员会选定并由主管管理层或其授权人员审核后作出，相关审核应签字确认			
3.6	物资采购部门整理相关文件存档并根据管理层批复意见发送中标通知书至中标供应商	了解物资采购部门是否建立有关招标文件存档规定；抽取项目招标文档，检查招标文档、中标通知书等是否按有关规定有序整理存档			
3.7	法律事务部门应该对评标和中标过程中生成的法律文件的合法性、合规性进行审核并出具意见	选取有关评标、中标文件，检查法律事务部门是否对其进行审阅与签署意见			
3.8	根据项目的金额和性质的差异，审计部门和纪检监察部门应该不同程度地参与项目招标工作	了解是否存在对审计部门和纪检监察部门参与招标工作的规定；抽样检查不同金额和性质的工作中，审计部门和纪检监察部门参与招标是否符合有关规定			

备注：

4.2 制订投资计划

内部审计步骤
■ 了解并记录制订投资计划相关流程，确定相关控制点是否设计存在，是否可满足相应目标 ■ 选取样本进行穿行测试，对控制点的存在进行复核 ■ 与流程负责人进行访谈，评价其是否了解相关控制及其执行相关控制的能力 ■ 在审计覆盖期间选取若干笔业务进行符合性测试，对控制点的运行有效性进行评价

（续表）

序号	控制点	检查方法	审计范围	完成日期	工作底稿索引
1	应按照可行性报告和经审批的设计方案制订投资计划；按照项目金额和性质的不同，投资计划应由具有相应审批权限的机构或其授权人员进行审批	抽取部分项目投资计划，检查其是否经过适当授权的机构或其授权人员审批			
2	投资计划应提交财务部门，由其据以安排资金到位进程并下发至工程管理部门，要求其遵照执行	抽取投资计划，检查资金支付情况与投资计划的符合程度，如发现存在重大不符，应询问相关部门，了解差异原因和是否采取跟进行动并予以记录			
备注：					

4.3 选择供应商

内部审计步骤
■ 了解并记录供应商选择相关流程，确定相关控制点是否设计存在，是否可满足相应目标
■ 选取样本进行穿行测试，对控制点的存在进行复核
■ 与流程负责人进行访谈，评价其是否了解相关控制及其执行相关控制的能力
■ 在审计覆盖期间选取若干笔业务进行符合性测试，对控制点的运行有效性进行评价

序号	控制点	检查方法	审计范围	完成日期	工作底稿索引
1	供应商选型				
1.1	计划建设部门应根据需求部门的要求，通过以往项目实施记录、业务部门推荐和技术交流等方式选择备选供应商并发出选型邀请书	针对个别设备的供应商选型，取得发出选型邀请书的供应商的清单，检查选型邀请书是否向一定数量的供应商发出，以确保选型基数足够保证选型结果的效果			

（续表）

序号	控制点	检查方法	审计范围	完成日期	工作底稿索引
1.2	供应商选型评级应由计划建设部门牵头，由采购部门、使用部门等相关部门共同参与并生成选型报告，选型报告应由参与评选的部门具有相应权限的授权人员签字确认	抽取供应商选型报告，检查选型参与部门相关人员是否具有相应权限并对选型报告内容签字确认			
1.3	选型报告应经主管管理层（总经理或其授权副总经理）或其授权人员审核批准	检查选型报告是否经具有审批权限的主管管理层批准			
1.4	选型入围供应商应各自独立，不构成关联方关系	询问或通过审阅选型入围供应商的法定信息（如注册地址、联络电话等）检查选型入围供应商的独立性			
1.5	选型入围供应商名录经审批后，应下发至各下级公司或单位，并要求遵照执行	抽样检查选型结果的公布文件；询问下级单位对选型入围供应商名录的认知程度；抽取个别项目的招标文件，检查竞标供应商是否符合选型入围供应商名录			
1.6	根据选型设备金额和性质的重要性差异，审计部门和纪检监察部门应不同程度地参与供应商选型工作	了解是否存在对审计部门和纪检监察部门参与供应商选型工作的规定；根据规定检查审计部门和纪检监察部门参与情况是否符合有关规定			
2	选型入围供应商名录的更新与维护				
2.1	计划建设部门应对选型入围供应商名录根据市场情况进行定期更新	抽取选型入围供应商名录，检查其更新日期，以确定其定期和及时（如每年）更新			
2.2	对选型入围供应商名录的更新应履行选型程序并取得具有相应权限的机构或其授权人员的批准	检查对选型入围供应商名录的更新是否经过具有适当权限的机构审批；判断具有适当权限的审批机构是否与选型入围供应商名录的使用者职责分离			

（续表）

序号	控制点	检查方法	审计范围	完成日期	工作底稿索引
2.3	计划建设部门应在主要设备采购项目实施完成后，对供应商的技术和商务表现以及独立性进行评价；评价结果应作为更新供应商名录时的参考信息；对于评价结果不合格的供应商，不仅应从选型入围供应商名录中删除，还应另行设立不合格供应商名录作为招标时的备查记录	取得计划建设部门对供应商进行评价的记录，检查有关评价是否系统化地作出，涵盖评价内容是否完整；审阅不合格供应商名录，向相关部门了解淘汰原因以协助判断对供应商进行评价时所采用的依据的完整性			
2.4	对选型入围供应商的选择和批准、采购活动的进行和对选型入围供应商名录的更新应存在职责分工	了解各负责部门在供应商选型和采购过程中的职责分工，以确保职权分立			
3	关联方交易				
3.1	物资采购部门应就存在关联方关系的供应商定期（如每季度、每年）向法律事务部门上报发生采购活动的关联方清单，上报的关联方信息应经具有相应权限的机构或其授权人员审阅并批准	取得物资采购部门上报的关联方清单，询问构成关联方关系的原因并比照适用的会计准则或上市所在地的有关规定，检查对关联方关系的确定是否准确；取得选型入围供应商名录，对比上报的关联方清单，以确定关联方清单的完整性和记录信息的准确性；检查其中选型入围的关联方在入围过程中是否履行"供应商选型"有关程序并经具有相应权限的机构或其授权人员批准			
3.2	法律事务部门应根据物资采购部门定期上报的关联方信息定期更新关联方清单；关联方清单应由具有相应权限的管理层审阅并批准	取得法律事务部门编制的关联方清单，选取与采购相关的关联方，比照物资采购部门编制的关联方清单或与选型入围供应商名录中的关联方相对照，以确定关联方清单的完整性和记录信息的准确性；检查关联方清单是否经具有相应权限的管理层审阅并批准			

（续表）

序号	控制点	检查方法	审计范围	完成日期	工作底稿索引
3.3	由关联方处购买设备，应与关联方签订正式采购合同，具体控制应如"签订采购合同"所述	选取与关联方签订之采购合同，检查其是否执行"签订采购合同"控制点			
3.4	由关联方处购买设备，交易价格的确定应按如下顺序进行：按照国家定价；按照国家指导价；按照独立企业之间进行的相同或者类似业务活动的价格；按照销售给无关联关系的第三者的价格所应取得收入和利润水平；按照成本加合理的费用和利润；按照协商或其他合理的方法。如果交易价格与上述原则确定的价格有较大差异时，则物资采购部门应进行合理解释并予以记录	抽取与关联方签订的采购合同，询问物资采购部门人员是否了解其中的定价原则；取得类似设备由独立供应商处购入的采购价格，检查关联方交易价格是否与其存在较大差异；如差异存在，询问物资采购部门人员差价产生的原因并检查有关记录，以确保差价因合理原因产生和有关原因已予以良好记录			
3.5	财务部门进行账务处理时，应当备注关联方交易，并负责定期（按月或按季）汇总关联方交易的余额和发生额；财务部门应将关联方交易的余额和发生额；定期上报至本级或上级公司管理层审阅并用于内部管理或披露用途	检查财务部门在账务记录过程中是否备注关联方交易，检查是否定期（按月或按季）汇总关联交易的余额和发生额，并将发生额提供给相关管理层			

备注：

4.4 签订采购合同

内部审计步骤
■ 了解并记录签订采购合同相关流程，确定相关控制点是否设计存在，是否可满足相应目标 ■ 选取样本进行穿行测试，对控制点的存在进行复核

（续表）

	内部审计步骤				

■ 与流程负责人进行访谈，评价其是否了解相关控制及其执行相关控制的能力
■ 在审计覆盖期间选取若干笔业务进行符合性测试，对控制点的运行有效性进行评价

序号	控制点	检查方法	审计范围	完成日期	工作底稿索引
1	审批及签订合同				
1.1	合同文本的初稿，应由法律事务部门或者其授权部门就合同的权利和义务进行审阅；财务部门应对合同的付款条件及方式进行审阅	抽取合同文本初稿或合同审批表，检查法律事务部门或者其授权部门、财务部门对合同文本的审阅意见，以确定相关条款经专业部门审阅			
1.2	物资采购部门编制合同审批表，由采购部门、工程管理部门、计划建设部门、法律事务部门和财务部门等对合同初稿进行审阅并由部门负责人在合同审批表上签字确认	抽取合同审批表，检查合同审批表中是否有规定部门负责人的批准签字			
1.3	按项目金额和性质的不同，合同审批表除由相关部门审批外，还应由具有相应权限的主管管理层或其授权人员进行审批	选取不同金额层级的项目，检查其合同审批表是否在规定的情况下由具有相应权限的主管管理层的审批并签字确认			
1.4	如下级公司签订的设备购买合同属上级公司规定的统谈分签的范围，下级公司应遵循上级公司签订的设备购买框架协议的规定	选取下级公司签订的统谈分签合同和上级公司签订的框架协议，检查下级公司签订的设备购买合同是否遵循上级公司框架协议的规定			
1.5	根据合同的金额和性质的差异，审计部门和纪检监察部门应该不同程度地参与合同的谈判和签订工作	询问是否存在关于审计部门和纪检监察部门参与合同的谈判和签订工作的有关规定；参照有关规定检查审计部门和纪检监察部门参与合同的谈判和签订工作的执行情况			

序号	控制点	检查方法	审计范围	完成日期	工作底稿索引
2	检查合同签订情况				
2.1	对于下级公司签订的统签分签合同，上级公司物资采购部门应会同财务部门、法律事务部门定期或不定期组织检查下级公司签订的采购合同，并将检查结果记录存档，对例外事项应及时向具有相应职责权限的人员汇报	检查上级公司物资采购部门对下级公司签订的设备购买统谈分签合同的检查记录材料；检查例外事项报告（如有），对披露的问题进行询问并评价跟进措施是否足够			
3	建立设备价格信息库				
3.1	物资采购部门应建立物资采购价格信息库并由专门人员及时进行更新	审阅物资采购价格信息库，检查价格信息库中价格信息的真实性与及时性；如未建立价格信息库，了解是否由专人对主要设备、材料的价格变化进行关注和跟进，评价相关负责人的能力水平和信息的可获知程度			
备注：					

4.5 采购设备物资

内部审计步骤
■ 了解并记录采购设备物资相关流程，确定相关控制点是否设计存在，是否可满足相应目标
■ 选取样本进行穿行测试，对控制点的存在进行复核
■ 与流程负责人进行访谈，评价其是否了解相关控制及其执行相关控制的能力
■ 在审计覆盖期间选取若干笔业务进行符合性测试，对控制点的运行有效性进行评价

（续表）

序号	控制点	检查方法	审计范围	完成日期	工作底稿索引
1	集中采购设备目录				
1.1	上级物资采购部门应建立集中采购设备目录，经具有相应权限的机构批准后下发到下级公司相关部门并要求参照执行；集中采购设备目录应由物资采购部门专门人员及时进行更新和维护	审阅集中采购设备目录，检查其是否经适当权限的机构批准并下发至下级公司；检查集中采购设备目录是否及时更新；了解下级公司相关部门（如物资采购部、计划建设部门等）对集中采购设备目录的认识程度			
2	采购人员利益冲突的管理				
2.1	应建立制度，规定采购人员接受供应商礼品的限制并定期（如每年）要求采购人员就其与供应商的利益冲突作出书面声明，以保证采购的公平、公正，避免企业利益受到不必要的损失；在条件允许的情况下，应定期要求供应商就未向采购人员给予任何利益作出书面声明	了解物资采购部门是否制定有关采购人员接受礼品和作出利益声明的规定；了解物资采购部门是否制定有关供应商不得向采购人员给予利益的规定；询问采购人员对有关规定的认知情况；抽查采购人员签署的声明书及供应商签署的声明书，检查有关规定的执行情况			
备注：					

4.6 管理合同执行和合同存档

内部审计步骤
■ 了解并记录管理合同执行和合同存档相关流程，确定相关控制点是否设计存在，是否可满足相应目标
■ 选取样本进行穿行测试，对控制点的存在进行复核
■ 与流程负责人进行访谈，评价其是否了解相关控制及其执行相关控制的能力
■ 在审计覆盖期间选取若干笔业务进行符合性测试，对控制点的运行有效性进行评价

（续表）

序号	控制点	检查方法	审计范围	完成日期	工作底稿索引
1	管理合同执行				
1.1	根据部门职责划分，计划建设部门、工程管理部门或物资采购部门应负责跟踪合同的执行情况，将合同的执行情况与合同条款相核对并及时登记合同执行情况备查记录	询问部门职责划分，确定管理合同执行的责任部门；抽查正在执行的合同，检查合同执行情况备查记录，以确定相关记录的及时性			
1.2	对合同执行情况备查记录进行更新和修改应由具有相应权限的部门中经授权的人员进行，以防止未经授权人员不当修改相关记录	了解对合同执行情况备查记录进行修改的授权是否存在并确定其排他性			
2	合同存档				
2.1	应建立合同归档管理制度并要求各合同使用部门遵照执行	审阅合同归档管理制度，了解合同使用部门对相关制度的认知程度，检查有关制度是否对合同的归档、编号、实物管理、使用和保密作出详细规定			
2.2	执行过程中的合同应由专人保管，新签订的合同应及时登记，合同的使用应经充分授权	了解合同使用管理规定；检查执行中的合同是否由专人保管；选取一定数量的新签订的合同，检查合同登记簿中的有关记录是否准确和及时；由合同登记簿中选取合同记录，检查相关合同是否保管良好；检查合同使用记录以确定对归档合同的使用已经充分授权			
2.3	合同执行完毕后，相关部门应及时将合同交由档案管理部门归档	取得档案管理部门对执行完毕的合同的登记记录，检查相关合同是否有序归集，合同归档是否及时			
备注：					

4.7 验收设备物资

内部审计步骤

■ 了解并记录验收设备物资相关流程，确定相关控制点是否设计存在，是否可满足相应目标

■ 选取样本进行穿行测试，对控制点的存在进行复核

■ 与流程负责人进行访谈，评价其是否了解相关控制及其执行相关控制的能力

■ 在审计覆盖期间选取若干笔业务进行符合性测试，对控制点的运行有效性进行评价

序号	控制点	检查方法	审计范围	完成日期	工作底稿索引
1	对于主设备采购，物资采购部门应根据主设备装箱单收货并进行外包装验收；物资采购部门与仓库管理部门共同确认收货后由仓库管理部门登记备查账	抽取主设备装箱单，检查仓库备查账记录是否与装箱单货物清单相符且备查账登记是否及时；检查备查账中是否存在已收到但尚未发出至现场的设备，如有，询问原因以了解是否可能对设备开箱验收和开具出库单造成影响			
2	根据工程管理部门提交的取货通知单，物资采购部门发出设备至现场，取货通知单应由具有相应权限的机构或其授权人员批准	抽取取货通知单，检查其是否由具有相应权限的机构或其授权人员审批			
3	施工单位、供应商及监理公司等对到达现场的设备进行开箱验收，并出具开箱验收报告，开箱验收报告应经进行开箱验收的各方签字确认	抽取部分项目的设备采购，检查开箱验收报告是否经参与验收的施工单位、供应商及监理公司等各方签字确认			
4	主设备全部收到并在现场完成安装后，物资采购部门应根据施工单位提供的验收单及时开具出入库单并记录物资入库和领用情况；入库单和出库单应连续编号和使用以保证记录的完整性	抽取施工单位提供的主设备验收单，核对相应出入库单据是否及时开出（尤其在月结和年结时），如主设备验收单与入库单开具时间差距较大，应询问相关人员，了解产生原因并评价其对截止性的影响；检查入库单和出库单是否连续编号和使用			

（续表）

序号	控制点	检查方法	审计范围	完成日期	工作底稿索引
5	物资采购部门和仓库管理部门应就主设备安装完成后的验收单与物资采购部门和仓库管理部门的备查账相核对，以确定其完整性	抽取主设备验收单，与物资采购部门和仓库备查账相核对，以确定备查账记录的完整性和验收单的准确性			
6	在开箱验收过程中发现的设备质量问题，应通过例外报告及时汇报至物资采购部门，由主管该项物资采购的人员负责与供应商协商解决	检查物资采购部门处理的开箱验收例外报告和相关处理文件，评价跟进行动采取是否及时有效			
7	对收到的配套设备和其他工程物资，应由物资采购部门和仓库管理部门协同必要的专业技术部门进行验收并及时开具入库单，入库单应由验收人员签字确认	抽取一定数量配套设备和其他工程物资的验收单和入库单，检查其是否由验收入员签字确认，评价验收人员是否具有验收能力，检查入库单的开具是否及时			

备注：

4.8 资本性支出执行成本监控

内部审计步骤

- 了解并记录资本性支出执行成本监控相关流程，确定相关控制点是否设计存在，是否可满足相应目标
- 选取样本进行穿行测试，对控制点的存在进行复核
- 与流程负责人进行访谈，评价其是否了解相关控制及其执行相关控制的能力
- 在审计覆盖期间选取若干笔业务进行符合性测试，对控制点的运行有效性进行评价

序号	控制点	检查方法	审计范围	完成日期	工作底稿索引
1	项目支出应依照投资计划作出；计划外采购应重新立项并取得预算和投资计划；例外事项应由具相应权限的机构或其授权人员批准	选取已完成工程项目，取得其项目支出汇总并与投资计划相核对；对于超出投资计划的项目，应获得解释并检查是否经具有相应权限的机构批准			

（续表）

序号	控制点	检查方法	审计范围	完成日期	工作底稿索引
2	财务部门应定期核对资本性支出执行成本与计划全面预算，并就重大差异取得相关物资采购部门、计划建设部门和工程管理部门的解释说明	检查财务部门是否定期比较资本性支出实际执行成本与计划全面预算；当重大差异产生时，检查财务部门是否要求相关部门提供必要说明并予以跟进			
备注：					

4.9 应付账款核对

内部审计步骤
■ 了解并记录应付账款核对相关流程，确定相关控制点是否设计存在，是否可满足相应目标
■ 选取样本进行穿行测试，对控制点的存在进行复核
■ 与流程负责人进行访谈，评价其是否了解相关控制及其执行相关控制的能力
■ 在审计覆盖期间选取若干笔业务进行符合性测试，对控制点的运行有效性进行评价

序号	控制点	检查方法	审计范围	完成日期	工作底稿索引
1	财务部门应根据收到的入库单及时（尤其在月结和年结时）记录工程物资成本和应付账款	选取月结或年结前由仓库开具的最后5笔和月结或年结后由仓库开具的最先5笔入库，检查财务记录中相应入库记录是否记入相应正确的会计期间			
2	于月底和年底，财务部门应与仓库管理部门就资本性支出设备入库进行核对；对于已收到设备实物但尚未取到发票的设备，财务部门应在月底及年底对相关资产和负债进行暂估账务处理	检查月结和年结时财务部门与仓库管理部门的对账记录；如存在差异，核对与重大或特殊差异产生原因相关的支持性文件，检查差异复核工作的准确性和及时性，检查财务部门作出的暂估会计记录是否已包括所有已收到实物但未取得发票的设备；对于已收到但尚未开具入库单的设备，向物资采购部门了解设备相关风险和报酬的转移情况并判断暂估设备成本的必要性			

（续表）

序号	控制点	检查方法	审计范围	完成日期	工作底稿索引
3	财务部门中对资产价值和应付账款进行确认的人员应经必要授权，未经授权的人员不得执行对资产的价值及负债金额在财务系统中的修改命令	了解财务部门人员分工，检查对会计记录进行修改的人员是否已经授权并具有排他性			
4	财务部门应在物资采购部门的协助下定期（或者在月末滚动进行）与有频繁往来交易或者有较大应付账款余额的供应商进行书面对账，并将书面对账单据妥善存档保管	了解财务部门是否建立了与供应商定期对账的制度，如有，检查财务部门保管的对账单记录及存档情况，如对账单存在差异，核对与重大或特殊差异产生原因相关的支持性文件，检查差异复核工作的准确性和及时性			
5	财务部门与供应商对账单应由双方签字确认，对出现的差异，财务部门应及时跟进并出具差异分析报告，经相关部门负责人审批后进行账务处理，并将经审批的差异分析报告存档备查	抽查对账单，检查其是否经对账双方确认；检查差异分析报告是否由相关部门负责人审阅批准；检查差异分析报告并核对相关数字与支持性文件的一致性；检查财务部门作出的会计处理是否与差异分析报告一致			

备注：

4.10 向供应商支付货款

内部审计步骤
■ 了解并记录向供应商支付货款相关流程，确定相关控制点是否设计存在，是否可满足相应目标 ■ 选取样本进行穿行测试，对控制点的存在进行复核 ■ 与流程负责人进行访谈，评价其是否了解相关控制及其执行相关控制的能力 ■ 在审计覆盖期间选取若干笔业务进行符合性测试，对控制点的运行有效性进行评价

（续表）

序号	控制点	检查方法	审计范围	完成日期	工作底稿索引
1	根据计划全面预算中不同业务类型的预算支出金额，财务部门应编制资金预算，资金预算应经具有适当权限的机构或其授权人员审核批准	取得财务部门编制的资金预算，检查其是否经具有适当权限的人员审阅批准			
2	支付资本性支出款项时，财务部门应将付款申请单与发票及入库单进行三方核对，以保证付款金额和时间的准确性	选取资本性支出付款凭证，检查相关发票及入库单以复核付款金额和时间的准确性			
3	支付资本性支出款项时除由财务部门和物资采购部门具有适当权限的人员批准外，超过一定金额权限的付款还需主管管理层（总经理或其授权副总经理）或其授权人员审批	抽查资本性支出付款项目，检查支付的款项是否有相关部门授权人员的确认和审批签字；检查超过一定金额权限的付款是否经公司主管管理层审批			
4	根据部门职责划分，计划建设部门、工程管理部门或物资采购部门应负责跟进合同的付款进程，及时掌握合同进程，以控制付款进度并及时通知财务部门安排付款	询问部门职责划分，确定跟进合同付款执行情况的责任部门；抽查正在执行的合同，检查合同付款执行情况是否与合同条款相符			
5	财务部门应定期（如每月）编制付款清算并与资金预算相对照，实际付款进度与资金预算不符的，应报告具有相应权限的机构并调整资金预算	检查财务部门编制的付款清算记录，评价其编制的及时性；询问在检查范围是否出现实际付款进度与资金预算不符的情况，如有，检查资金预算是否经具有相应权限的机构批准后进行调整			
6	财务人员应在付款后的原始凭证上加盖"付讫"章以避免重复付款	抽取资本性支出付款凭证，检查付款后的原始凭证上是否加盖"付讫"章			
7	对于上级公司统谈统签合同，上级公司财务部门应在收到下级公司收货后出具的付款	抽取付款申请单和相应的付款单证，检查相关款项支付是否及时（尤其在月结和年结时）			

（续表）

序号	控制点	检查方法	审计范围	完成日期	工作底稿索引
	申请单后及时支付相关款项，记录内部往来科目并及时通知下级公司进行账务处理				
8	月结和年结时上级公司应与下级公司及时就内部往来款项进行对账，如有差异，应经具有适当权限的人员批准后进行账务处理，对账结果应经对账双方签字确认	检查上级公司与下级公司内部往来对账单是否按月编制并经双方确认，检查差异处理是否经过授权人员审批后进行			
备注：					

第3节　获取审计证据

审计证据是指审计人员在执行审计业务过程中，为形成审计意见所获取的证据。

一、审计证据的种类

审计证据有下列几种：

（1）以书面形式存在并证明审计事项的书面证据；

（2）以实物形态存在并证明审计事项的实物证据；

（3）以录音录像或计算机储存、处理的证明审计事项的视听材料或其他介质材料；

（4）与审计事项有关人员提供的言证材料；

（5）专门机构或专门人员的鉴定结论和勘验笔录；

（6）其他证据。

二、审计取证要求

审计取证的要求如图2-3-1所示。

要求一	内部审计人员可以搜集能够证明审计事项的原始资料、有关文件和实物等，不能做到的也可以采用文字记录、摘录、复印、拍照、转储、下载等方式取得审计证据
要求二	内部审计人员在搜集实物证据时，应当注明实物的所有权人、数量、存放地点、存放方式和实物证据提供者等情况
要求三	内部审计人员在搜集视听材料或者电子数据资料时，应当注明制作方法、制作时间、制作人和电子数据资料的运作环境、系统以及存放地点和存放方式等情况。必要时，电子数据资料能够转换成书面资料的，可以将其转换成书面资料
要求四	内部审计人员在搜集鉴定结论和勘验笔录时，应当注明鉴定或者勘验的事项、向鉴定人和勘验人员提交的相关资料、鉴定人或者勘验人的资格等
要求五	对实现审计目标有重要影响的审计事项的审计步骤和方法难以实施或者实施后难以取得充分证据的，内部审计人员应当实施追加或者替代的审计步骤和方法，仍难以取得充分审计证据的，应当由审计组长确认，并在审计日记中予以记录和在审计报告中予以反映
要求六	内部审计人员取得审计证据，应当有证据提供者签名或者盖章，不能取得提供者签名或者盖章的，内部审计人员应当注明原因，不能取得签名或盖章、不影响事实存在的，该审计证据仍然有效

图2-3-1　审计取证的要求

三、获取审计证据的工作步骤

（一）召开审计座谈会

内部审计人员进驻被审计单位后的第一项工作，就是要召开一次与被审计单位相关人员的初次见面会议。所谓"相关人员"，不仅是指被审计单位的经理或各级管理部门的负责人，更重要的应包括与被审计活动直接相关的业务主管人员，甚至具体工作人员。

在这个会议上，内部审计人员应该向与会者，尤其是那些以后要对报告作出答复的管理人员说明来意，阐明审计的目标、大致工作范围、时间安排、要求提供的资料和帮助，以及其他为完成审计任务所作的具体安排和要求。

内部审计人员应了解管理人员所关心的问题，例如，对实际工作中存在问题的看法，以及对本次审计工作所持的态度和要求审计人员提供的帮助；同时，还应该就有关经营目标、计划管理、内部控制、财务会计、生产技术、经营方针等方面的问题广泛地交流意见。在现场调查过程中，内部审计人员所要求收集的大部分资料和信息都来源于管理部门的管理人员，因此必须围绕调查表中有关重要问题进行较为详尽的讨论，主要听取他们对有关方面的情况所发表的意见和看法。通过交谈，内部审计人员可以更进一步了解有关计划和控制系统、业绩标准的制订和修订、经营管理状况和财务会计等方面的情况，以及管理人员已经意识到的问题。

初次见面会议是一次非常重要的、必不可少的会议。它是内部审计人员取得对被审计单位宏观认识的一次机会，也是建立合作关系的基础。在会晤交谈中，内部审计人员应该明智地提出一些具体的敏感问题，显示其专业素质能力和职业风格，同时又必须保持谦虚、勤奋、踏实的作风，显示客观公正的执业姿态，免除被审计人员可能存在的抵触情绪，争取他们对审计工作的支持和帮助。可以说，内部审计人员在初次见面中所表现的态度和作风是能否取得被审计单位人员配合的一个重要因素。

（二）实地观察

实地观察是侧重于经营管理方面的审计不可缺少的内容，它能够使内部审计人员更准确、更直接地了解被审计单位是如何为实现生产经营目标而工作的，证实被审计人员所声称的各种情况是否与现场实际相符。

1. 实地观察中应关注的问题

内部审计人员在实地观察中应该关心以下方面的问题：

（1）活动是否遵守了公司的方针、政策、法律、条例，以及各种应予遵守的程序和标准；

（2）资源财产的安全和完整方面的保护和控制情况；

（3）控制措施的运用及其效果；

（4）现场工作状况及其质量；

（5）资源的筹集和使用情况；

（6）会计信息和业务信息的处理情况及其准确程度；

（7）生产现场的秩序和纪律等。

2. 实地观察的要求

实地观察应该是一项认真细致的工作，绝不能像走马观灯那样轻松愉快、随随便便。

（1）在实地观察过程中，内部审计人员既要注意"看"，也要认真"听"，还应该适当地运用分析判断以挖掘那些未被考虑而又需要进行观察的事物，时刻注意那些不正常、不经济、低效率或任何可能存在问题的迹象。这些迹象可能以工作流程不顺畅、场地脏乱、设备安置和保养不恰当、资产保管地不安全、装置泄漏点不正常、业务衔接不够等形式表现出来，也可能表现在指挥不当、职员对管理人员有不满或抵触情绪，工作态度不严谨，作风散漫等方面。

提醒您

实地观察必须由熟知情况的管理人员陪同进行，内部审计人员应该随时提出一些具体问题以求得现场解答，尤其对观察中发现的不正常或存在疑虑的现象，应该询问其原因直到得到满意的回答为止。

（2）内部审计人员要适当听取现场作业人员就目前情况和存在问题进行的介绍和解释，并对之进行比较分析，这有助于内部审计人员从不同人员对同一事物所作的不同解释中去揭示可能存在的重大问题或需要深入调查的潜在风险区域。

3. 实地观察所收集的信息和结果的利用

在利用实地观察所收集的信息和结果时，内部审计人员应该保持谨慎的态度。一方面，实地观察中所观察到的一切情况都可能是随机事件，并不能完全代表正常条件下的一般现象。这要求内部审计人员在今后的工作中进一步证实，例如，内部审计人员在现场既没有看到工作停顿，也没有发现工作积压，场地也很干净整齐，展现在他们面前的是一条畅通无阻的生产流水线，但是在生产管理部门或生产车间有关产品产量的统计资料中，却发现每个月的产品产量起伏很大，甚至出现产量为零的记录。这就表明，因为停工可能没有完成生产计划，眼前畅通运行的生产线是一种假象。由于某些客观原因（例如，被检查人员把内部审计人员看作是"拿着别人的脑袋去邀功请赏"的对手），内部审计人员所听到的介绍和解释可能不是真实情况的反映，甚至可能与真实情况相背离。

因此，内部审计人员既不能过于信赖被审计单位有关人员提供的信息，也不能被现场观察到良好状况的假象所迷惑。当然，也不能因为观察到了低效率、不经济、不正常的现象就轻易得出一般性的结论。

在实地观察和利用其结果时，内部审计人员必须牢记：参观中所观察到的一切情况并不一定反映了正常条件下的一般情况，都需要得到进一步证实。

（三）研究文件资料

文件是贮存和传递信息的一种方式，每个被审计单位都会有大量的、名目繁多的文件。在初步准备工作中，内部审计人员就应该知道将要审计的单位有些什么文件，需要查阅哪些文件，并提出索取所需文件的具体要求。

要查阅所有的文件是不可能的，也是没有必要的。通常，内部审计人员应将时间和精力集中于查阅与被审计活动相关的重要文件上。这些文件包括：

（1）上级管理部门下达的计划、预算和经营目标；

（2）目标管理方案；

（3）质量控制和业绩报告；

（4）程序流程图；

（5）操作规程；

（6）重要岗位说明；

（7）会计原则和政策；

（8）核算体系；

（9）各项业绩标准；

（10）与企业内部和外部往来的重要文件等。

阅读被审计单位近期的文件记录可以使内部审计人员迅速了解这个单位目前的状况和潜在的发展趋势，弥补内部审计人员在办公室里所掌握情况的不足之处。一些分析性报告通常反映了本期某些活动的进展情况和存在的问题；有些文件记录了被审计单位在生产经营管理和财务会计等方面存在的重大变化，这些变化可能给组织造成了积极的或消极的影响。这些文件所反映的情况可以为确定审计重点提供参考，提醒内部审计人员在以后的工作中给予必要的关注，并证实和分析所反映的问题。

（四）编写初步调查说明书

初步调查完成后，内部审计人员应编写简要的初步调查说明书，概括被审计单位的基本情况和初步调查的实施情况。

四、审计证据的搜集方法

内部审计人员可以通过检查、监督盘点、观察、查询、函证以及录音、录像、拍照、复印、计算和分析性复核等方法，收集审计证据。

（一）检查记录或文件

检查记录或文件是指内部审计人员对被审计单位的会计记录和其他书面文件可靠程度的审阅和复核。

审阅是指内部审计人员对被审计单位的原始凭证、记账凭证、会计账簿、会计报表和经营计划、预算、决策和其他书面文件的内容和形式进行详细的审查和研究。在审阅书面文件时，在内容上应注意其是否真实、合法；在形式上应注意其要素设计是否全面合理，各要素填制是否齐全。

复核的重点是各种会计记录和其他书面文件中各种数据的正确性和一致性。比如销货发票中的数量、单价和金额是否正确，总账余额和所属明细账余额合计数是否相同，总账余额与会计报表中相应项目的余额是否相同等。

（二）检查有形资产

检查有形资产是指内部审计人员现场监督被审计单位各种实物资产及现金、有价证券的盘点，并进行适当的抽查。对于一般实物资产，由被审计单位的人员进行盘点，内部审计人员对盘点进行监督；对于贵重实物资产，内部审计人员还可以进行重点抽查，如盘点各种实物资产及现金、有价证券等。

检查有形资产能够确定实物资产是否存在，有时还能确定实物资产的状况和质量，但不能确定实物资产是否归被审计单位所有和计价是否准确。

（三）观察

观察是指内部审计人员对被审计单位的经营场所、实物资产和有关业务活动及其内部控制的执行情况等进行实地查看。比如，内部审计人员观察财务部门的工作，可以了解其各项职责的履行情况。如果观察所取得的审计证据不具有充分性，则需要有其他证据佐证。

（四）询问

询问是指内部审计人员向有关人员进行的书面或口头询问以获取审计证据的方法。比如，向有关人员询问内部控制执行情况。内部审计人员可以采用书面或口头两种方式进行询问。由于被询问人员回答时的主观性和随意性，询问取得的审计证据可靠性较差。

（五）函证

函证是指内部审计人员为了获取财务报表或相关披露认定的项目的信息，通过来自第三方的对有关信息和现存状况的声明，获取和评价审计证据的过程。函证包括两种方式：肯定式函证和否定式函证。肯定式函证是指无论函证的内容与被函证人的记录是否一致，都要予以回复的函证方式；否定式函证是指只有在函证的内容与被函证人的记录不一致时，才予以回复的函证方式。

函证适用于应收账款、银行存款、应收票据、应付账款等。由于内部审计人员直接从独立于被审计单位之外的第三者那里取得函证回函，采用这种方法获取的是一种可靠性程度比较高的外部证据。但是，内部审计人员必须严格控制函证的整个流程，从发出询证函起到收到询证函止绝不能让被审计单位接触到询证函，否则，函证证据的可靠性就很难保证。对于第一次函证没有答复的，应采用追加程序，继续发出第二封乃至第三封询证函。如果仍没有回复，那么内部审计人员应实施替代性审计程序。

内部审计人员在采用函证法时，还应考虑到被函证对象的信誉、品德、客观性等，这些因素也会影响审计证据的可靠性。同时，内部审计人员应确保函证的内容明确，不会被函证对象误解或曲解。

（六）重新计算

重新计算是指内部审计人员以人工方式或使用计算机辅助审计技术，对记录或文件中的数据计算的准确性进行核对。计算的适用范围为：凭证、账簿、报表中有关数据的验算，横向、纵向加总的验算，如折旧的计算。

内部审计人员进行计算的目的在于验证被审计单位的凭证、账簿和报表中的数字是否正确。内部审计人员运用计算方法取证时，应采用与被审计单位确定的政策和选定的方法相一致，但在计算形式和顺序上可以按内部审计人员认为最有利于提高效率的方式进行，不一定要遵循被审计单位的原定方式和方法。

例如，内部审计人员为验证累计折旧计提的正确性，应先将被审计单位确定的计提基础时期（即是按本期余额还是按上期余额计提折旧）、计提折旧方法、使用年限、净残值率、计提折旧范围（即哪些固定资产可以计提折旧）等予以审核采用，然后收集有关数据进行计算；计算时一般以一年为计算期，而被审计单位的计算期可能是一个月一个月计算累加而得的。内部审计人员应对计算过程中的准确性和计算结果以及其他差错（如过账和转账）等予以关注。

计算取证的另外一种形式是对会计资料中有关项目进行加总或其他运算。其中，加总既可以是横向数据加总，也可以是纵向数据加总。横向加总主要是验证借贷余三栏金额的正确性和多栏式明细账中各明细项目数据与总数据的正确关系；纵向加总对于验证合计数、累计数的正确性不失为很有效的方法。

（七）重新执行

重新执行是指内部审计人员以人工方式或使用计算机辅助审计技术，重新独立执行作为被审计单位内部控制组成部分的程序和控制。例如，内部审计人员利用被审计单位的银行存款日记账和银行对账单，重新编制银行存款余额调节表，并与被审计单位编制的银行存款余额调节表进行比较。

（八）分析程序

分析程序是指内部审计人员通过研究不同财务数据之间以及财务数据与非财务数据之间的内在关系，对财务信息作出评价。分析程序的目的在于发现异常波动。如果发现重大波动，则内部审计人员应进一步采用其他审计程序。

> **提醒您**
>
> 审计中如有特殊需要，可以指派或者聘请专门机构或有专门知识的人员，对审计事项中某些专门问题进行鉴定，取得鉴定结论，作为审计证据。

第4节 分析性程序及审计测试

一、分析性程序

内部审计人员应根据财务报表和有关业务数据计算相关比率、趋势变动，用定量的方法更好地理解被审计单位的经营状况。

（一）分析性程序的内容

分析性程序主要探讨的是信息的合理性，内容包括：

（1）当期的信息与前期的相似信息比较；

（2）当期的财务和经营信息与预测比较；

（3）本部门信息与其他部门的相似信息比较；

（4）财务信息与相应的非财务信息比较（如工资费用与员工数量比较）；

（5）信息各元素之间的相互关系比较（如利息支出变化与负债结构变化比较）；

（6）本机构信息与机构所在行业的类似信息比较。

（二）分析性审计程序的作用

分析性审计程序的作用主要有：

（1）可以确定各种数据之间的关系；

（2）能够确认期望发生的变化是否发生；

（3）能够确认是否存在异常变化，只要发现异常变化，则内部审计人员必须了解发生的原因，对该变化是否是错误行为、违法行为、违规行为、不正常交易或事件以及会计核算方法导致的后果进行确认；

（4）能够识别潜在的错误；

（5）能够发现潜在的违规或违法行为；

（6）能够识别其他不经常或不重复发生的交易或事件。

（三）分析性审计程序的关键

分析性审计程序的关键在于分析以及比较，要分析所收集数据之间可能存在的关系，即相关性，而且要保证搜集数据的可靠性，并且剔除其中的不合理因素。然后利用内部审计人员积累的经验以及收集的合理标准，对照分析被审计单位提供的资料以及信息，从中发现异常的变动、不合常理的趋势或者比率。

1. 应考虑数据之间的关系以及比较基准

运用分析性审计程序的一个基本前提就是数据之间存在着某种关系，因此，应考虑数据之间的关系以及比较基准，如图2-4-1所示。

1 分析所收集数据之间存在的关系

即财务信息各构成要素之间的关系，以及财务信息与相关非财务信息之间的关系。财务信息各要素之间存在相关性以及内部勾稽关系，例如应付账款与存货之间通常有稳定的关系；当然某些财务信息与非财务信息之间也存在内在联系，如存货与生产能力之间的关系，以此来判断存货总额的合理性

2 考虑数据信息之间的比较基准

在运行分析性审计程序时，内部审计人员要注意将被审计单位本期的实际数据与上期或者以前期间的可比数据进行比较来判断是否存在异常，在运用以前期间的可比会计信息时，内部审计人员要注意被审计单位内部和外部的相关变化。内部审计人员可以将自己的预期数据与被审计单位财务报表上反映的金额或者比率进行比较，可以发现异常情况

图2-4-1 考虑数据之间的关系以及比较基准

2. 要合理确定分析性审计程序的应用方式

分析性审计程序在所有的会计报表审计的计划阶段和报告阶段都必须使用，在审计测试阶段可以选择使用，但是内部审计人员在审计的过程中要合理确定分析性审计程序的应用方式。应用方式主要有图2-4-2所示的几种。

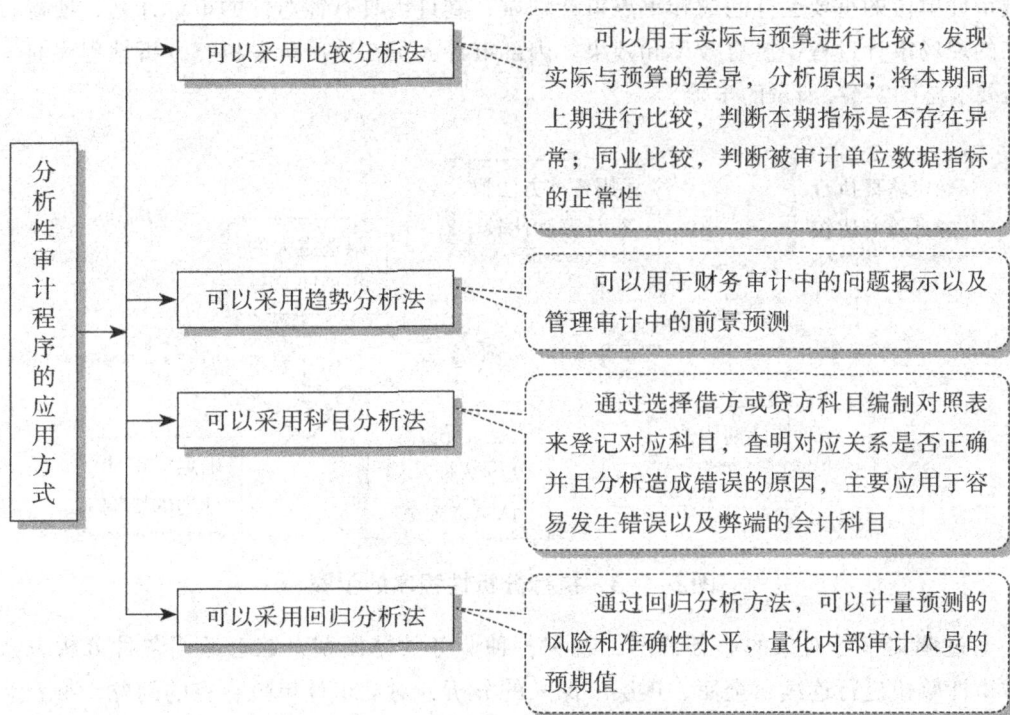

```
                      ┌─ 可以采用比较分析法 ┄┄ 可以用于实际与预算进行比较，发现
                      │                       实际与预算的差异，分析原因；将本期同
                      │                       上期进行比较，判断本期指标是否存在异
分 析 性              │                       常；同业比较，判断被审计单位数据指标
审 计 程              │                       的正常性
序 的 应 ─────────────┤
用 方 式              ├─ 可以采用趋势分析法 ┄┄ 可以用于财务审计中的问题揭示以及
                      │                       管理审计中的前景预测
                      │
                      ├─ 可以采用科目分析法 ┄┄ 通过选择借方或贷方科目编制对照表
                      │                       来登记对应科目，查明对应关系是否正确
                      │                       并且分析造成错误的原因，主要应用于容
                      │                       易发生错误以及弊端的会计科目
                      │
                      └─ 可以采用回归分析法 ┄┄ 通过回归分析方法，可以计量预测的
                                              风险和准确性水平，量化内部审计人员的
                                              预期值
```

图2-4-2 分析性审计程序的应用方式

提醒您

内部审计人员可以应用计算机审计专门软件进行辅助分析，主要是借助计算机信息储存量大、计算准确快速，制作图表方便简捷的功能，将审计或审计调查的有关数据输入计算机，对全部分析对象进行专题性、行业性、综合性等相关分析。内部审计人员可以通过对采集的数据信息，根据审计目标编制各种审计模型，进行指标计算、图表分析、风险评估等一系列复杂的高层次分析。

在现场审计时，内部审计人员可以通过使用一般通用软件，如Excel、Access等，方便地制作各种表格，计算有关数据，对多个专题内容分别进行筛选分析，也可以根据分析者的要求，对一些分析项目的数据进行整理加工，生成多种特定内容的新表，为进行多角度、深层次的分析提供方便。

（四）分析性程序在内部审计各阶段的应用

1. 审前准备阶段

在审前准备阶段，使用分析性程序的主要目的是使内部审计人员对被审计单位的经营情况获得更好的了解，确认资料间异常的关系和意外的波动，找出潜在的风险领域，以确定被审计单位的重要会计问题和重点审计领域，制订出具有针对性的审计计划，使得在接下来的现场审计过程中更有效率和效果。内部审计人员在这一阶段执行分析性程序时，通常需要实施图2-4-3所示的步骤。

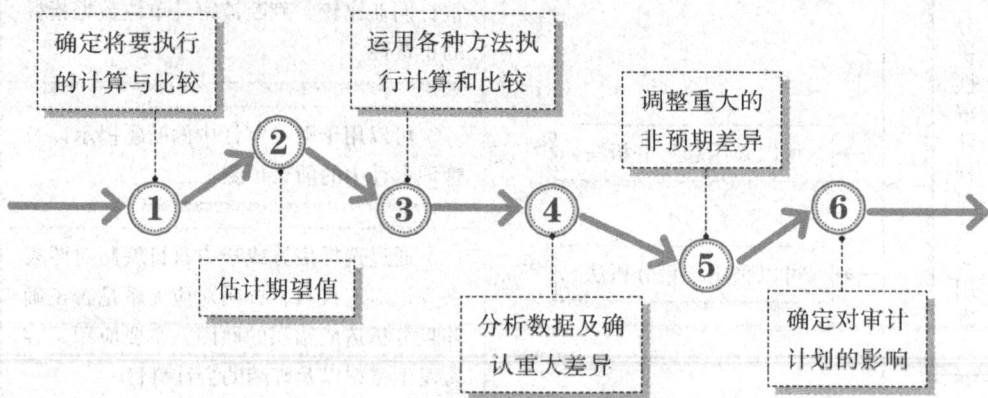

图2-4-3　执行分析性程序的步骤

通过调集审计对象的业务数据，编制各种业务数据模型，综合运用各种分析方法，对被审计单位进行连续、全面、逐层、深入的分析，对被审计单位存在的问题、疑点和异常的相关客户、账户和交易进行定位，为现场审计提供详实的线索，为制订审计计划提供支持。

2. 在现场审计的取证阶段

分析性程序可作为一种实质性测试方法，收集与账户余额及各类交易相关的数据作为认定的证据。在测试分析过程中出现意外差异时，可先询问被审计机构的管理层获得其解释和答复；再实施必要的审计程序，确认管理层解释和答复的合理性和可靠性；如果管理层没有作出恰当的解释，则应扩大审计测试，执行其他审计程序，作进一步的审查，查出造成差异的原因，以便得出结论。

> **提醒您**
>
> 在测试阶段，分析性审计程序提供的证据多数只是一些佐证证据，其证明力相对较弱，必须与其他证据结合才能证实对某一事项的具体认定，但这并不影响内部审计人员利用这一程序，因为使用分析性审计程序可节省人力和时间。

3. 在现场审计取证结束时

运用分析性程序可对所有审计问题作最后的综合分析。由各专业审计小组或项目主审对内部审计人员发现的问题进行比较分析，对审计发现的问题与通过访谈、实地观察了解和审计工作底稿进行综合分析，如果发现相关信息的关系不合理，则要进一步了解情况，必要时考虑追加审计程序。

4. 在撰写审计报告时

运用分析性程序可通过对各项指标与审计发现问题比较分析，对各专业小组分报告评价的比较分析，提高审计总体评价的准确性。

在审计的各阶段执行分析性审计程序，内部审计人员要考虑到，由于执行该方法所获得的审计证据主要为间接证据，内部审计人员不能仅依赖分析性程序结果得出审计结论，应充分考虑分析性程序的结果和审计目标的重要性，相关内部控制的健全性和有效性、用于分析性程序的财务资料和相关资料的可获得性、相关性、可比性、可靠性等方面的因素。必要时还应考虑使用与其他证据相互印证，在综合分析和评价的基础上得出审计结论。

提醒您

内部审计人员通过比较和分析各项指标所发现的异常情况，应引起充分关注，从而有针对性地采取更详细的审计程序来审查重点领域。

二、审计测试

审计测试是内部审计人员为达到审计目的，采用一定的方法对被审计项目的部分内容进行试验，以获取审计证据，据以判断被审计项目是否可以接受的一种审计程序。

（一）符合性测试

符合性测试是指内部审计人员在对被审计单位内部控制进行初评的基础上，为证实该控制是否在实际工作中得以贯彻执行，贯彻执行的实际效果是否符合设立该控制的初衷而进行的测试活动。

符合性测试通常采用的方法如下所述。

1. 观察法

内部审计人员到工作现场观察工作人员处理业务的情况，了解业务处理过程是否遵守了内部控制制度的要求。例如，内部审计人员可以观察仓库的材料收发情况，确定其是否与规定的收、发料程序相一致，到财务部门观察其报销手续是否与规定相符，等等。

2. 实验法

内部审计人员选择有关业务进行分析，重新实施，以判断有关业务人员是否遵循了内部控制制度。例如，内部审计人员要求重复执行有关发货手续，仓库管理部门有关业务人员是否遵循有关清点、计量、记账等发货程序，各项审核、检查工作是否确实执行，对不合理、不合法的发货、领货行为是否进行了必要的把关。

3. 检查证据法

内部审计人员检查与业务有关的凭证和其他文件，沿着这些文件和凭证所留下的业务处理的踪迹进行检查，从而判断业务处理是否符合内部控制制度的要求。例如，业务发生后，按规定要求有关经办人员、审核人和批准人在凭证上签字，内部审计人员就着力检查凭证上有无签字，若发现多张凭证上无签字，则可以认为该项内部控制未予执行。

（二）实质性测试

实质性测试是指为审查直接影响财务报表金额正确性的错误或不合法金额所设计的一种审计程序。其目的是取得有关会计事项和账户余额的会计处理，以及寓于其中的有关舞弊和差错的会计处理是否妥当的证据。实质性测试包括交易实质性测试、分析性测试和余额详细测试三种。

1. 交易实质性测试

交易实质性测试是指为判断被审计单位的会计交易在日记账中是否被正确记录和汇总，是否正确过入明细账和总账而设计的一种审计程序。例如，内部审计人员执行交易实质性测试可以检查已记录的交易是否存在和已发生的交易是否被记录，也可以通过该测试确定销货交易的记录是否正确、是否记入恰当的期间、分类是否正确、汇总是否正确和是否过入正确的账户。如果内部审计人员确信交易在日记账中已作正确记录并正确过账，那么他就能确信总账的合计数是正确的。在实际工作中，符合性（控制）测试可以与所有其他测试分开进行，但为提高效率，常常与交易实质性测试同时进行。

2. 分析性测试

分析性测试是指通过对财务数据和非财务数据之间可能存在的合理关系的研究而形成财务信息评价的一种审计程序。分析性测试的运用实际上是将账面金额同内部审计人员确定的期望值的比较过程。分析性测试的目的为：

（1）了解被审计单位的行业或业务；

（2）评价企业继续经营的能力；

（3）显示财务报表中可能存在的错报；

（4）减少余额详细测试。

后两个目的有助于内部审计人员确定其他测试的范围。如果分析性测试表明可能有错误，那么内部审计人员需要进行更广泛的调查；如果通过分析性测试没有发现重大差异或没有差异，则其他测试就可减少。

3. 余额详细测试

余额详细测试是指为检查账户期末余额的正确性而设计的一种审计程序，如直接向顾客函证应收账款，对存货作实物检查，审查供货单位的对账单以检查应付账款等，都是余额详细测试。在审计过程中，期末余额测试至关重要，因为这种测试所收集的证据大多来自独立于被审计单位的单位和个人，通常被认为是质量较高的证据。

第5节　编写审计工作底稿

审计工作底稿是指内部审计人员在审计过程中形成的审计工作记录和获取的资料。

一、编制审计工作底稿的目的

内部审计人员在审计工作中应当编制审计工作底稿，以达到下列目的：

（1）为编制审计报告提供依据；

（2）证明审计目标的实现程度；

（3）为检查和评价内部审计工作质量提供依据；

（4）证明内部审计机构和内部审计人员是否遵循内部审计准则；

（5）为以后的审计工作提供参考。

二、审计工作底稿的分类

审计工作底稿一般分为综合类工作底稿、业务类工作底稿和备查类工作底稿，如图2-5-1所示。

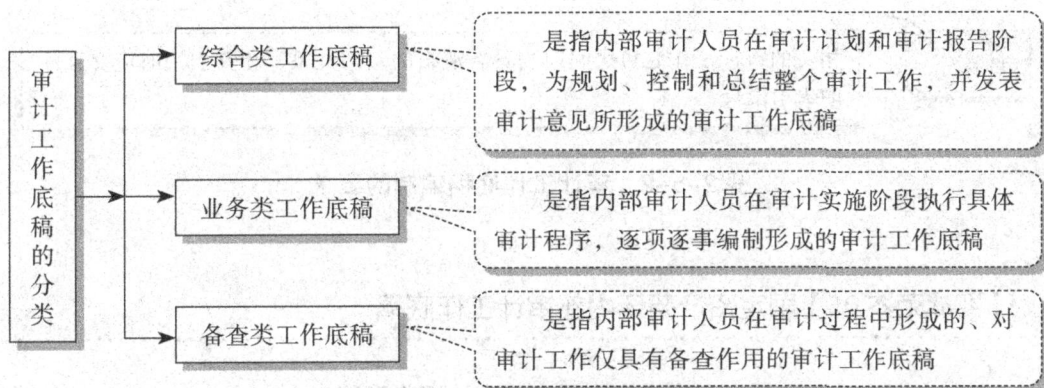

图2-5-1　审计工作底稿的分类

三、审计工作底稿的主要要素

审计工作底稿的主要要素有：

（1）被审计单位名称；

（2）审计项目或审计事项名称；

（3）审计项目或审计事项反映的时点或期间；

（4）编制者的姓名及编制日期；

（5）复核者的姓名及复核日期；

（6）索引号及页次；

（7）审计过程记录；

（8）审计评价及/或审计结论；

（9）其他应说明的事项。

四、审计工作底稿编制的要求

审计工作底稿编制的要求如图2-5-2所示。

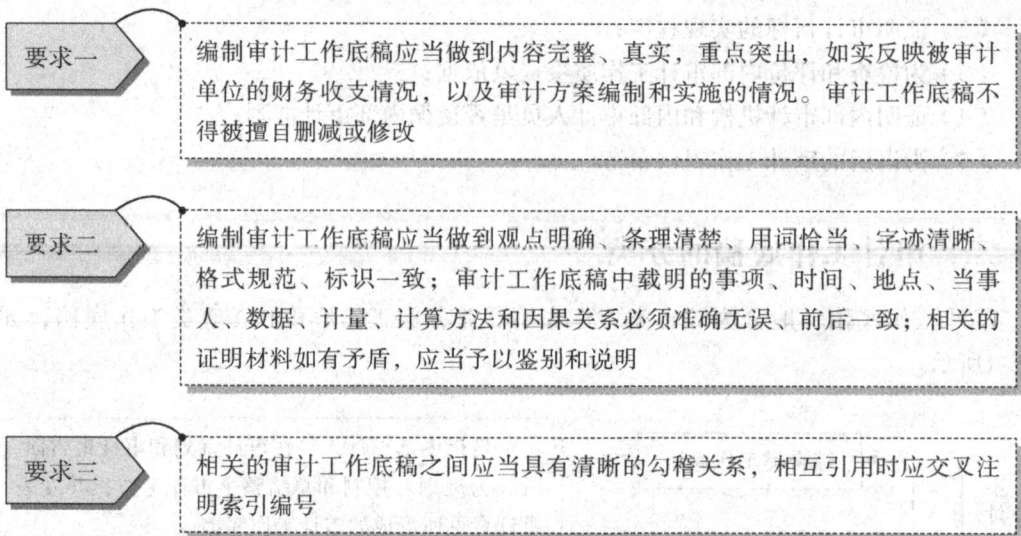

要求一 ▶ 编制审计工作底稿应当做到内容完整、真实，重点突出，如实反映被审计单位的财务收支情况，以及审计方案编制和实施的情况。审计工作底稿不得被擅自删减或修改

要求二 ▶ 编制审计工作底稿应当做到观点明确、条理清楚、用词恰当、字迹清晰、格式规范、标识一致；审计工作底稿中载明的事项、时间、地点、当事人、数据、计量、计算方法和因果关系必须准确无误、前后一致；相关的证明材料如有矛盾，应当予以鉴别和说明

要求三 ▶ 相关的审计工作底稿之间应当具有清晰的勾稽关系，相互引用时应交叉注明索引编号

图2-5-2 审计工作底稿编制的要求

【实战范本05】固定资产循环内部审计工作底稿

固定资产循环内部审计工作底稿

一、了解内部控制汇总表

被审计单位：	索引号： GZL—1
项目：	财务报表截止日/期间：
编制：	复核：
日期：	日期：

1. 受本循环影响的相关交易和账户余额

固定资产、累计折旧、在建工程、工程物资、固定资产清理、资产减值损失

2. 主要业务活动

主要业务活动	是否在本循环中进行了解
固定资产投资预算管理与审批	是
购置	是
记录固定资产	是
固定资产折旧及减值	是
固定资产日常保管、处置及转移	是
……	……

3. 了解交易流程

根据对交易流程的了解，记录如下：

（1）是否委托其他服务机构执行主要业务活动？如果被审计单位使用其他服务机构，那么将对审计计划产生哪些影响？

_____

（2）是否制定了相关的政策和程序以保持适当的职责分工？这些政策和程序是否合理？

_____

（3）自前次审计后，被审计单位的业务流程和控制活动是否发生重大变化？如果已发生变化，那么将对审计计划产生哪些影响？

_____

（4）是否识别出本期交易过程中发生的控制偏差？如果已识别出控制偏差，那么产生偏差的原因是什么？将对审计计划产生哪些影响？

_____

（5）是否识别出非常规交易或重大事项？如果已识别出非常规交易或重大事项，那么将对审计计划产生哪些影响？

（注：此处应记录在了解内部控制的过程中识别出的非常规交易和重大事项，以及对审计计划的影响。）

_____

（6）是否进一步识别出其他风险？如果已识别出其他风险，那么将对审计计划产生哪些影响？

（注：此处应记录在了解内部控制的过程中识别出的其他风险，以及对审计计划的影响。）

_____

4. 信息系统

（1）应用软件

信息系统名称	计算机运作环境	来源	初次安装日期

（2）初次安装后对信息系统进行的任何重大修改、开发与维护

信息系统名称	重大修改、开发与维护	更新日期

（3）拟于将来实施的重大修改、开发与维护计划

_____

（4）本年度对信息系统进行的重大修改、开发与维护及其影响

_____

5. 初步结论

[注：根据了解本循环控制的设计并评估其执行情况所获取的审计证据，内部审计人员对控制的评价结论可能是：（1）控制设计合理，并得到执行；（2）控制设计合理，未得到执行；（3）控制设计无效或缺乏必要的控制。]

_____

6. 沟通事项

是否需要就已识别出的内部控制设计或执行方面的重大缺陷，与适当层次的管理层或治理层进行沟通？

_____

二、了解内部控制设计——控制流程

被审计单位：_____	索引号：____ GGL-S-2
项目：_____	财务报表截止日/期间：_____
编制：_____	复核：_____
日期：_____	日期：_____

固定资产业务涉及的主要人员

职务	姓名

我们采用询问、观察和检查等方法，了解并记录了固定资产循环的主要控制流程，并已与×××、×××等确认下列所述内容。

1. 有关职责分工的政策和程序

（注：此处应记录被审计单位建立的有关职责分工的政策和程序，并评价其是否有助于建立有效的内部控制。）

——

2. 主要业务活动介绍

（注：此处应记录对本循环主要业务活动的了解，例如，被审计单位主要固定资产类别、预算管理制度、减值准备、对固定资产购置和处置政策的制定和修改程序、对职责分工政策的制定和修改程序等。）

——

（1）固定资产投资预算管理与审批

（注：此处应记录对被审计单位固定资产投资决策流程的了解，例如，固定资产投资预算的编制、调整、论证、审批、实施、可行性研究报告的保管等，如果被审计单位自行或委托第三方建造固定资产，那么还应包括工程项目的概算和预算编制及审批等。）

——

（2）购置

（注：此处应记录对固定资产购置流程的了解，例如，请购及审批、招投标管理、购置合同的授权和签订、购置合同管理等。）

——

（3）记录固定资产

［注：（1）此处应记录对固定资产记录流程的了解，例如，取得固定资产发票、核对及差异处理、单据流转及核对处理、审批程序等，如果被审计单位自行或委托第三方建造固定资产，那么还应包括工程项目竣工决算编制及审计等；（2）对付款、与供应商对账环节的控制活动记录于采购与付款循环的审计工作底稿（CGL）］。

——

（4）固定资产折旧及减值

（注：此处应记录对固定资产计提折旧及减值流程的了解，例如，固定资产折旧年限及计提方法的确定及变更、可回收金额的估计、资产组的认定等。）

——

（5）固定资产日常保管、处置及转移

[注：此处应记录对固定资产日常保管、处置及转移流程的了解，例如，固定资产清查盘点、报废/处置的申请及审批（包括审批权限）、租入及租出固定资产的记录等。]

_____

三、评价内部控制设计——控制目标及控制活动

被审计单位：_____	索引号：_____GZL-GZL-3_____
项目：_____	财务报表截止日/期间：_____
编制：_____	复核：_____
日期：_____	日期：_____

主要业务活动	控制目标	受影响的相关交易和账户余额的认定	常用的控制活动	被审计单位的控制活动	控制活动对实现控制目标是否有效（是/否）
固定资产投资预算管理与审批	固定资产投资预算只有经管理层核准才能执行	固定资产：存在	管理层必须核准所有固定资产投资采购预算，超过特定金额的预算应取得较高层次管理层的核准并进行适当记录		
购置	采购合同只有经相关人员核准才能执行	固定资产：存在	管理层必须核准所有采购合同		
	已记录的采购订单内容准确	固定资产：计价和分摊	由不负责输入采购订单的人员比较采购订单数据与支持性文件（如请购单）是否相符		
	所有采购订单均已得到处理	固定资产：完整性	采购订单连续编号，采购订单的顺序已被记录		
记录固定资产	已记录的固定资产均确为公司购置的资产	固定资产：存在、权利和义务	管理层定期复核固定资产登记簿		
	固定资产采购交易均确已记录	固定资产：完整性	定期执行固定资产盘点，并调节至固定资产登记簿		

（续表）

主要业务活动	控制目标	受影响的相关交易和账户余额的认定	常用的控制活动	被审计单位的控制活动	控制活动对实现控制目标是否有效（是/否）
记录固定资产	已记录的固定资产采购交易计价正确	固定资产：计价和分摊	对发票与验收单不符的事项进行调查；如果付款金额与发票金额不符，则应经适当层次管理层核准		
	所有固定资产采购交易已于适当期间进行记录	固定资产：存在、完整性	定期与供应商对账，如有差异及时进行调查和处理		
固定资产折旧及减值	准确计提折旧费用、资产减值损失	累计折旧：计价和分摊 资产减值损失：准确性、分类	管理层复核折旧费用和资产减值损失		
	折旧费用、资产减值损失已于适当期间进行记录	累计折旧：存在、完整性 资产减值损失：截止、完整性	管理层复核折旧费用和资产减值损失		
	折旧费用、资产减值损失均进行记录	累计折旧：完整性 资产减值损失：完整性	管理层复核折旧费用和资产减值损失		
	折旧费用、资产减值损失是真实的	累计折旧：存在 资产减值损失：发生	管理层复核折旧费用和资产减值损失		
固定资产日常保管、处置及转移	已充分保障固定资产的安全	固定资产：存在、权利和义务、完整性	对固定资产进行商业保险		
	已记录的固定资产处置及转移均为实际发生的	固定资产：完整性 累计折旧：完整性 固定资产清理：存在	定期执行固定资产盘点，并调节至固定资产登记簿		
	固定资产处置及转移均已记录	固定资产：存在 累计折旧：存在 固定资产清理：完整性	管理层复核固定资产处置的记录		

（续表）

主要业务活动	控制目标	受影响的相关交易和账户余额的认定	常用的控制活动	被审计单位的控制活动	控制活动对实现控制目标是否有效（是/否）
固定资产日常保管、处置及转移	固定资产处置及转移均已准确记录	固定资产：计价和分摊 累计折旧：计价和分摊 固定资产清理：计价和分摊	管理层复核固定资产处置的记录		
	固定资产处置均已于适当期间进行记录	固定资产：存在、完整性 累计折旧：存在、完整性 固定资产清理：存在、完整性	管理层定期复核固定资产登记簿		

四、确定控制是否得到执行（穿行测试）

被审计单位：_____	索引号：＿＿＿GZL-4
项目：_____	财务报表截止日/期间：_____
编制：_____	复核：_____
日期：_____	日期：_____

1. 固定资产循环穿行测试——与固定资产投资预算管理及审批有关的业务活动的控制

序号	选择的预算编制期间	是否编制投资预算并经资产使用部门经理批准（是/否）	预算管理部门是否复核固定资产投资预算（是/否）	是否经过投资可行性论证并形成论证报告（是/否）	投资预算经适当层次的批准（是/否）

2. 固定资产循环穿行测试——与购置固定资产有关的业务活动的控制

主要业务活动	测试内容	测试结果
请购	请购单编号#（日期）	
	请购内容	
	请购单是否得到适当的审批（是/否）	

（续表）

主要业务活动	测试内容	测试结果
请购	请购单后是否附经批准的预算（是/否）	
	采购订单编号#（日期）	
	采购合同经适当审批和签署（是/否）	
记录固定资产	供应商名称	
	验收单编号#	
	供应商发票所载内容与采购订单和验收单内容是否相符（是/否）	
	发票上是否盖"相符"章（是/否）	
	记账凭证编号#（日期）	
	正确记入固定资产借方（是/否）	

3. 固定资产循环穿行测试——比较采购信息报告与相关文件（请购单）是否相符有关业务活动的控制

序号	选择的采购信息报告期间	应付账款记账员是否已复核采购信息报告（是/否）	采购订单是否连续编号（是/否）

4. 固定资产循环穿行测试——与分析固定资产及累计折旧变动情况有关的业务活动的控制

序号	选择的期间	固定资产记账员是否编制月度报告固定资产增、减变动情况报告（是/否）	会计主管是否复核月度报告固定资产增、减变动情况报告（是/否）

5. 固定资产循环穿行测试——与固定资产折旧及减值有关的业务活动的控制

主要业务活动	测试内容	测试结果
固定资产折旧及减值	董事会制定与固定资产折旧\减值有关的政策（是/否）	
	年末会计主管会同其他部门检查固定资产使用寿命及减值情况（是/否）	

（续表）

主要业务活动	测试内容	测试结果
固定资产折旧及减值	技术部门编写固定资产价值分析报告（是/否）	
	如较原先估计数发生较大变化，会计主管编写会计估计变更建议（是/否）	
	如发生减值迹象，会计主管进行减值测试并编写调整建议（是/否）	
	财务经理复核会计估计变更建议或减值调整建议（是/否）	
	董事会审核会计估计变更建议或固定资产价值调整建议（是/否）	
	会计估计变更和资产减值损失已进行恰当处理和列报（是/否）	
	记账凭证编号#	

6. 固定资产循环穿行测试——与固定资产盘点有关的业务活动的控制

主要业务活动	测试内容	测试结果
固定资产盘点	测试期间	
	固定资产使用部门已进行固定资产盘点（是/否）	
	财务部门已进行固定资产复盘（是/否）	
	对盘点差异已进行适当处理（是/否）	
	记账凭证编号#	

7. 固定资产循环穿行测试——与固定资产日常保管、处置与转移有关的业务活动的控制

主要业务活动	测试内容	测试结果
固定资产日常保管、处置与转移	主要固定资产已办理商业保险（是/否）	
	商业保险单编号#	
	固定资产报废单编号#	
	固定资产报废经适当审批（是/否）	
	固定资产报废已经进行恰当会计处理和列报（是/否）	
	记账凭证编号#	
	内部调拨固定资产已编制内部调拨单并进行恰当会计处理（是/否）	
	记账凭证编号#	

五、固定资产循环控制执行情况的评价结果

主要业务活动	控制目标	受影响的相关交易和账户余额的认定	被审计单位的控制活动	控制活动对实现控制目标是否有效（是/否）	控制活动是否得到执行（是/否）	是否测试该控制活动运行有效性（是/否）
固定资产投资预算管理与审批	固定资产投资预算只有经管理层核准才能执行	固定资产：存在				
购置	采购合同只有经核准才能执行	固定资产：存在				
	已记录的采购订单内容准确	固定资产：计价和分摊				
	所有采购订单均已得到处理	固定资产：完整性				
记录固定资产	已记录的固定资产均确为公司购置的资产	固定资产：存在、权利和义务				
	固定资产采购交易均已记录	固定资产：完整性				
	已记录的固定资产采购交易计价正确	固定资产：计价和分摊				
	所有固定资产采购交易已于适当期间进行记录	固定资产：存在、完整性				
固定资产折旧及减值	准确计提折旧费用、资产减值损失	累计折旧：计价和分摊 资产减值损失：准确性、分类				
	折旧费用、资产减值损失已于适当期间进行记录	累计折旧：存在、完整性 资产减值损失：截止、完整性				

（续表）

主要业务活动	控制目标	受影响的相关交易和账户余额的认定	被审计单位的控制活动	控制活动对实现控制目标是否有效（是/否）	控制活动是否得到执行（是/否）	是否测试该控制活动运行有效性（是/否）
固定资产折旧及减值	折旧费用、资产减值损失均进行记录	累计折旧：完整性 资产减值损失：完整性				
	折旧费用、资产减值损失是真实的	累计折旧：存在 资产减值损失：发生				
固定资产日常保管、处置及转移	已充分保障固定资产的安全	固定资产：存在、权利和义务、完整性				
	已记录的固定资产处置及转移均为实际发生的	固定资产：完整性 累计折旧：完整性 固定资产清理：存在				
	固定资产处置及转移均已记录	固定资产：存在 累计折旧：存在 固定资产清理：完整性				
	固定资产处置及转移均已准确记录	固定资产：计价和分摊 累计折旧：计价和分摊 固定资产清理：计价和分摊				
	固定资产处置均已于适当期间进行记录	固定资产：存在、完整性 累计折旧：存在、完整性 固定资产清理：存在、完整性				

【实战范本06】筹资与投资循环内部审计工作底稿

筹资与投资循环内部审计工作底稿

一、了解内部控制

了解内部控制汇总表

被审计单位：	索引号： GZL－1
项目：	财务报表截止日/期间：
编制：	复核：
日期：	日期：

1. 受本循环影响的相关交易和账户余额

长期股权投资、交易性金融资产、持有至到期投资、可供出售金融资产、短期借款、交易性金融负债、长期借款、投资收益、财务费用……

2. 主要业务活动

主要业务活动	是否在本循环中进行了解
筹资	是
投资	是
衍生金融工具管理	是

（注：通常应在本循环中了解与上述业务活动相关的内部控制，如果内部审计人员计划在其他业务循环中对上述一项或多项业务活动的控制进行了解，那么应在此处说明原因。）

3. 了解交易流程

根据对交易流程的了解，记录如下：

（1）是否委托其他服务机构执行主要业务活动？如果被审计单位使用其他服务机构，那么将对审计计划产生哪些影响？

_____

（2）是否制定了相关的政策和程序以保持适当的职责分工？这些政策和程序是否合理？

_____

（3）自前次审计后，被审计单位的业务流程和控制活动是否发生重大变化？如果已发生变化，那么将对审计计划产生哪些影响？

_____

（4）是否识别出本期交易过程中发生的控制偏差？如果已识别出控制偏差，那么产生偏差的原因是什么？将对审计计划产生哪些影响？

_____

（5）是否识别出非常规交易或重大事项？如果已识别出非常规交易或重大事项，那么将对审计计划产生哪些影响？

（注：此处应记录在了解内部控制的过程中识别出的非常规交易和重大事项，以及对审计计划的影响。）

_____

（6）是否进一步识别出其他风险？如果已识别出其他风险，那么将对审计计划产生哪些影响？

（注：此处应记录在了解内部控制的过程中识别出的其他风险，以及对审计计划的影响；同时，还应将这些事项汇总至具体审计计划中，以制定相应的应对措施。）

_____

4. 信息系统

（1）应用软件

信息系统名称	计算机运作环境	来源	初次安装日期

（2）初次安装后对信息系统进行的任何重大修改、开发与维护

信息系统名称	重大修改、开发与维护	更新日期

（3）拟于将来实施的重大修改、开发与维护计划

_____

（4）本年度对信息系统进行的重大修改、开发与维护及其影响

_____

5. 初步结论

[注：根据了解本循环控制的设计并评估其执行情况所获取的审计证据，内部审计人员对控制的评价结论可能为：（1）控制设计合理，并得到执行；（2）控制设计合理，未得到执行；（3）控制设计无效或缺乏必要的控制。]

_____

6. 沟通事项

是否需要就已识别出的内部控制设计或执行方面的重大缺陷，与适当层次的管理层或

治理层进行沟通？

_____

二、了解内部控制设计——控制流程

被审计单位：_____	索引号：_____GZL－2_____
项目：_____	财务报表截止日/期间：_____
编制：_____	复核：_____
日期：_____	日期：_____

筹资与投资业务涉及的主要人员

职务	姓名

我们采用询问、观察和检查等方法，了解并记录了筹资与投资循环的主要控制流程，并已与×××、×××等确认下列所述内容。

1. 有关职责分工的政策和程序

（注：此处应记录被审计单位建立的有关职责分工的政策和程序，并评价其是否有助于建立有效的内部控制。）

_____

2. 主要业务活动介绍

（注：此处应记录对本循环主要业务活动的了解，例如，被审计单位的主要筹资方式、投资项目、相关文件记录、对筹资与投资政策的制定和修改程序、对与公允价值计量相关的决策体系的制定和修改程序、对职责分工政策的制定和修改程序等。）

_____

（1）筹资

（注：此处应记录对被审计单位筹资流程的了解，例如，授权审批、签订合同或协议、取得资金、计算利息或股利、偿还本息或发放股利等。）

_____

（2）投资

（注：此处应记录对被审计单位投资流程的了解，例如，授权审批、取得证券或其他投资、取得投资收益、转让证券或收回其他投资等。）

_____

（3）衍生金融工具管理

（注：此处应记录对被审计单位管理衍生金融工具流程的了解，例如，调节程序、初始成交记录、交易记录、持续监督等。）

三、评价内部控制设计——控制目标及控制活动

被审计单位：	索引号： GZL—3
项目：	财务报表截止日/期间：
编制：	复核：
日期：	日期：

主要业务活动	控制目标	受影响的相关交易和账户余额及其认定	常用的控制活动	被审计单位的控制活动	控制活动对实现控制目标是否有效（是/否）
筹资	已记录的借款均确为公司的负债	短期借款：存在、权利和义务	所有筹资交易应经管理层批准		
	借款均已准确记录	短期借款：计价和分摊	借款变动情况的记录与借款合同相一致并经复核，以确保输入准确		
	借款均已记录	短期借款：完整性	借款合同或协议由专人保管，同账务记录核对一致，如发现差异应及时调查和处理		
	于适当期间进行记录	短期借款：存在、完整性	管理层定期复核借款记录并确保其及时更新		
	于适当期间进行记录	财务费用：完整性、准确性、分类、截止、发生	管理层复核财务费用的计算		
	已记录的偿还借款均为真实发生	短期借款：完整性、权利和义务	管理层定期复核借款记录并确保其及时更新		
	借款均已准确记录	短期借款：计价和分摊	借款合同或协议由专人保管，同账务记录核对一致，如发现差异应及时调查和处理		

（续表）

主要业务活动	控制目标	受影响的相关交易和账户余额及其认定	常用的控制活动	被审计单位的控制活动	控制活动对实现控制目标是否有效（是/否）
筹资	偿还借款均已记录	短期借款：存在	借款合同或协议由专人保管，同账务记录核对一致，如发现差异应及时调查和处理		
	偿还借款均已于适当期间进行记录	短期借款：存在、完整性	借款合同或协议由专人保管，同账务记录核对一致，如发现差异应及时调查和处理		
投资	已记录的投资均确为公司的投资	长期股权投资：存在、权利和义务	管理层制定政策并确保投资交易符合规定		
	已记录的投资均确为公司的投资	交易性金融资产：存在、权利和义务	管理层制定政策并确保投资交易符合规定		
	投资交易均已记录	长期股权投资：完整性	管理层复核投资交易记录，如有差异应及时调查和处理		
	投资交易均已记录	交易性金融资产：完整性	管理层复核投资交易记录，如有差异应及时调查和处理		
	投资交易计价准确	长期股权投资：计价和分摊	管理层复核投资交易记录，如有差异应及时调查和处理		
	投资交易计价准确	交易性金融资产：计价和分摊	管理层复核投资交易记录，如有差异应及时调查和处理		
	投资交易均已于适当期间进行记录	交易性金融资产：完整性、存在	管理层复核投资交易记录，如有差异应及时调查和处理		

（续表）

主要业务活动	控制目标	受影响的相关交易和账户余额及其认定	常用的控制活动	被审计单位的控制活动	控制活动对实现控制目标是否有效（是/否）
投资	投资收益均已准确计算并于适当期间进行记录	投资收益：发生、准确性、完整性、截止、分类 长期股权投资：计价和分摊	及时取得被投资单位报表并确认投资收益		
	投资收益均已准确计算并于适当期间进行记录	投资收益：发生、准确性、完整性、截止、分类	管理层复核投资交易记录，如有差异应及时调查和处理		

四、确定控制是否得到执行（穿行测试）

被审计单位：	索引号：　　GZL—4
项目：	财务报表截止日/期间：
编制：	复核：
日期：	日期：

1. 与日常借款有关的业务活动的控制

主要业务活动	测试内容	测试结果
请购	借款申请表编号#（日期）	
	借款申请表是否经恰当批准（是/否）	
	借款合同编号#（如适用）	
	综合授信协议编号#（如适用）	
	综合授信使用申请表编号#（日期）	
记录借款	收款凭证编号#（日期）	
	借款合同金额、期限等内容是否与借款申请表内容一致（是/否）	
	是否记入短期借款明细账贷方（是/否）	
	是否登记借款备查账（是/否）	
	明细账记录内容是否与借款备查账内容一致（是/否）	
	借款备查账记录内容是否与借款合同一致（是/否）	

2. 与偿还借款有关的业务活动的控制

主要业务活动	测试内容	测试结果
偿还	借款合同编号#	
	综合授信协议编号#（如适用）	
	付款申请表编号#（日期）	
	付款申请表是否经恰当批准（是/否）	
	是否与借款合同规定还款日一致（是/否）	
记录借款	付款凭证编号#（日期）	
	还款金额、期限等内容是否与付款申请表内容一致（是/否）	
	是否记入短期借款明细账借方（是/否）	
	是否登记借款备查账（是/否）	
	明细账记录内容是否与借款备查账内容一致（是/否）	
	借款备查账记录内容是否与借款合同一致（是/否）	

3. 与筹资预算有关的业务活动的控制

序号	选择的预算编制期间	预算经理是否编制年度筹资预算（是/否）	财务经理是否复核年度筹资预算（是/否）	年度筹资预算是否经适当层次批准（是/否）	年度筹资总额是否控制在预算内（是/否）

4. 与信贷情况表有关的业务活动的控制

序号	选择的编制期间	是否编制信贷情况表（是/否）	内容是否完整（是/否）	是否经适当层次复核（是/否）

5. 与借款差异调节表有关的业务活动的控制

序号	选择的编制期间	借款备查账金额	借款明细账金额	编制人是否签名（是/否）	复核人是否签名（是/否）	是否有调节项目（是/否）	是否与支持文件相符（是/否）	是否经适当层次审批（是/否）	是否已调节借款（是/否）

6. 与财务费用有关的业务活动的控制

序号	选择的期间	借款利息回单编号#	如适用，是否估算借款利息（是/否）	如适用，是否与银行存款余额调节表核对一致（是/否）	记账凭证编号#	是否经适当层次审批（是/否）

7. 与长期股权投资有关的业务活动的控制

主要业务活动	测试内容	测试结果
预算及执行	是否编制投资预算（是/否）	
	投资预算是否经适当层次批准（是/否）	
	是否编制可行性研究报告（是/否）	
	投资项目是否经适当层次批准（是/否）	
	是否编写投资计划书（是/否）	
	投资合同是否经适当层次审核（是/否）	
	投资合同编号	
	长期投资付款申请单编号#（日期）	
	投资付款申请单是否经适当层次审批（是/否）	
记录长期股权投资借款	付款凭证编号#（日期）	
	权属证明名称	
	权属证明是否与投资合同、章程等内容一致（是/否）	
记录投资收益	年度终了后××日是否取得被投资方财务资料（是/否）	
	是否确认投资收益（是/否）	
	投资收益确认是否经适当层次复核（是/否）	
	转账凭证编号#（日期）	

8. 与日常交易性金融资产有关的业务活动的控制

主要业务活动	测试内容	测试结果
购入/出售	交易流水单号码	
	是否登记投资备查账（是/否）	
记录投资	转款凭证编号#（日期）	
	股票名称	

（续表）

主要业务活动	测试内容	测试结果
记录投资	是否正确记入投资明细账（是/否）	
	是否正确确认投资收益（是/否）	

9. 与交易性金融资产差异核对表有关的业务活动的控制

序号	选择的期间	是否编制核对表（是/否）	投资项目是否一致（是/否）	投资金额是否一致（是/否）	编制人是否签名（是/否）	复核人是否签名（是/否）	是否有调节项目（是/否）	是否与支持文件相符（是/否）	是否经适当层次审批（是/否）

10. 与月度交易性金融资产报告有关的业务活动的控制

序号	选择的期间	是否编制月度交易性金融资产报告（是/否）	是否经适当层次复核（是/否）

11. 与交易性金融资产后续计量有关的业务活动的控制

序号	股票代码	公允价值	是否与支持性文件相符（是/否）	账面价值	记账凭证编号#	是否经适当层次复核（是/否）

五、筹资与投资循环控制执行情况的评价结果

主要业务活动	控制目标	受影响的相关交易和账户余额及其认定	被审计单位的控制活动	控制活动对实现控制目标是否有效（是/否）	控制活动是否得到执行（是/否）	是否测试该控制活动运行有效性（是/否）
筹资	已记录的借款均确为公司的负债	短期借款：存在、权利和义务				
	借款均已准确记录	短期借款：计价和分摊				
	借款均已记录	短期借款：完整性				

（续表）

主要业务活动	控制目标	受影响的相关交易和账户余额及其认定	被审计单位的控制活动	控制活动对实现控制目标是否有效（是/否）	控制活动是否得到执行（是/否）	是否测试该控制活动运行有效性（是/否）
筹资	借款均已于适当期间进行记录	短期借款：存在、完整性				
	财务费用均已准确计算并于适当期间进行记录	财务费用：完整性、准确性、分类、截止、发生				
	已记录的偿还借款均为真实发生	短期借款：完整性、权利和义务				
	偿还借款均已准确记录	短期借款：计价和分摊				
	偿还借款均已记录	短期借款：存在				
	偿还借款均已于适当期间进行记录	短期借款：存在、完整性				
投资	已记录的投资均确为公司的投资	长期股权投资：存在、权利和义务				
	已记录的投资均确为公司的投资	交易性金融资产：存在、权利和义务				
	投资交易均已记录	长期股权投资：完整性				
	投资交易均已记录	交易性金融资产：完整性				
	投资交易计价准确	长期股权投资：计价和分摊				
	投资交易计价准确	交易性金融资产：计价和分摊				
	投资交易均已于适当期间进行记录	交易性金融资产：完整性、存在				

（续表）

主要业务活动	控制目标	受影响的相关交易和账户余额及其认定	被审计单位的控制活动	控制活动对实现控制目标是否有效（是/否）	控制活动是否得到执行（是/否）	是否测试该控制活动运行有效性（是/否）
投资	投资收益均已准确计算并于适当期间进行记录	投资收益：发生、准确性、完整性、截止、分类 长期股权投资：计价和分摊				
	投资收益均已准确计算并于适当期间进行记录	投资收益：发生、准确性、完整性、截止、分类				

【实战范本07】销售与收款循环内部审计工作底稿

销售与收款循环内部审计工作底稿

一、了解内部控制汇总表

被审计单位：_____	索引号：_____XSL-1_____
项目：_____	财务报表截止日/期间：_____
编制：_____	复核：_____
日期：_____	日期：_____

1. 受本循环影响的相关交易和账户余额

应收账款、营业收入、应交税费……

2. 主要业务活动

主要业务活动	是否在本循环中进行了解
销售	是
记录应收账款	是
记录税金	是
收款	是
维护顾客档案	是

（注：通常应在本循环中了解与上述业务活动相关的内部控制，如果内部审计人员计划在其他业务循环中对上述一项或多项业务活动的控制进行了解，那么应在此处说明原因。）

3. 了解交易流程

根据对交易流程的了解，记录如下：

（1）是否委托其他服务机构执行主要业务活动？如果被审计单位使用其他服务机构，那么将对审计计划产生哪些影响？

_____

（2）是否制定了相关的政策和程序以保持适当的职责分工？这些政策和程序是否合理？

_____

（3）自前次审计后，被审计单位的业务流程和控制活动是否发生重大变化？如果发生重大变化，那么将对审计计划产生哪些影响？

_____

（4）是否识别出本期交易过程中发生的控制偏差？如果已识别出控制偏差，那么产生偏差的原因是什么？将对审计计划产生哪些影响？

_____

（5）是否发现任何非正常交易或重大事项？如果已识别出非正常交易或重大事项，那么将对审计计划产生哪些影响？

（注：此处应记录在了解内部控制的过程中识别出的非常规交易和重大事项，以及对审计计划的影响。）

_____

（6）是否进一步识别出其他风险？如果已识别出其他风险，那么将对审计计划产生哪些影响？

（注：此处应记录在了解内部控制的过程中识别出的其他风险，以及对审计计划的影响。）

_____

4. 信息系统

（1）应用软件

信息系统名称	计算机运作环境	来源	初次安装日期

（2）初次安装后对信息系统进行的任何重大修改、开发与维护

信息系统名称	重大修改、开发与维护	更新日期

（3）拟于将来实施的重大修改、开发与维护计划

_____

（4）本年度对信息系统进行的重大修改、开发与维护及其影响

_____

5. 初步结论

[注：根据了解本循环控制的设计并评估其执行情况所获取的审计证据，内部审计人员对控制的评价结论可能为：（1）控制设计合理，并得到执行；（2）控制设计合理，未得到执行；（3）控制设计无效或缺乏必要的控制。]

_____

6. 沟通事项

是否需要就已识别出的内部控制设计或执行方面的重大缺陷，与适当层次的管理层或治理层进行沟通？

_____

二、了解内部控制设计——控制流程

被审计单位：_____	索引号：_____XSL-2_____
项目：_____	财务报表截止日/期间：_____
编制：_____	复核：_____
日期：_____	日期：_____

销售与收款业务涉及的主要人员

职务	姓名

我们采用询问、观察和检查等方法，了解并记录了销售与收款循环的主要控制流程，并已与×××、×××等确认下列所述内容。

1. 有关职责分工的政策和程序

（注：此处应记录被审计单位的有关职责分工的政策和程序，并评价其是否有助于建立有效的内部控制。）

_____

2. 主要业务活动介绍

（注：此处应记录对本循环主要业务活动的了解，例如，被审计单位主要销售内容和销售方式、相关文件记录、对销售与收款政策的制定和修改程序、对职责分工政策的制定和修改程序等。）

_____

（1）销售

[注：① 此处应记录对被审计单位接受订单、审批、销售流程的了解，例如，订单的接受与审批、赊销申请的处理、销售合同的订立和授权、销售合同管理等；② 存货发出环节控制活动记录于生产与仓储循环的审计工作底稿（SCL）。）

（2）记录应收账款

（注：此处应记录对存货发出后至应收账款确认、记录流程的了解，例如，发票的开具和核对、核对及差异处理、单据流转及核对、与顾客对账、应收账款调整及计提坏账准备等。）

（3）记录税金

（注：此处应记录对税金的确认、申报、缴纳流程的了解。）

（4）收款

（注：此处应记录对收款业务流程的了解，例如，收款的记录、收款方式、应收票据的取得和贴现以及期末对收款情况的监控等。）

（5）维护顾客档案

（注：① 此处应记录对顾客档案维护流程的了解，例如，维护申请、审批、处理以及期末审核等；② 顾客档案是指记录经批准的顾客详细信息的文件，包括顾客名称、银行账户、收货地址、邮寄地址、联系方式、赊销信用额度、收款折扣条件、过去期间的交易情况等。）

三、评价内部控制设计——控制目标及控制活动

主要业务活动	控制目标	受影响的相关交易和账户余额及其认定	常用的控制活动	被审计单位的控制活动	控制活动对实现控制目标是否有效（是/否）
销售	仅接受在信用额度内的订单	应收账款：计价和分摊	管理层审核批准信用额度		
	管理层核准销售订单的价格、条件	应收账款：存在 主营业务收入：发生	管理层必须审批所有销售订单，超过特定金额或毛利异常的销售应取得较高管理层核准		
	已记录的销售订单的内容准确	应收账款：计价和分摊 主营业务收入：准确性、分类	由不负责输入销售订单的人员比较销售订单数据与支持性文件是否相符		

（续表）

主要业务活动	控制目标	受影响的相关交易和账户余额及其认定	常用的控制活动	被审计单位的控制活动	控制活动对实现控制目标是否有效（是/否）
销售	销售订单均已得到处理	应收账款：完整性 主营业务收入：完整性	销售订单、销售发票已连续编号、顺序已被记录		
记录应收账款	已记录的销售均确已发出货物	应收账款：存在、权利和义务 主营业务收入：发生	销售发票需与出库单证核对，如有不符应及时调查和处理		
	已记录的销售交易计价准确	应收账款：计价和分摊 主营业务收入：准确性、分类	定期与顾客对账，如有差异应及时进行调查和处理		
	与销售货物相关的权利均已记录至应收账款	应收账款：完整性 主营业务收入：完整性	销售订单、销售发票已连续编号、顺序已被记录		
	销售货物交易均已于适当期间进行记录	应收账款：存在、完整性 主营业务收入：截止	检查资产负债表日前、后发出的货物，以确保记录于适当期间		
	已记录的销售退回、折扣与折让均为真实发生的	应收账款：完整性 主营业务收入：完整性	管理层制定有关销售退回、折扣与折让的政策和程序，并监督其执行		
	已发生的销售退回、折扣与折让均确已记录	应收账款：存在 主营业务收入：发生	定期与顾客对账，如有差异应及时进行调查和处理		
	已发生的销售退回、折扣与折让均于恰当期间进行记录	应收账款：存在、完整性 主营业务收入：截止	用以记录销售退回、折扣与折让事项的表单连续编号，顺序已被记录		
	已发生的销售退回、折扣与折让均确已准确记录	应收账款：计价和分摊 主营业务收入：准确性、分类	管理层复核和批准对应收账款的调整		

（续表）

主要业务活动	控制目标	受影响的相关交易和账户余额及其认定	常用的控制活动	被审计单位的控制活动	控制活动对实现控制目标是否有效（是/否）
记录应收账款	准确计提坏账准备和核销坏账，并记录于恰当期间	应收账款：存在、完整性、权利和义务 坏账准备：计价和分摊、完整性、存在	管理层复核坏账准备费用，包括考虑是否记录于适当期间		
收款	收款是真实发生的	应收账款：完整性、权利和义务	管理层复核收款记录		
	准确记录收款	应收账款：计价和分摊	管理层复核收款记录		
	收款均已记录	应收账款：完整性	定期将日记账中的收款记录与银行对账单进行核对		
	收款均已于恰当期间进行记录	应收账款：存在、完整性	定期将日记账中的收款记录与银行对账单进行核对。		
	监督应收账款及时收回	应收账款：权利和义务	定期编制与分析应收账款账龄报告		
维护顾客档案	对顾客档案变更均为真实有效的	应收账款：完整性、存在 主营业务收入：完整性、发生	变更顾客档案申请应连续编号，编号顺序已被记录		
	对顾客档案变更均为准确的	应收账款：计价和分摊 主营业务收入：准确性、分类	核对顾客档案变更记录和原始授权文件，确定已正确处理		
	对顾客档案变更均已于适当期间进行处理	应收账款：权利和义务、存在、完整性 主营业务收入：完整性、发生	变更顾客档案申请应连续编号，编号顺序已被记录		
	确保顾客档案数据及时更新	应收账款：权利和义务、存在、完整性 主营业务收入：完整性、发生	管理层定期复核供应商档案的正确性并确保其及时更新		

四、确定控制是否得到执行（穿行测试）

被审计单位： _____	索引号： _____ XSL-4
项目： _____	财务报表截止日/期间： _____
编制： _____	复核： _____
日期： _____	日期： _____

1. 与销售有关的业务活动的控制

主要业务活动	测试内容	测试结果
销售	销售订单编号#（日期）	
	销售订单内容	
	是否复核顾客信用额度（是/否）	
	销售订单是否得到适当的审批（是/否）	
	销售发票是否经过复核	
	销售发票编号#（日期）	
	出运通知单编号#（日期）	
	销售订单、销售发票、出运通知单、货运提单内容是否一致（是/否）	
	报关单编号#（日期）	
	是否取得货运提单（是/否）	
记录应收账款	记录应收账款的凭证编号#（日期）	
	发票上是否盖"相符"印戳（是/否）	
	是否输入应收账款借方（是/否）	
收款	收款凭证编号#（日期）	
	收款凭证是否得到会计主管的适当审批（是/否）	
	有关支持性文件上是否盖"核销"章（是/否）	
	付款人名称是否与顾客一致（是/否）	
	银行进账单编号#/信用证编号#（日期）	
	是否正确输入应收账款贷方（是/否））	

2. 与新顾客承接有关的业务活动的控制

序号	是否编制顾客申请表（是/否）	是否编制新顾客基本情况表（是/否）	是否取得新顾客信用等级的评定报告（是/否）	是否经信用管理经理审批（是/否）	信用额度是否经适当审批（是/否）	是否根据经适当审批的文件建立新顾客档案（是/否）

3. 与比较销售信息报告和相关文件（销售订单）是否相符的控制活动

序号	选择的销售信息报告期间	应收账款记账员是否已复核销售信息报告（是/否）	销售订单是否连续编号（是/否）

4. 与调整应收账款有关的控制活动

序号	顾客名称	是否编制应收账款账龄报告（是/否）	应收账款调节表编号#（日期）	是否与支持文件相符（是/否）	是否经适当审批（是/否）	是否已调节应收账款（是/否）

5. 与核销坏账或计提特别坏账准备有关的控制活动

序号	顾客名称	坏账申请表编号#（日期）	是否与支持文件相符（是/否）	是否经适当审批（是/否）	是否已调节应收账款（是/否）

6. 与坏账准备会计估计有关的控制活动

主要业务活动	测试内容	测试结果
计提坏账准备	董事会制定与计提坏账准备有关的会计估计（是/否）	
	年末销售经理编写应收账款可回收性分析（是/否）	
	如较原先估计数发生较大变化，会计主管编写会计估计变更建议（是/否）	
	财务经理复核会计估计变更建议或减值调整建议（是/否）	

（续表）

主要业务活动	测试内容	测试结果
计提坏账准备	董事会审核会计估计变更建议（是/否）	
	会计估计变更已进行恰当处理和列报（是/否）	
	记账凭证编号#	

7. 与退货、折扣和折让有关的控制活动

序号	顾客名称	顾客投诉处理表编号#（日期）	财务部是否注明货款结算情况（是/否）	生产经理是否确定质量责任（是/否）	技术经理是否确定质量责任（是/否）	是否经适当审批（是/否）	是否已调节应收账款（是/否）

8. 与顾客档案更改记录有关控制活动的测试

序号	更改申请表号码	更改申请表是否经适当审批（是/否）	是否包含在月度供应商信息更改报告中（是/否）	月度供应商信息更改报告是否经适当复核（是/否）	更改申请表号码是否包含在编号记录表中（是/否）	编号记录表是否经适当复核（是/否）

9. 与顾客档案及时维护有关的控制活动的测试

序号	顾客名称	档案编号	最近一次与公司发生交易的时间	是否已按照规定对顾客档案进行维护（是/否）

10. 与银行存款余额调节表有关的控制活动

序号	月份	银行对账单金额（人民币）	银行存款日记账金额（人民币）	编制人是否签名（是/否）	复核人是否签名（是/否）	调节项目是否真实（是/否）

五、销售与收款循环控制执行情况的评价结果

主要业务活动	控制目标（XSL-3）	受影响的相关交易和账户余额及其认定（XSL-3）	被审计单位的控制活动（XSL-3）	控制活动对实现控制目标是否有效（是/否）	控制活动是否得到执行（是/否）	是否测试该控制活动运行有效性（是/否）
销售	仅接受在信用额度内的订单	应收账款：计价和分摊				
	管理层核准销售订单的价格、条件	应收账款：存在 主营业务收入：发生				
	已记录的销售订单的内容准确	应收账款：计价和分摊 主营业务收入：准确性、分类				
	销售订单均已得到处理	应收账款：完整性 主营业务收入：完整性				
记录应收账款	已记录的销售均确已发出货物	应收账款：存在、权利和义务 主营业务收入：发生				
	与销售货物相关的权利均已记录至应收账款	应收账款：完整性 主营业务收入：完整性				
	销售货物交易均已于适当期间进行记录	应收账款：存在、完整性 主营业务收入：截止				
	已记录的销售退回、折扣与折让均为真实发生的	应收账款：完整性 主营业务收入：完整性				
	已发生的销售退回、折扣与折让均确已记录	应收账款：存在 主营业务收入：发生				
	已发生的销售退回、折扣与折让均于恰当期间进行记录	应收账款：存在、完整性 主营业务收入：截止				

（续表）

主要业务活动	控制目标（XSL-3）	受影响的相关交易和账户余额及其认定（XSL-3）	被审计单位的控制活动（XSL-3）	控制活动对实现控制目标是否有效（是/否）	控制活动是否得到执行（是/否）	是否测试该控制活动运行有效性（是/否）
记录应收账款	已发生的销售退回、折扣与折让均确已准确记录	应收账款：计价和分摊主营业务收入：准确性、分类				
	准确计提坏账准备和核销坏账，并记录于恰当期间	应收账款：存在、完整性、权利和义务坏账准备：计价和分摊、完整性、存在				
收款	收款是真实发生的	应收账款：完整性、权利和义务				
	准确记录收款	应收账款：计价和分摊				
	收款均已记录	应收账款：完整性				
	收款均已于恰当期间进行记录	应收账款：存在、完整性				
	监督应收账款及时收回	应收账款：权利和义务				
维护顾客档案	对顾客档案变更均为真实有效的	应收账款：完整性、存在主营业务收入：完整性、发生				
	对顾客档案变更均为准确的	应收账款：计价和分摊主营业务收入：准确性、分类				
	对顾客档案变更均已于适当期间进行处理	应收账款：权利和义务、存在、完整性主营业务收入：完整性、发生				
	确保顾客档案数据及时更新	应收账款：权利和义务、存在、完整性主营业务收入：完整性、发生				

【实战范本08】采购与付款循环内部审计工作底稿

采购与付款循环内部审计工作底稿

一、了解内部控制汇总表

被审计单位：_____	索引号：_____CGL-1_____
项目：_____	财务报表截止日/期间：_____
编制：_____	复核：_____
日期：_____	日期：_____

1. 受本循环影响的相关交易和账户余额

应付账款、管理费用、销售费用……

2. 主要业务活动

主要业务活动	是否在本循环中进行了解
采购	是
记录应付账款	是
付款	是
维护供应商档案	是

3. 了解交易流程

根据对交易流程的了解，记录如下：

（1）是否委托其他服务机构执行主要业务活动？如果被审计单位使用其他服务机构，那么将对审计计划产生哪些影响？

_____

（2）是否制定了相关的政策和程序以保持适当的职责分工？这些政策和程序是否合理？

_____

（3）自前次审计后，被审计单位的业务流程和控制活动是否发生重大变化？如果已发生变化，那么将对审计计划产生哪些影响？

_____

（4）是否识别出本期交易过程中发生的控制偏差？如果已识别出控制偏差，那么产生偏差的原因是什么？将对审计计划产生哪些影响？

_____

（5）是否识别出非常规交易或重大事项？如果已识别出非常规交易或重大事项，那么将对审计计划产生哪些影响？

（注：此处应记录在了解内部控制的过程中识别出的非常规交易和重大事项，以及对审计计划的影响。）

（6）是否进一步识别出其他风险？如果已识别出其他风险，那么将对审计计划产生哪些影响？

（注：此处应记录在了解内部控制的过程中识别出的其他风险，以及对审计计划的影响。）

4. 信息系统

（1）应用软件

信息系统名称	计算机运作环境	来源	初次安装日期

（2）初次安装后对信息系统进行的任何重大修改、开发与维护

信息系统名称	重大修改、开发与维护	更新日期

（3）拟于将来实施的重大修改、开发与维护计划

（4）本年度对信息系统进行的重大修改、开发与维护及其影响

5. 初步结论

[注：根据了解本循环控制的设计并评估其执行情况所获取的审计证据，内部审计人员对控制的评价结论可能为：（1）控制设计合理，并得到执行；（2）控制设计合理，未得到执行；（3）控制设计无效或缺乏必要的控制。]

6. 沟通事项

是否需要就已识别出的内部控制设计或执行方面的重大缺陷，与适当层次的管理层或治理层进行沟通？

二、了解内部控制设计——控制流程

被审计单位：＿＿＿＿＿＿＿＿＿＿	索引号：＿＿＿CGL-2＿＿＿
项目：＿＿＿＿＿＿＿＿＿＿＿＿	财务报表截止日/期间：＿＿＿
编制：＿＿＿＿＿＿＿＿＿＿＿＿	复核：＿＿＿＿＿＿＿＿＿＿＿
日期：＿＿＿＿＿＿＿＿＿＿＿＿	日期：＿＿＿＿＿＿＿＿＿＿＿

采购与付款业务涉及的主要人员

职务	姓名

我们采用询问、观察和检查等方法，了解并记录了采购与付款循环的主要控制流程，并已与×××、×××等确认下列所述内容。

1. 有关职责分工的政策和程序

（注：此处应记录被审计单位建立的有关职责分工的政策和程序，并评价其是否有助于建立有效的内部控制。）

_____

2. 主要业务活动介绍

（注：此处应记录对本循环主要业务活动的了解，例如，被审计单位主要采购内容和采购方式、相关文件记录、对采购与付款政策的制定和修改程序、对职责分工政策的制定和修改程序等。）

_____

（1）采购

[注：①此处应记录对被审计单位请购、审批、采购流程的了解，例如，请购与审批、询价、采购合同的订立和审批、采购合同管理等；②验收环节控制活动记录于生产与仓储循环的审计工作底稿（SCL）。]

_____

（2）记录应付账款

（注：此处应记录对存货验收后至应付账款确认流程的了解，例如，取得供应商发票、退货及折扣、单据流转及核对、处理及审批程序、与供应商对账及对不符事项的调查和处理等。）

_____

（3）付款

（注：此处应记录对付款业务流程的了解，例如，付款申请及审批、办理支付、付款方式以及期末对付款情况的监控等。）

_____

（4）维护供应商档案

（注：①此处应记录对供应商档案维护流程的了解，例如，维护申请、审批、处理以及期末审

核等；②供应商档案是指记录经批准的供应商详细信息的文件，包括供应商名称、银行账户、发货地址、邮寄地址、联系方式、赊销信用额度、付款折扣条件，过去期间的交易情况等。）

三、评价内部控制设计——控制目标及控制活动

主要业务活动	控制目标	受影响的相关交易和账户余额及其认定	常用的控制活动	被审计单位的控制活动	控制活动对实现控制目标是否有效（是/否）
采购	只有经过核准的采购订单才能发给供应商	应付账款：存在 管理费用：发生 销售费用：发生	管理层必须核准所有采购订单，对非经常性和超过特定金额的采购，以及其他特殊的采购事项，应取得较高层次管理层的核准，并适当记录		
	已记录的采购订单内容准确	应付账款：计价和分摊 管理费用：准确性、分类 销售费用：准确性、分类	由不负责输入采购订单的人员比较采购订单数据与支持性文件（如请购单）是否相符		
	采购订单均已得到处理	应付账款：完整性	采购订单连续编号，采购订单的顺序已被记录		
记录应付账款	已记录的采购均确已收到物品	应付账款：存在、权利和义务	对采购发票与验收单不符的事项进行调查；如果付款金额与采购发票金额不符，则应经适当管理层核准		
	已记录的采购均确已接受劳务	应付账款：存在、权利和义务 管理费用：发生 销售费用：发生	对已接受劳务的发票进行授权并附有适当的支持性文件		
	已记录的采购交易计价正确	应付账款：计价和分摊 管理费用：准确性、分类 销售费用：准确性、分类	定期与供应商对账，如有差异应及时进行调查和处理		
	与采购物品相关的义务均已记录至应付账款	应付账款：完整性 管理费用：完整性 销售费用：完整性	定期与供应商对账，如有差异应及时进行调查和处理		

（续表）

主要业务活动	控制目标	受影响的相关交易和账户余额及其认定	常用的控制活动	被审计单位的控制活动	控制活动对实现控制目标是否有效（是/否）
记录应付账款	与接受劳务相关的义务均已记录至应付账款	应付账款：完整性 管理费用：完整性 销售费用：完整性	定期与供应商对账，如有差异及时进行调查和处理		
	采购物品交易均于适当期间进行记录	应付账款：存在、完整性	定期与供应商对账，如有差异及时进行调查和处理		
	接受劳务交易均于适当期间进行记录	应付账款：存在、完整性 管理费用：截止 销售费用：截止	检查资产负债表日前、后已接受的劳务以确保其完整并记录于适当期间		
付款	仅对已记录的应付账款办理支付	应付账款：完整性	管理层在核准付款前复核支持性文件，在签发支票后注销相关文件		
	准确记录付款	应付账款：计价和分摊	管理层在核准付款前复核支持性文件，在签发支票后注销相关文件		
	付款均已记录	应付账款：存在	定期将日记账中的付款记录与银行对账单进行核对		
	付款均于恰当期间进行记录	应付账款：存在、完整性	定期将日记账中的付款记录与银行对账单进行核对		
维护供应商档案	对供应商档案的变更均为真实和有效的	应付账款：存在、完整性 管理费用：发生、完整性 销售费用：发生、完整性	核对供应商档案变更记录和原始授权文件，确定已正确处理		
	供应商档案变更均已进行处理	应付账款：完整性 管理费用：完整性 销售费用：完整性	对供应商档案变更应连续编号，编号顺序已被记录		
	对供应商档案变更均为准确的	应付账款：计价和分摊 管理费用：准确性、分类 销售费用：准确性、分类	核对供应商档案变更记录和原始授权文件，确定已正确处理		

（续表）

主要业务活动	控制目标	受影响的相关交易和账户余额及其认定	常用的控制活动	被审计单位的控制活动	控制活动对实现控制目标是否有效（是/否）
维护供应商档案	对供应商档案变更均已于适当期间进行处理	应付账款：权利和义务、存在、完整性 管理费用：完整性、发生 销售费用：完整性、发生	对供应商档案变更应连续编号，编号顺序已被记录		
	确保供应商档案数据及时更新	应付账款：权利和义务、存在、完整性 管理费用：完整性、发生 销售费用：完整性、发生	管理层定期复核供应商档案的正确性并确保其及时更新		

四、确定控制是否得到执行（穿行测试）

被审计单位：＿＿＿＿＿＿＿＿	索引号：＿＿＿CGL-4＿＿
项目：＿＿＿＿＿＿＿＿＿＿	财务报表截止日/期间：＿＿＿＿＿
编制：＿＿＿＿＿＿＿＿＿＿	复核：＿＿＿＿＿＿＿＿＿＿
日期：＿＿＿＿＿＿＿＿＿＿	日期：＿＿＿＿＿＿＿＿＿＿

1. 与采购材料有关的业务活动的控制

主要业务活动	测试内容	测试结果
采购	请购单编号#（日期）	
	请购内容	
	请购单是否得到适当审批（是/否）	
	采购订单编号#（日期）	
记录应付账款	供应商发票编号#（日期）	
	验收单编号#	
	供应商发票所载内容与采购订单、验收单的内容是否相符（是/否）	
	发票上是否加盖"相符"章（是/否）	
	转账凭证编号#（日期）	
	是否记入应付账款贷方（是/否）	
付款	付款凭证编号#（日期）	
	付款凭证是否得到会计主管的适当审批（是/否）	

（续表）

主要业务活动	测试内容	测试结果
付款	有关支持性文件上是否加盖"核销"章（是/否）	
	支票编号#/信用证编号#（日期）	
	收款人名称	
	支票/信用证是否已支付给恰当的供应商（是/否）	

2. 与费用有关的业务活动的控制

主要业务活动	测试内容	测试结果
申请	费用申请单编号#（日期）	
	申请内容	
	费用申请单是否得到适当审批（是/否）	
	供应商名称	
记录应付账款	发票编号#（日期）	
	发票是否得到适当审批（是/否）	
	费用申请单、发票与其他支持性文件所载内容是否相符（是/否）	
	发票上是否加盖"相符"章（是/否）	
	转账凭证编号#（日期）	
	是否记入应付账款贷方（是/否）	
付款	付款凭证编号#（日期）	
	付款凭证是否得到会计主管的适当审批（是/否）	
	有关支持性文件上是否加盖"核销"章（是/否）	
	支票编号#/信用证编号#（日期）	
	收款人名称	
	支票/信用证是否已支付给恰当的供应商（是/否）	

3. 比较采购信息报告与相关文件（请购单）是否相符的业务活动的控制

序号	选择的采购信息报告期间	应付账款记账员是否已复核采购信息报告（是/否）	采购订单是否连续编号（是/否）	如有不符，是否已进行调查（是/否）	对不符事项是否已进行处理（是/否）

4. 与应付账款调节表有关的业务活动的控制

序号	供应商名称	应付账款调节表编号#（日期）	是否与支持文件相符（是/否）	是否经过适当审批（是/否）	是否已调节应付账款（是/否）

5. 与银行存款余额调节表有关的业务活动的控制

序号	月份	银行对账单金额人民币	银行存款日记账金额人民币	编制人是否签名（是/否）	复核人是否签名（是/否）	调节项目是否真实（是/否）

6. 与供应商档案更改记录有关的业务活动的控制

序号	更改申请表号码	更改申请表是否经适当审批（是/否）	是否包含在月度供应商信息更改报告中（是/否）	月度供应商信息更改报告是否经适当复核（是/否）	更改申请表号码是否包含在编号记录表中（是/否）	编号记录表是否经适当复核（是/否）

7. 与供应商档案的及时更新有关的业务活动的控制

序号	供应商名称	档案编号	最近一次与公司发生交易的时间	是否已按照规定对供应商档案进行维护（是/否）

五、采购与付款循环控制执行情况的评价结果

主要业务活动	控制目标（CGL-3）	受影响的相关交易和账户余额及其认定（CGL-3）	被审计单位的控制活动	控制活动对实现控制目标是否有效（是/否）	控制活动是否得到执行（是/否）	是否测试该控制活动运行有效性（是/否）
采购	只有经过核准的采购订单才能发给供应商	应付账款：存在 管理费用：发生 销售费用：发生				

（续表）

主要业务活动	控制目标（CGL-3）	受影响的相关交易和账户余额及其认定（CGL-3）	被审计单位的控制活动	控制活动对实现控制目标是否有效（是/否）	控制活动是否得到执行（是/否）	是否测试该控制活动运行有效性（是/否）
采购	已记录的采购订单内容准确	应付账款：计价和分摊 管理费用：准确性、分类 销售费用：准确性、分类				
	采购订单均已得到处理	应付账款：完整性				
记录应付账款	已记录的采购均确已收到物品	应付账款：存在、权利和义务				
	已记录的采购均确已接受劳务	应付账款：存在、权利和义务 管理费用：发生 销售费用：发生				
	已记录的采购交易计价正确	应付账款：计价和分摊 管理费用：准确性、分类 销售费用：准确性、分类				
	与采购物品相关的义务均已记录至应付账款	应付账款：完整性 管理费用：完整性 销售费用：完整性				
	与接受劳务相关的义务均已记录至应付账款	应付账款：完整性 管理费用：完整性 销售费用：完整性				
	采购物品交易均于适当期间进行记录	应付账款：存在、完整性				
	接受劳务交易均于适当期间进行记录	应付账款：存在、完整性 管理费用：截止 销售费用：截止				
付款	仅对已记录的应付账款办理支付	应付账款：完整性				
	准确记录付款	应付账款：计价和分摊				
	付款均已记录	应付账款：存在				

（续表）

主要业务活动	控制目标（CGL-3）	受影响的相关交易和账户余额及其认定（CGL-3）	被审计单位的控制活动	控制活动对实现控制目标是否有效（是/否）	控制活动是否得到执行（是/否）	是否测试该控制活动运行有效性（是/否）
付款	付款均于恰当期间进行记录	应付账款：存在、完整性				
维护供应商档案	对供应商档案的变更均为真实和有效的	应付账款：存在、完整性 管理费用：发生、完整性 销售费用：发生、完整性				
	供应商档案变更均已进行处理	应付账款：完整性 管理费用：完整性 销售费用：完整性				
	对供应商档案变更均为准确的	应付账款：计价和分摊 管理费用：准确性、分类 销售费用：准确性、分类				
	对供应商档案变更均已于适当期间进行处理	应付账款：权利和义务、存在、完整性 管理费用：完整性、发生 销售费用：完整性、发生				
	确保供应商档案数据及时更新	应付账款：权利和义务、存在、完整性 管理费用：完整性、发生 销售费用：完整性、发生				

【实战范本09】生产与仓储循环内部审计工作底稿

生产与仓储循环内部审计工作底稿

一、了解内部控制汇总表

被审计单位：＿＿＿＿＿＿＿＿＿	索引号：＿＿＿SCL-1＿＿＿
项目：＿＿＿＿＿＿＿＿＿＿＿	财务报表截止日/期间：＿＿＿＿＿
编制：＿＿＿＿＿＿＿＿＿＿＿	复核：＿＿＿＿＿＿＿＿＿＿＿
日期：＿＿＿＿＿＿＿＿＿＿＿	日期：＿＿＿＿＿＿＿＿＿＿＿

1. 受本循环影响的相关交易和账户余额

存货、主营业务成本……

2. 主要业务活动

主要业务活动	是否在本循环中进行了解
材料验收和仓储	是
记录计划和安排生产应付账款	是
生产与发运	是
存货管理	是

（注：审计人员通常应在本循环中了解与上述业务活动相关的内部控制，如果计划在其他业务循环中对上述一项或多项业务活动的控制进行了解，应在此处说明原因。）

3. 了解交易流程

根据对交易流程的了解，记录如下：

（1）是否委托其他服务机构执行主要业务活动？如果被审计单位使用其他服务机构，那么将对审计计划产生哪些影响？

_____

（2）是否制定了相关的政策和程序以保持适当的职责分工？这些政策和程序是否合理？

_____

（3）自前次审计后，被审计单位的业务流程和控制活动是否发生重大变化？如果已发生变化，那么将对审计计划产生哪些影响？

_____

（4）是否识别出本期交易过程中发生的控制偏差？如果已识别出控制偏差，那么产生偏差的原因是什么？将对审计计划产生哪些影响？

_____

（5）是否识别出非常规交易或重大事项？如果已识别出非常规交易或重大事项，那么将对审计计划产生哪些影响？

（注：此处应记录在了解内部控制的过程中识别出的非常规交易和重大事项，以及对审计计划的影响。）

_____

（6）是否进一步识别出其他风险？如果已识别出其他风险，那么将对审计计划产生哪些影响？

（注：此处应记录在了解内部控制的过程中识别出的其他风险，以及对审计计划的影响。）

_____

4. 采用的应用系统

（1）应用软件

信息系统名称	计算机运作环境	来源	初次安装日期

（2）初次安装后对信息系统进行的任何重大修改、开发与维护

信息系统名称	重大修改、开发与维护	更新日期

（3）拟于将来实施的重大修改、开发与维护计划

_____

（4）本年度对信息系统进行的重大修改、开发与维护及其影响

_____

5. 初步结论

[注：根据了解本循环控制的设计并评估其执行情况所获取的审计证据，内部审计人员对控制的评价结论可能是：（1）控制设计合理，并得到执行；（2）控制设计合理，未得到执行；（3）控制设计无效或缺乏必要的控制。]

_____

6. 沟通事项

是否需要就已识别出的内部控制设计或执行方面的重大缺陷，与适当层次的管理层或治理层进行沟通？

_____

二、了解内部控制设计——控制流程

被审计单位：_____	索引号：_____SCL-2_____
项目：_____	财务报表截止日/期间：_____
编制：_____	复核：_____
日期：_____	日期：_____

生产与仓储业务涉及的主要人员

职务	姓名

我们采用询问、观察和检查等方法，了解并记录了生产与仓储循环的主要控制流程，并已与×××、×××等确认下列所述内容。

1. 有关职责分工的政策和程序

（注：此处应记录被审计单位建立的有关职责分工的政策和程序，并评价其是否有助于建立有效的内部控制。）

_____

2. 主要业务活动介绍

（注：此处应记录对本循环主要业务活动的了解，例如，被审计单位生产成本的归集及分配方法、相关文件记录、公司库存材料/商品管理制度制定和修改程序、对职责分工政策的制定和修改程序等。）

_____

（1）材料验收与仓储

（注：此处应记录对被审计单位材料验收和仓储管理流程的了解，例如，与采购订单的核对、签发验收单据、材料入库、单据流转及核对等。）

_____

（2）计划与安排生产

（注：此处应记录对被审计单位计划和安排流程的了解，例如，生产计划的审批、生产通知单的签发、单据流转及核对等。）

_____

（3）生产与发运

（注：此处应记录对被审计单位生产成本归集和分配流程的了解，例如，材料领用出库、产成品的验收与出库、单据流转及核对，以及材料、人工和间接费用的分配与归集等。）

_____

（4）存货管理

（注：此处应记录对被审计单位存货管理流程的了解，例如，存货跌价准备的计提、存货盘点控制、单据在不同部门之间的传递、处理和审批程序、账实核对及差异的调查和处理等。）

_____

三、评价内部控制设计——控制目标及控制活动

被审计单位：_____	索引号：____ SCL-3
项目：_____	财务报表截止日/期间：_____
编制：_____	复核：_____
日期：_____	日期：_____

主要业务活动	控制目标	受影响的相关交易和账户余额及其认定	常用的控制活动	被审计单位的控制活动	控制活动对实现控制目标是否有效（是/否）
材料验收与仓储	已验收材料均确附有有效采购订单	存货：存在	验收单与采购订单应进行核对		
	已验收材料均确已准确记录	存货：计价和分摊 主营业务成本：准确性、分类	管理层定期复核以确保记录的正确性		
	已验收材料均已记录	存货：完整性 主营业务成本：完整性	验收单均预先连续编号并已记录		
	已验收材料均已于适当期间进行记录	存货：存在、完整性 主营业务成本：截止	定期由不负责日常存货保管或存货记录的人员来盘点实地存货，如有差异应及时调查和处理		
计划与安排生产	管理层授权进行生产	存货：发生	生产指令应经适当管理层批准		
生产与发运	发出材料均已准确记录	存货：计价和分摊 主营业务成本：完整性、分类	管理层定期复核以确保记录的正确性		
	发出材料均于适当期间进行记录	存货：存在、完整性 主营业务成本：截止	定期由不负责日常存货保管或存货记录的人员来盘点实地存货，发现差异应予以调整		
	已记录的生产成本均为真实发生且与实际成本一致	存货：存在、计价和分摊 主营业务成本：发生、准确性、分类	管理层定期复核以确保生产成本与其支持性文件一致。		
	已发生的生产成本均已进行记录	存货：完整性、计价和分摊 主营业务成本：完整性	管理层定期复核以确保生产成本与其支持性文件一致		
	已发生的生产成本均于适当期间进行记录	存货：存在、完整性、计价和分摊 主营业务成本：截止	管理层定期复核以确保生产成本与其支持性文件一致		

（续表）

主要业务活动	控制目标	受影响的相关交易和账户余额及其认定	常用的控制活动	被审计单位的控制活动	控制活动对实现控制目标是否有效（是/否）
生产与发运	存货流转已完整准确地记录于适当期间	存货：计价和分摊、完整性、存在 主营业务成本：截止、准确性	管理层定期复核以确保生产成本与其支持性文件一致		
	完工产成品均于适当期间进行准确记录	存货：计价和分摊 主营业务成本：截止、准确性、分类	验收单均预先连续编号并已记录入账		
	产成品发运均确已记录	存货：存在 主营业务成本：发生	出库单均事先连续编号并已记录入账		
	产成品发运均已准确记录	存货：计价和分摊 主营业务成本：准确性、分类	管理层定期复核以确保记录的正确性		
	已发运产成品均附有有效销售订单	存货：完整性 主营业务成本：发生	货物发运之前由独立人员核对销售订单和发运货物		
	产成品发运均已于适当期间进行记录	存货：存在、完整性 主营业务成本：截止	定期由不负责日常存货保管或存货记录的人员来盘点实地存货，发现差异应予以调整		
存货管理	适当保管存货	存货：存在、权利和义务	适当保管存货并限制无关人员接近		
	准确记录存货价值	存货跌价准备：计价和分摊	对存货货龄进行分析		
	存货价值调整已于适当期间进行记录	存货跌价准备：存在、完整性	管理层复核并批准存货价值调整		
	存货价值调整是真实发生的	存货跌价准备：存在	管理层复核并批准存货价值调整		
	存货价值调整均已记录	存货跌价准备：完整性	管理层复核并批准存货价值调整		

四、确定控制是否得到执行（穿行测试）

被审计单位：_____	索引号：_____SCL-4_____
项目：_____	财务报表截止日/期间：_____
编制：_____	复核：_____
日期：_____	日期：_____

1. 与材料验收和仓储有关的业务活动的控制

主要业务活动	测试内容	测试结果
验收	验收单编号#（日期）	
	验收内容	
	相对应的采购订单编号#（日期）	
	验收单与采购订单是否一致（是/否）	
	单价在人民币××元以上的材料，是否经质检经理签字（是/否，如适用）	
仓储	采购材料信息是否已正确输入系统（是/否）	
	仓储经理是否复核输入信息（是/否）	
	系统是否已更新(是/否)	

2. 和计划与安排生产有关的业务活动的控制

主要业务活动	测试内容	测试结果
计划与安排生产	测试期间	
	是否编制月度生产计划书（是/否）	
	月度生产计划书是否得到适当审批（是/否）	
	生产通知单编号#（日期）	
	生产通知单所载内容是否包含在月度生产计划书内（是/否）	
	日生产加工指令单编号#（日期）	
	完工日期	

3. 与存货实物流转有关的业务活动的控制

主要业务活动	测试内容	测试结果
原材料领用	生产通知单编号#（日期）	
	日生产加工指令单编号#（日期）	

（续表）

主要业务活动	测试内容	测试结果
原材料领用	原材料领用申请单编号#（日期）	
	原材料领用申请单项目是否与生产加工指令单相符（是/否）	
	原材料领用申请单信息是否得到审批（是/否）	
	原材料出库单编号#（日期）	
	原材料出库单是否得到复核确认（是/否）	
	原材料耗用是否与生产记录日报表内容相符（是/否）	
	转账凭证编号#（日期）	
	转账凭证是否得到适当复核（是/否）	
	是否正确记入相关明细账（是/否）	
半成品入库	半成品验收单编号#（日期）	
	半成品入库单编号#（日期）	
	半成品入库单是否与验收单内容相符（是/否）	
	半成品入库单是否得到复核确认（是/否）	
半成品出库	半成品转移单编号#（日期）	
	半成品转移单是否得到审批（是/否）	
	半成品出库单编号#（日期）	
	半成品出库单是否得到复核确认（是/否）	
	半成品耗用是否与生产记录日报表内容相符（是/否）	
产成品入库	产成品验收单编号#（日期）	
	产成品入库单编号#（日期）	
	产成品入库单是否得到复核确认（是/否）	
产成品出库	出运通知单编号#（日期）	
	产成品出库单编号#（日期）	
	产成品出库单、销售订单、出运通知、送货单内容相符（是/否）	
	送货单编号#（日期）	
	送货单是否经适当签字（是/否）	

4. 与生产成本归集、分配、结转有关的业务活动的控制

主要业务活动	测试内容	测试结果
生产成本归集	测试期间	
	生产成本计算表中材料成本是否与当月出库量一致（是/否）	
	生产成本结转凭证编号#	
	转账凭证是否经适当审核（是/否）	
	是否正确计入相关明细账	
生产成本结转	测试期间	
	销售成本结转凭证编号#	
	销售数量是否与系统内数据一致	
	转账凭证是否经适当审核（是/否）	

[注：（1）对与生产成本在完工产品和在产品之间的分配，以及完工产品成本在不同产品类别之间的分配相关的控制活动的穿行测试，我们利用计算机专家的工作，相关工作底稿见信息系统审计部分（信息系统审计工作底稿略）；（2）对人工费用、制造费用的归集，分别见相关业务循环底稿。]

5. 与存货盘点有关的业务活动的控制

（注：在编制存货监盘计划时，对被审计单位的盘存制度进行了解，见实质性程序工作底稿。）

6. 与存货跌价准备有关的业务活动的控制

主要业务活动	测试内容	测试结果
计提存货跌价准备	系统是否对存货账龄进行分析（是/否）	
	盘点中是否发现不良存货（是/否）	
	是否编制不良存货明细表（是/否）	
	不良存货明细表是否附有支持性文件（是/否）	
	不良存货明细表是否经适当复核（是/否）	
	采购经理/销售经理是否分析存货可变现净值（是/否）	
	如需计提，会计主管编写会计估计变更建议（是/否）	
	财务经理复核会计估计变更建议或减值调整建议（是/否）	
	董事会审核计提跌价准备的建议（是/否）	
	存货跌价准备的计提已进行恰当处理和列报（是/否）	
	记账凭证编号#	

五、生产与仓储循环控制执行情况的评价结果

主要业务活动	控制目标（SCL-3）	受影响的相关交易和账户余额及其认定（SCL-3）	被审计单位的控制活动	控制活动对实现控制目标是否有效（是/否）	控制活动是否得到执行（是/否）	是否测试该控制活动运行有效性（是/否）
材料验收与仓储	已验收材料均确附有有效采购订单	存货：存在				
	已验收材料均确已准确记录	存货：计价和分摊 主营业务成本：准确性、分类				
	已验收材料均已记录	存货：完整性 主营业务成本：完整性				
	已验收材料均已于适当期间进行记录	存货：存在、完整性 主营业务成本：截止				
计划与安排生产	管理层授权进行生产	存货：发生				
生产与发运	发出材料均已准确记录	存货：计价和分摊 主营业务成本：完整性、分类				
	发出材料均于适当期间进行记录	存货：存在、完整性 主营业务成本：截止				
	已记录的生产成本均为真实发生且与实际成本一致	存货：存在、计价和分摊 主营业务成本：发生、准确性、分类				
	已发生的生产成本均已进行记录	存货：完整性、计价和分摊 主营业务成本：完整性				
	已发生的生产成本均于适当期间进行记录	存货：存在、完整性、计价和分摊 主营业务成本：截止				

（续表）

主要业务活动	控制目标（SCL-3）	受影响的相关交易和账户余额及其认定（SCL-3）	被审计单位的控制活动	控制活动对实现控制目标是否有效（是/否）	控制活动是否得到执行（是/否）	是否测试该控制活动运行有效性（是/否）
生产与发运	存货流转已完整准确地记录于适当期间	存货：计价和分摊、完整性、存在 主营业务成本：截止、准确性				
	完工产成品均于适当期间进行准确记录	存货：计价和分摊 主营业务成本：截止、准确性、分类				
	产成品发运均确已记录	存货：存在 主营业务成本：发生				
	产成品发运均已准确记录	存货：计价和分摊 主营业务成本：准确性、分类				
	已发运产成品均附有有效销售订单	存货：完整性 主营业务成本：发生				
	产成品发运均已于适当期间进行记录	存货：存在、完整性 主营业务成本：截止				
存货管理	适当保管存货	存货：存在、权利和义务				
	准确记录存货价值	存货跌价准备：计价和分摊				
	存货价值调整已于适当期间进行记录	存货跌价准备：存在、完整性				
	存货价值调整是真实发生的	存货跌价准备：存在				
	存货价值调整均已记录	存货跌价准备：完整性				

第6节　审计报告

内审工作结束后，审计项目负责人应及时编制正式的审计报告。正式的审计报告应当在意见交换稿的基础上根据与被审计单位沟通的结果，正式编制完成。

一、审计复核与监督

审计项目负责人应对内部审计人员的审计工作底稿及收集的相关证明资料进行详细的复核，并对内部审计人员实施的相关审计程序进行适当的监督和管理。

二、整理审计工作底稿及相关资料，编写意见交换稿

（1）内部审计人员应对编制的审计工作底稿及收集的相关文件、报表、记录等证据资料及时整理、归类。内部审计人员应根据统一的标准对审计工作底稿及证据资料编制索引号，以便查阅。

（2）召开退出会议前，审计项目负责人应编写详细的意见交换稿，也可以编制审计报告初稿代替。意见交换稿应简要说明项目的审计目标、审计范围、实施的审计程序，并对具体的审计发现和初步的审计建议进行详细阐述。

三、与被审计单位交换意见

与被审计单位的沟通包括重大问题的沟通及退出会议上的意见交换。

（一）重大问题沟通

重大问题主要是指在审计过程中发现的正在进行的重大违规或对集团利益造成严重损害的问题。在这种情况下，需要被审计单位马上采取相关的措施。审计人员应根据具体情况分析所发现问题的实质及影响，确定沟通的对象，并报集团总裁批准。

（二）召开退出会议

内审工作结束前，内部审计人员应与被审计单位负责人及相关责任人召开退出会议，就意见交换稿上的相关问题听取被审计单位的解释与意见，并详细记录。双方应在意见交换书上签名确认。对在有关问题上的不同意见，可由被审计单位进行书面陈述并将其交与内部审计人员与内部审计人员的审计发现与建议一并归档，以便今后查阅、分析。

四、编制正式的审计报告

审计报告是指审计部对审计事项实施了必要的审计程序后，就审计工作情况和审计结果向集团董事会或主管领导或被审计单位提出的具有内部约束力的正式书面文件。

（一）审计报告的基本要素

审计报告应当包括下列基本要素：

（1）报告字号；

（2）标题，即"审计报告"；

（3）主送部门，即集团董事会/副总经理、运营总监办公会议/副总经理、运营总监/副总经理、运营总监等；

（4）审计报告的内容；

（5）审计部主管签名；

（6）审计部印章；

（7）报告日期；

（8）抄送部门等。

（二）审计报告正文的内容

审计报告正文的内容应根据审计目标和被审计单位的具体情况撰写。不同的审计目标、审计种类和不同被审计单位的具体情况，审计报告的内容不尽相同，通常包括以下几个方面：

（1）审计的范围、内容、方式、时间；

（2）会计责任与审计责任；

（3）审计依据，即集团《内部审计办法》和与审计范围、内容相关的各种管理制度；

（4）已实施的主要审计程序；

（5）被审计单位的基本情况或基本评价；

（6）存在的问题，详细列出在审计过程中发现的问题，揭示违反集团规定的财务收支或经营活动情况，分析这些问题造成的影响及危害等；

（7）审计意见，对已审计的财务收支或经营活动及相关资料的概括表述，结合审计方案确定的重点及审计中发现的重大问题，围绕财务收支和经营活动的真实性、合法性、合规性、效益性以及被审计单位应负的经济责任等作出评价性意见；

（8）审计处理建议，对违反集团规定的财务收支行为或经营活动进行定性，提出处理、处罚建议及其依据等；

（9）改进建议，对经营管理、财务管理、资产管理等的薄弱环节提出改进措施等；

（10）审计附件，如原始记录、调查记录等在审计中发现的有关重大证据，如属必要，则作为审计报告的附件。

（四）审计报告撰写的步骤

内部审计人员撰写审计报告的过程主要分为以下几个步骤（如图2-6-1所示）。

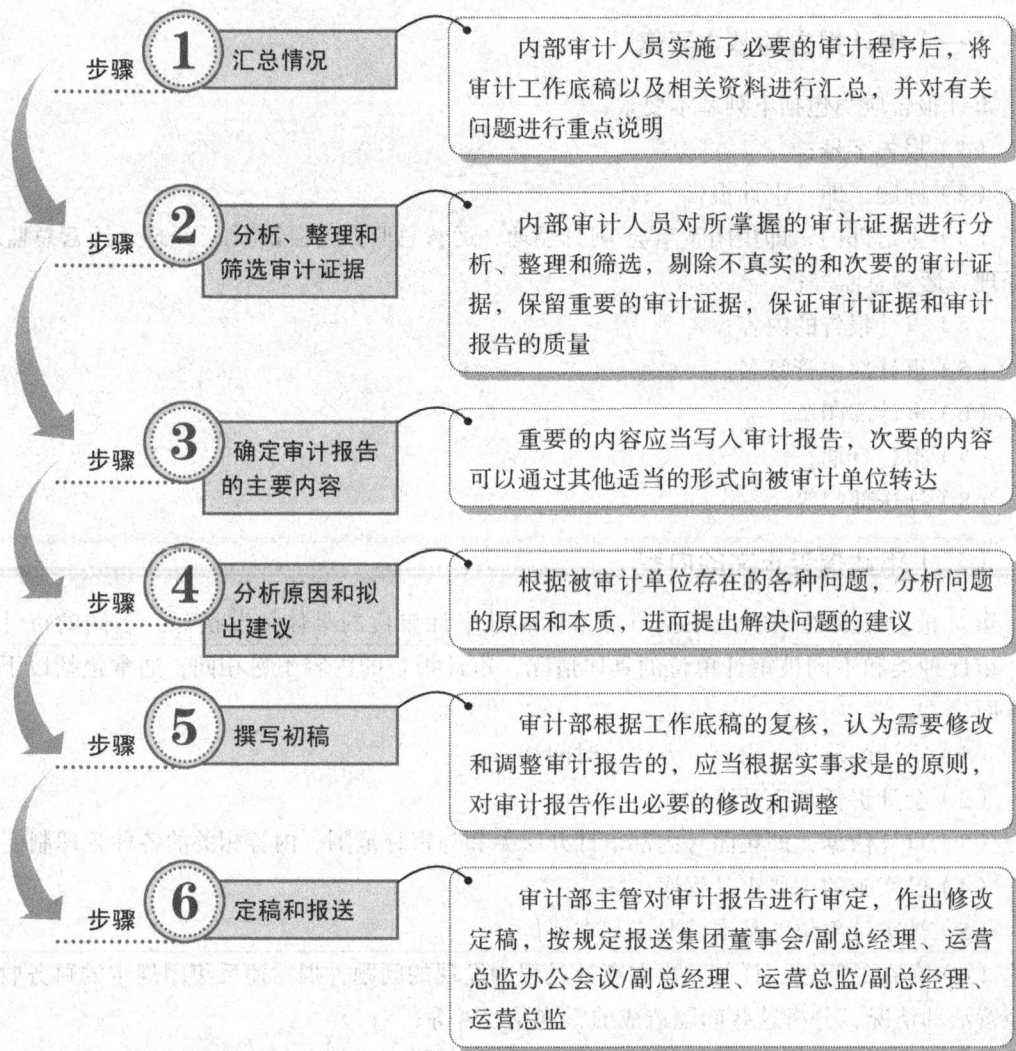

步骤		
步骤 **1** 汇总情况	内部审计人员实施了必要的审计程序后，将审计工作底稿以及相关资料进行汇总，并对有关问题进行重点说明	
步骤 **2** 分析、整理和筛选审计证据	内部审计人员对所掌握的审计证据进行分析、整理和筛选，剔除不真实的和次要的审计证据，保留重要的审计证据，保证审计证据和审计报告的质量	
步骤 **3** 确定审计报告的主要内容	重要的内容应当写入审计报告，次要的内容可以通过其他适当的形式向被审计单位转达	
步骤 **4** 分析原因和拟出建议	根据被审计单位存在的各种问题，分析问题的原因和本质，进而提出解决问题的建议	
步骤 **5** 撰写初稿	审计部根据工作底稿的复核，认为需要修改和调整审计报告的，应当根据实事求是的原则，对审计报告作出必要的修改和调整	
步骤 **6** 定稿和报送	审计部主管对审计报告进行审定，作出修改定稿，按规定报送集团董事会/副总经理、运营总监办公会议/副总经理、运营总监/副总经理、运营总监	

图2-6-1　撰写审计报告的步骤

五、审核并报送审计报告

审计部门负责人应对审计报告及相关的审计资料进行详细审核，确认后正式报送给集团总裁及审计委员会，并对审计结果进行简要的口头汇报。审计部门也应将经批准的审计报告送与被审计单位并确认其已收到。

【实战范本10】内部控制审计报告

内部控制审计报告

××有限责任公司董事会：

集团监察审计部根据核准的××年度审计计划，于××年×月×日至×日对××有限责任公司实施了内部控制审计。本次审计的主要目的是检查和评价采购及付款、销售及收款、存货管理及成本核算等业务流程相关制度的有效性和日常执行的遵循性。我们审阅了相关制度，与相关采购、销售、仓储、财务等部门人员进行了面谈，并抽查了相关业务的处理文件。现将审计过程中的情况报告如下。

一、财务收支管理

公司财务核算总体比较规范，能够按《企业会计制度》执行，公司财务部制定了财务管理条例使之成为日常财务管理、核算的标准。现主要突出的问题是财务总监如何直接参与企业业务管理，特别是对重大的资本性支出、费用性支出加强事前审核和监督。

本次审计，我们抽查了公司部分收付款凭证。发现公司在部分收付款作业中相关业务单证及审批手续并不完备，特别是财务总监没有在重要财务收支上履行审批责任。举例如下：

（1）编号03426的付款凭证上没有财务总监的签名；

（2）……

审计建议：

公司虽然制定了完备的财务部管理文件，对财务部的日常工作都编制了相应的规章制度，但没有对各种支出的审批程序、审批权限作出清晰的规定。任何一项财务收支均应由内部填制单证，并经授权程序批准，包括提现、资金划拨等业务。公司应设计相关单证及授权审批程序。

二、采购及付款

公司采购有较为完备的采购作业管理标准。对供应商质量审计、采购物资入库时的质量检查及验收、付款审批等环节的实务操作有适当控制；公司采购部及相关岗位对采购管理和岗位职责较为熟悉。

在对采购环节进行审计时发现下列问题。

（1）供应商相对集中，主要原料采购供应商选择，缺乏年度复查程序，供应商名录基本维持不变，新供应商开拓力度较弱。

审计建议：

①我们建议公司宜实施一年一度的供应商复审制度，同时通过对供应商的供货质量、过去履约情况以及生产现场等方面进行年底系统复查，来选择有利于公司生产和成本较低的供应商；

②密切关注供应商竞争环境及市场出现的新供应商，逐步开拓新的供应商……

③有些原料如需维持独家供应情形的……

（2）采购价格缺乏系统且严格的询价、比价等价格核定程序，采购价格合理性缺乏足够的支持。

审计时，通过对主要原料本年和上年采购价格的收集与分析，本年我们发现公司主要原料采购价格较上年均有较大幅度的增长。

部分主要原料不含税进价对照表

单位：元

品名	单位	本年进价	上年进价	同比增长%

目前公司所有的采购工作都没有保存过询价、比价资料，经了解公司采购价格以采购人员询价为基础，价格变动不大由供应部负责人予以核定，变动较大的口头上报主管厂长和总经理核定后实施采购。由于这种做法缺乏系统且严格的询价、比价等价格核定程序和书面文件，我们担心采购价格合理性是否能够得到保障。

审计建议：

①对于固定供应商，我们建议公司应制定价格审核机制。该机制可根据采购料件的特点，采用定期独立询价、议价，收集公开市场成交价格等方式来控制价格；

②采购部门应密切关注主要材料、物资市场供求、价格变动情况，进行趋势预测，提出最有利的采购时机和合理交易价格，为管理层采购决策提供支持；

③询价、比价资料是证明采购人员谨慎勤勉的直接资料，也是保证采购人员谨慎勤勉的重要控制手段，对于大宗物资采购，公司应该建立询价、比价制度，并制定统一的询价表和规范的比价记录规则，并要求采购人员留有询价、比价资料，为管理层决策提供必要的依据，也为未来采购提供参考。

（3）签订采购合同缺乏必要的核准程序。

我们抽查了公司当年与供应商签订的采购合同，在上述合同中，没有看到公司管理层同意订立合同的核准资料。

审计建议：

采购合同应经一定的核准程序。核准程序应有书面记录。我们建议公司设计合同会签单，按分层授权原则核准采购合同。所有合同的盖章生效，必须以签核完整的合同会签单为基础。

三、存货管理

公司已制定存货管理标准，对岗位设置、存货分类、出入库单据及流转、存货计量以及存货储存等控制环节已作明确说明，在日常操作中，原材料和产成品仓库由供应部负责管理，实际控制较好。主要不足之处如下所述。

（1）公司仓储部隶属于采购部，有违不相容岗位必须分开的原则。

仓储部在公司管理体系中承担着检查核实供应商提供的物资在数量、外观、质量等方面是否符合核定的采购订单要求以及评估供应商售后服务质量的职责。仓储部隶属于采购部，客观上会削弱对采购业务的监督。

审计建议：

按目前公司组织体系和生产规模，我们建议仓储部直接隶属于财务部。这样做，一方面可以解决岗位冲突问题；另一方面，可以更好地保证库存信息质量。

（2）公司存货中存在一定比例的残次冷背，并且没有计提足够的减值准备。

经对存货库龄以及生产领用、销售出库等调查分析，截止审计基准日，公司材料中一年以上的冷背物料××万元，产成品中采滞品××万元，二者占存货总成本的××%，公司未计提任何减值准备。

审计建议：

①加强市场开发和加大冷背存货的消化力度以减少资金占用，并计提相应减值准备；

②对存货减值损失应考核到相关责任人。

（3）公司存货管理方面的表单填写存在不规范的情况，对业务的完整记录产生不利影响。

审计建议：

①检查所有表单，对没有编号的进行重新设计，同时完善表单间的引用设计，并根据需要制定编号原则，编号一般以月度为单位连续编号为好，个别业务量较少的单据以年度为单位连续编号；

②规范入库单的填写，如按目前由采购人员填写入库单的方法，库管人员必须将实际点收数量填入进货单的实收数量栏内，或者改由库管人员按实际点收数量填写入库单，并由库管人员和采购人员共同签字确认。

四、销售及收款

1. 合同的审核表现为事后控制

公司授权业务员在购销合同上签字盖章，业务员将双方签字盖章的购销合同交财务部开票，开票前财务部信用审核员将对购销合同进行审核。如果审核未通过退回重批，则会使已签约的购销合同无法履行，可能造成违约，同时产生财务部和市场营销部之间的矛盾以及公司和客户之间的矛盾。

审计建议：

建议公司在合同签字盖章以前，各职能部门对合同进行事前审核，如对产品品种、质量、价格、交货期、信用额度、结算方式、外汇损益、运输方式、运保费承担、法律诉讼等内容进行逐一审核、把关，重大问题审核通过方可授权市场营销部签署合同。

2. 信用期和信用额度标准制定不合理

公司在购销合同上给予客户的信用期一般为90天、60天、30天、现款等，而信用期长短的标准是根据客户离公司地理位置的远近而定的，公司给予客户的信用额度统一为该年销售额的10%，信用期和信用额度的确定不科学，没有考虑客户的信誉度、还款能力、应收账款的大小等因素。

审计建议：

公司应充分考虑各种因素，对相关客户进行信用评定，确定可行的、差别化的客户信用期和信用额度。

4. 现金收款

问题略。

审计建议：

严格执行银行的现金管理条例。减少现金交易，货款可通过银行结算方式直接汇入公司账户。

5. 应收账款的管理

问题略。

审计建议略。

五、成本核算管理

本次内控审计得到公司各部门相关人员的配合与协助，使审计工作得以顺利完成，特此致谢！

因限于重点，审计工作无法触及所有方面；审计方法以抽样为原则，因此在报告中未必揭示所有问题。

根据公司内部审计部门手册的规定：被审计单位及其相关责任人员，不因其业务经过审计而代替、减轻或解除其应有的管理责任。

附件：××公司主要内控流程图（略）

××有限责任公司审计部

××年×月×日

第7节　审计复核

审计复核是指审计部主管在审计部审定审计报告和作出审计意见书、审计决定前，对审计工作底稿、审计报告、审计意见书或审计决定代拟稿进行审查，并提出意见的行为。

一、复核的事项

审计部主管应当对审计报告、审计意见书、审计决定的下列事项进行复核：

（1）与审计事项有关的事实是否清楚；

（2）收集的审计证据是否具有客观性、相关性、充分性和合法性；

（3）适用法律、法规、规章和具有普遍约束力的决定、命令等是否正确；

（4）审计评价意见是否恰当；

（5）定性、处理、处罚建议是否适当；

（6）审计程序是否符合规定；

（7）其他有关事项。

二、复核的程序

（一）内部审计人员提供资料

内部审计人员应当向审计部主管提交下列材料：

（1）审计报告、审计意见书、审计决定草稿；

（2）审计工作底稿及证明材料；

（3）审计部主管要求提交的其他材料。

（二）审计部主管复核

审计部主管在复核过程中，发现审计工作底稿、审计报告、审计意见书、审计决定中的主要审计事项事实不清、证据不充分的，应当通知内部审计人员限期补正。

审计部主管对审计工作底稿、审计报告、审计意见书、审计决定复核后，分别提出以下复核意见：

（1）审计程序符合规定、主要审计事项事实清楚，证明主要事实的证据确凿，定性意见准确，处理、处罚意见适当，适用法律、法规、规章和具有普遍约束力的决定、命令正确，审计评价和提出审计建议的意见恰当，内容完整、用词准确的，提出肯定性意见；

（2）经过补正，主要事实仍然不清、证据仍不充分的，提出否定性意见；

（3）定性、处理、处罚意见无法律依据的，提出否定性意见；

（4）定性意见不准确，处理、处罚意见不恰当，审计评价和提出审计建议的意见不恰当，适用法律、法规、规章和具有普遍约束力的决定、命令错误，内容不完整、用词不准确的，提出修改意见；

（5）审计程序不符合规定的，提出纠正意见和改进建议。

第8节 后续审计——跟进审计决定的执行情况

后续审计是指内部审计机构为跟踪检查被审计单位针对审计发现的问题所采取的纠正

措施及其改进效果，而进行的审查和评价活动。

一、后续审计的一般原则

对审计中发现的问题采取纠正措施是被审计单位管理层的责任，而评价被审计单位管理层所采取的纠正措施是否及时、合理、有效是内部审计人员的责任。

（1）内部审计机构可以在规定期限内或与被审计单位约定的期限内实施后续审计。

（2）内部审计机构负责人可以适时安排后续审计工作，并将其列入年度审计计划。

（3）内部审计机构负责人如果初步认定被审计单位管理层对审计发现的问题已采取了有效的纠正措施，可以将后续审计作为下次审计工作的一部分。

（4）当被审计单位基于成本或者其他方面考虑，决定对审计发现的问题不采取纠正措施并作出书面承诺时，内部审计机构负责人应当向公司董事会或者最高管理层报告。

二、后续审计程序

（一）后续审计的安排

审计项目负责人应当编制后续审计方案，对后续审计作出安排。编制后续审计方案时应当考虑下列因素：

（1）审计意见和审计建议的重要性；

（2）纠正措施的复杂性；

（3）落实纠正措施所需要的时间和成本；

（4）纠正措施失败可能产生的影响；

（5）被审计单位的业务安排和时间要求。

（二）后续审计实施

对于已采取纠正措施的事项，内部审计人员应当判断是否需要深入检查，必要时可以提出应在下次审计中予以关注。

（三）后续审计报告

内部审计人员应当根据后续审计的实施过程和结果编制后续审计报告。

第9节　建立审计档案

内部审计机构办理的每一审计事项都必须按规定要求在审计结论和决定下达后的一个

月内建立审计档案，并妥善保管，以备考查。

审计档案是指内部审计机构在各项审计活动中直接形成和取得的，具有保存价值的各种文字、图表及电子形态的信息等记录资料，以实物形态存在的实物证据。

一、应归入审计档案的文件和材料

下列文件和材料应当归入审计档案：

（1）审计通知书、审计意见书、审计决定及部门、单位领导的审批意见，以及审计建议书和移送处理书等审计业务文书资料；

（2）审计报告、审计报告征求意见书、被审计单位的书面意见和审计组的书面说明，审定审计报告的记录、审计取证、审计工作底稿及相关资料；

（3）审计工作方案、审计意见书的落实回访情况，后续审计及审计决定执行情况的报告、领导批示和记录；

（4）与审计项目有关的群众来信和来访记录；

（5）有关审计项目的请示、报告和会议记录；

（6）其他按规定应归入审计档案的文件和材料。

二、审计卷宗内的文件和材料的排列

（一）审计卷宗内的文件和材料的排列

审计卷宗内的文件和材料按结论性文件材料、证明性文件材料、立项性文件材料、其他备查文件材料四个单元进行排列（如图2-9-1所示）。

顺序一	结论性文件材料

采用逆审计程序并结合文件材料的重要程度进行排列

（1）向上级部门或公司领导报送的有关本项目的审计情况报告

（2）审计决定或审计意见书

（3）被审计单位对审计决定或审计意见书的执行情况

（4）有关审计处理的请示，审计事项的报告及上级部门或公司领导的批复、批示

（5）审计报告及审计部审定报告的会议纪要

（6）被审计单位或人员对审计报告的书面意见

（7）被审计单位或人员对审计决定的复审申请，对审计决定的申诉材料

（8）有关本项目的通报、处理意见

（9）移送处理意见书

顺序二 ▷ **证明性文件材料**

按与审计方案所列审计事项或者会计报表科目对应的顺序排列
（1）审计证实问题汇总记录
（2）审计证实问题分项记录
（3）其他审计工作底稿及审计证据

顺序三 ▷ **立项性文件材料**

按文件材料形成的时间顺序，并结合文件材料的重要程度进行排列
（1）上级部门或公司领导对项目审计任务的指示和部署意见
（2）与审计项目有关的群众来信、来访记录
（3）本项目的审计工作方案
（4）审计通知书

顺序四 ▷ **其他备查文件材料**

按文件材料形成的时间顺序，并结合文件材料的重要程度进行排列
（1）上级部门及公司领导对审计工作的指示、讲话、批复及有关规定、办法、通知及文件
（2）公司有关审计工作的规章制度、工作计划、工作总结、请示、报告等文件
（3）在审计工作会议或审计学术交流会议上，本公司代表的发言稿及会议的主要文件
（4）内部审计机构的机构改革、人事任免文件及岗位责任制
（5）群众来信、来访记录
（6）其他与审计有关的档案

图2-9-1　审计卷宗内的文件和材料的排列顺序

（二）每份或每组文件之间的排列规则

审计案卷内的每份或每组文件之间的排列规则为：
（1）正件在前，附件在后；
（2）定稿在前，修改稿在后；
（3）批示在前，请示在后；
（4）重要文件在前，次要文件在后；
（5）汇总性文件在前，基础性文件在后。

第3章
企业绩效审计

　　为了规范绩效审计工作，提高绩效审计质量和效率，根据《内部审计基本准则》，中国内部审计协会制定了《第2202号内部审计具体准则——绩效审计》。绩效审计已成为审计工作的发展方向，审计工作的重点已逐步由真实性、合法性向效益性转移。

第1节 企业绩效审计概述

绩效审计是指内部审计机构和内部审计人员对本企业经营管理活动的经济性、效率性和效果性进行的审计和评价。

经济性是指组织经营管理过程中获得一定数量和质量的产品或服务及其他成果时所耗费的资源最少。

效率性是指组织经营管理过程中投入资源与产出成果之间的对比关系。

效果性是指组织经营管理目标的实现程度。

提醒您

根据实际情况和需要，绩效审计可以同时对组织经营管理活动的经济性、效率性和效果性进行审计和评价，也可以只侧重某一方面进行审计和评价。

一、绩效审计的内容

绩效审计主要审计和评价下列内容：

（1）有关经营管理活动经济性、效率性和效果性的信息是否真实、可靠；

（2）相关经营管理活动的人、财、物、信息、技术等资源取得、配置和使用的合法性、合理性、恰当性和节约性；

（3）经营管理活动既定目标的适当性、相关性、可行性和实现程度，以及未能实现既定目标的情况及其原因；

（4）研发、财务、采购、生产、销售等主要业务活动的效率；

（5）计划、决策、指挥、控制及协调等主要管理活动的效率；

（6）经营管理活动预期的经济效益和社会效益等的实现情况；

（7）组织为评价、报告和监督特定业务或者项目的经济性、效率性和效果性所建立的内部控制及风险管理体系的健全性及其运行的有效性；

（8）其他有关事项。

二、绩效审计的方法

内部审计机构和内部审计人员应当依据重要性、审计风险和审计成本，选择与审计对象、审计目标及审计评价标准相适应的绩效审计方法，以获取相关、可靠和充分的审计证据。

选择绩效审计方法时，除运用常规审计方法外，还可以运用图3-1-1所示的方法。

	数量分析法	即对经营管理活动相关数据进行计算分析，并运用抽样技术对抽样结果进行评价的方法
	比较分析法	即通过分析、比较数据间的关系、趋势或者比率获取审计证据的方法
	因素分析法	即查找产生影响的因素，并分析各个因素的影响方向和影响程度的方法
	量本利分析法	即分析一定期间内的业务量、成本和利润三者之间变量关系的方法
绩效审计的方法	专题讨论会	即通过召集组织相关管理人员就经营管理活动特定项目或者业务的具体问题进行讨论的方法
	标杆法	即对经营管理活动状况进行观察和检查，通过与组织内外部相同或者相似经营管理活动的最佳实务进行比较的方法
	调查法	即凭借一定的手段和方式（如访谈、问卷），对某一种或多种现象、事实进行考察，通过对搜集到的各种资料进行分析处理，进而得出结论的方法
	成本效益（效果）分析法	即通过分析成本和效益（效果）之间的关系，以每单位效益（效果）所消耗的成本来评价项目效益（效果）的方法
	数据包络分析法	即以相对效率概念为基础，以凸分析和线性规划为工具，应用数学规划模型计算比较决策单元之间的相对效率，对评价对象作出评价的方法
	目标成果法	即根据实际产出成果评价被审计单位或者项目的目标是否实现，将产出成果与事先确定的目标和需求进行对比，确定目标实现程度的方法
	公众评价法	即通过专家评估、公众问卷及抽样调查等方式，获取具有重要参考价值的证据信息，评价目标实现程度的方法

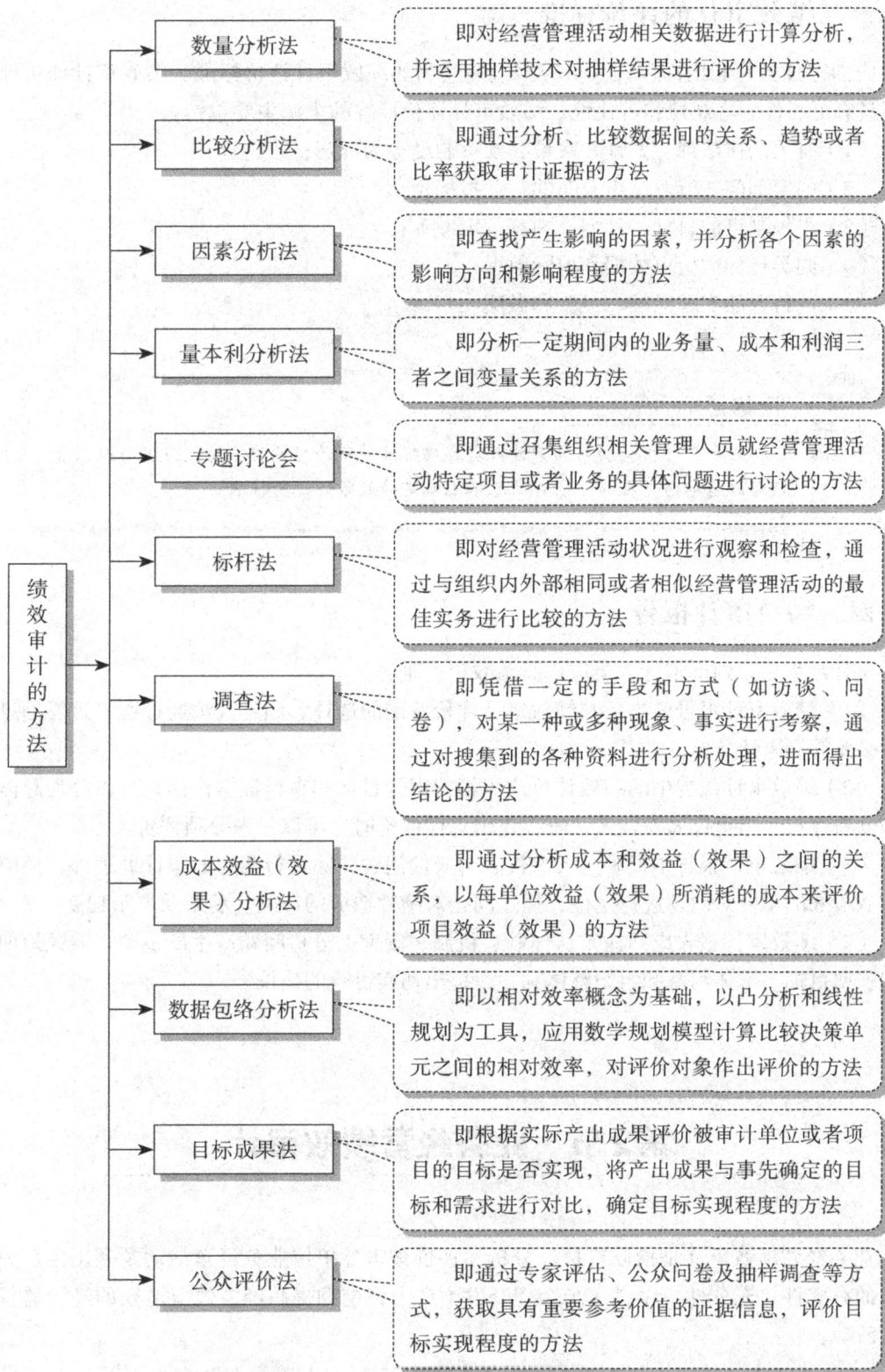

图3-1-1　绩效审计的方法

三、绩效审计的评价标准

内部审计机构和内部审计人员应当选择适当的绩效审计评价标准。绩效审计评价标准应当具有可靠性、客观性和可比性。绩效审计评价标准的来源主要包括：

（1）有关法律法规、方针、政策、规章制度等的规定；

（2）国家部门、行业组织公布的行业指标；

（3）组织制订的目标、计划、预算、定额等；

（4）同类指标的历史数据和国际数据；

（5）同行业的实践标准、经验和做法。

提醒您

内部审计机构和内部审计人员在确定绩效审计评价标准时，应当与组织管理层进行沟通，在双方认可的基础上确定绩效审计评价标准。

四、绩效审计报告

审计结束后，内部审计人员应出具绩效审计报告。

（1）绩效审计报告应当反映绩效审计评价标准的选择、确定及沟通过程等重要信息，包括必要的局限性分析。

（2）绩效审计报告中的绩效评价应当根据审计目标和审计证据作出，可以分为总体评价和分项评价。当审计风险较大，难以作出总体评价时，可以只做分项评价。

（3）绩效审计报告中反映的合法性、合规性问题，除进行相应的审计处理外，还应当侧重从绩效的角度对问题进行定性，描述问题对绩效造成的影响、后果及严重程度。

（4）绩效审计报告应当注重从体制、机制、制度上分析问题产生的根源，兼顾短期目标和长期目标、个体利益和组织整体利益，提出切实可行的建议。

第2节　业务经营绩效审计

业务经营绩效审计是指以审核、分析、评价被审计单位业务经营活动及利用生产力各要素的有效性、充分性，以进一步合理开发生产力，挖掘提高经济效益途径的经济监督、评价活动。

一、销售业务绩效审计

销售业务绩效审计主要包括对销售计划的审计、对销售人员管理风格的审计、对销售服务质量的审计、对产品宣传方式的审计、对销售利润完成情况的审计和市场开发的审计。

（一）对销售计划的审计

产品销售前期，企业进行市场需求调查，根据调查结果和以前记录的销售价格与销售量的变化趋势等资料预测产品销售量，确定销售价格，提出销售计划，以便生产部门根据销售计划安排生产。对销售计划的审计主要包括以下几点。

1. 对产品销售量的审计

审计销售计划中的各种产品销售量的制定依据是否可靠，预测销售量所用的资料和方法是否可靠和适当，审计企业生产的产品品种、质量、包装等因素是否符合市场需要，并根据市场调查的销售预测与每种计划销售量进行核对，看结果是否一致。

2. 对销售价格的审计

审计计划销售价格是否处于最佳水平，是否有利于产品扩大销售量、增加竞争力、提高销售收入；审查计划销售价格是否考虑产品在市场上因可能产生的价格波动而留有余地。

提醒您

在审计计划销售价格和计划销售量时，可以通过市场调查的方法和统计的方法来确定价格与销售量的关系，也可以用量本利分析方法检查。

销售计划的制订内容应包括销售的全过程，不能仅仅孤立地立足于能获得多少销售收入，还要考虑获利多少的问题。一般以总利润达到最高为最优方案。

3. 对销售计划执行情况的审计

审计的内容有：销售计划是否分解落实到责任人；销售作业计划是否制订合理；销售价格、设计乃至产品由于市场的变化而变化的情况；竞争对手的产品和他们的最新发展信息，企业是否能及时获得反馈；决策部门能否根据反馈信息正确地作出消除偏差的决策；执行人能否认真采取相应的纠偏措施。

4. 对销售计划完成情况的审计

将销售收入的实际总金额与销售计划进行比较。计算销售计划完成的百分数。运用因素分析法检查影响销售计划完成的原因，内部审计人员可以从产品销售数量和单位售价两个因素考虑，它们的变动对销售收入的影响的计算公式分别为：

销售量变动的影响 = Σ [（实际销售数量 − 计划销售数量）× 计划单位售价]

销售单位变动的影响 = Σ [（实际单位售价 − 计划单位售价）× 实际销售数量]

（二）对销售人员管理风格的审计

当审计工作与效益联系起来时，内部审计人员还应注意销售部门的管理风格，不能把无理、蛮横的态度作为销售人员成功的秘诀；销售人员应深思熟虑后才去进行某项工作；健全奖惩制度，如果销售人员不能获得较好的工作成果，则企业应考虑与其解除劳动关系；鼓励销售人员通过与客户的联系而进一步扩大销售业务，如果成绩突出，则企业应予以嘉奖，嘉奖的方式可以是经济上的，也可以是权力上的；为了更好地工作，销售人员还应掌握其所服务行业的相关知识。

实施内部审计可以帮助企业发现在执行上述工作中存在的缺陷，以进一步改进销售工作，从而提高经济效益。

（三）对销售服务质量的审计

销售服务表现在通过对客户的调查以获得他们对企业产品是否满意的情况，并研究客户对产品的意见主要出自哪些方面。内部审计人员应主要审计销售人员向客户提供的产品介绍资料是否恰如其分，所介绍的产品性能和质量是否真实可靠；分析在产品销售过程中销售人员向客户提供的各种方便和服务项目，如送货上门、代办运输、安装调试和指导操作及交货时间、地点是否尽量满足客户的要求；产品销售后，销售人员是否与客户保持联系，随时关心客户的使用情况，并能及时提供维修服务。内部审计人员还应当注意分析意见的实质背景，以获得新的信息。

由于销售服务关系到企业信誉，是扩大产品销路的重要方面，这项工作必须由可靠的人员来担当。

（四）对产品宣传方式的审计

宣传是销售流程中的重要环节，企业应引起重视。企业利用电视、广告等媒介，以及参加展销会、订货会、促销活动和开展公共关系活动等，确保生产和销售工作顺利进行。

内部审计人员可以通过与公共关系的接触获得一些客观评价，比较采用某种宣传方式前后的实际销售数量的变化，以此来评估企业的宣传效果。如果企业未能掌握较好的宣传方式，那么内部审计人员应该通过内部审计揭示出来。

（五）对销售利润完成情况的审计

销售利润是企业利润的主要组成部分，是反映销售经济效益的重要指标。销售利润又是一个综合性指标，它受诸多因素的影响。审计时，内部审计人员可计算当年利润与上一年相比的增长率，以便确定销售利润计划的完成情况，然后审计影响利润增减变动的原因，从而恰当评价企业的销售经营效益。影响销售利润变化的原因有销售数量变动、销售品种结构变动、销售单价变动、产品成本变动、期间费用变动、税率变动等。

（六）市场开发的审计

市场开发审计是对企业发扬和开辟新的市场或扩大现有市场过程的合理性、有效性、可行性进行的审计；主要是对被审计单位市场研究分析的全面性、准确性，市场目标确定的科学性、可行性，市场开发策略的有效性、经济性进行的审计。

1. 市场研究的审计

市场研究就是对市场环境及潜力的分析，是市场开发的基础和前提。只有进行充分的市场研究，了解市场需求，掌握竞争对手的实力，才能知己知彼，制订出可行的市场开发计划，发挥产品优势，占领市场。

内部审计人员主要应了解被审计单位的市场研究是否建立在科学的基础上，是否进行充分的市场调查，是否掌握市场并准确预测市场。市场研究的审计内容如图3-2-1所示。

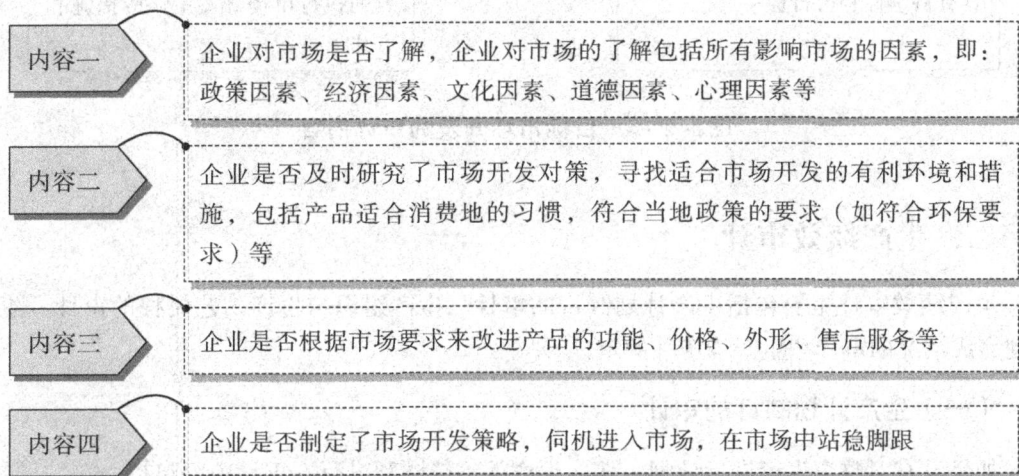

内容一	企业对市场是否了解，企业对市场的了解包括所有影响市场的因素，即：政策因素、经济因素、文化因素、道德因素、心理因素等
内容二	企业是否及时研究了市场开发对策，寻找适合市场开发的有利环境和措施，包括产品适合消费地的习惯，符合当地政策的要求（如符合环保要求）等
内容三	企业是否根据市场要求来改进产品的功能、价格、外形、售后服务等
内容四	企业是否制定了市场开发策略，伺机进入市场，在市场中站稳脚跟

图3-2-1 市场研究的审计内容

2. 目标市场选择的审计

目标市场选择的科学性、可行性审计，主要应审计企业确立目标市场是否有充分的依据；目标市场的确立是否与企业年度销售计划相衔接，是否正确处理现有市场和目标市场的关系。具体内容如图3-2-2所示。

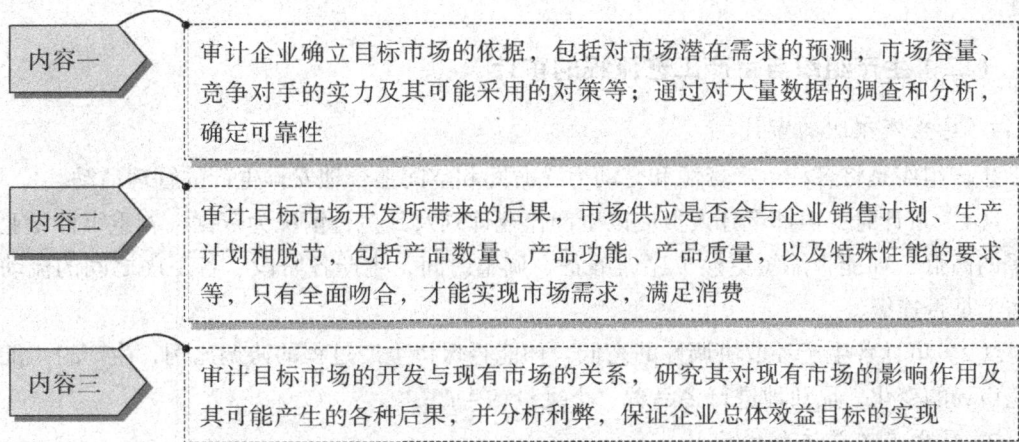

内容一	审计企业确立目标市场的依据，包括对市场潜在需求的预测，市场容量、竞争对手的实力及其可能采用的对策等；通过对大量数据的调查和分析，确定可靠性
内容二	审计目标市场开发所带来的后果，市场供应是否会与企业销售计划、生产计划相脱节，包括产品数量、产品功能、产品质量，以及特殊性能的要求等，只有全面吻合，才能实现市场需求，满足消费
内容三	审计目标市场的开发与现有市场的关系，研究其对现有市场的影响作用及其可能产生的各种后果，并分析利弊，保证企业总体效益目标的实现

图3-2-2 目标市场选择的审计内容

3. 目标市场开发的审计

目标市场开发的审计主要是审计其开发策略及执行情况。具体内容如图3-2-3所示。

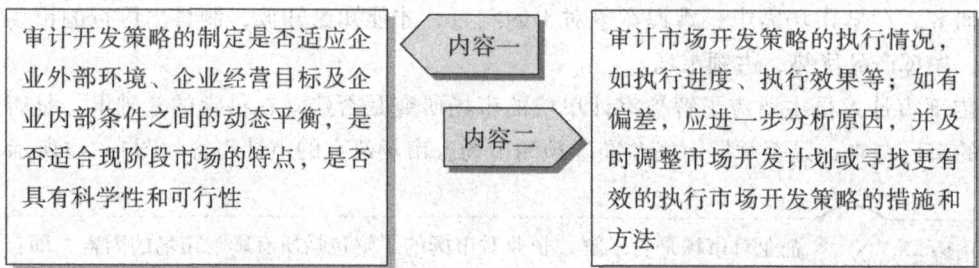

审计开发策略的制定是否适应企业外部环境、企业经营目标及企业内部条件之间的动态平衡，是否适合现阶段市场的特点，是否具有科学性和可行性 ← 内容一

内容二 → 审计市场开发策略的执行情况，如执行进度、执行效果等；如有偏差，应进一步分析原因，并及时调整市场开发计划或寻找更有效的执行市场开发策略的措施和方法

图3-2-3　目标市场开发的审计内容

二、生产绩效审计

生产绩效审计主要包括生产计划制订的审计、生产组织与生产工艺流程的审计、生产计划完成情况的审计和生产均衡性的审计。

（一）生产计划制订的审计

如果没有对整个生产进行计划，那么生产就不能顺利进行。审计内容包括：

（1）计划的生产数量是否与市场的预测情况相符；

（2）从接到生产命令开始，是否有合适的工具与设备配置等；

（3）计划的生产数量与成本能否实现企业的目标利润，审计时可以采用量本利分析；

（4）能否灵活应对市场的变化而调整生产节奏；

（5）生产计划是否优先保证客户合同的履行，能否满足个别客户的特殊要求。

内部审计人员可以采用线性规划分析生产计划是否与企业的经济资源、生产能力相平衡。

（二）生产组织与生产工艺流程的审计

1. 对生产组织的审计

生产组织是将各种生产资源和劳动力在时间和空间上合理安排生产的管理活动。

（1）审计时，内部审计人员应以生产作业计划及其执行情况为依据，着重审计专业化水平的高低，如能否缩短更换工序的准备、调整时间，生产各阶段、各工序之间的流动在时间上是否连续。

（2）审计各生产环节协调性的高低，如能否保持生产过程的协调比例，生产组织能否适应市场的变化，灵活地进行多品种、小批量的生产。

2. 对生产工艺流程的审计

（1）对生产工艺流程的审计应主要分析企业所选择的工艺方案能否适应生产类型及生

产作业布局，适应其配套的设备、原料、技术与管理水平等条件。

（2）所选择的工艺是否能既经济又满足生产需要。

（3）工艺方案是否得到认真执行，不适应的工艺制度是否及时修改。

（4）尤其应对关键的工艺制度进行审计。

（三）生产计划完成情况的审计

考核企业生产计划完成情况，主要从产品产量、品种、质量等方面来进行。

1. 产品产量

衡量企业产品产量可用三种不同的尺度来表示：实物量、劳动量和价值量。审计时要注意反映各个指标的完成情况，不能片面地反映个别指标。

2. 产品品种

衡量产品品种计划完成程度，可用以下计算公式表示：

$$品种计划完成程度 = \frac{各品种完成计划产量百分比之和（超额部分不计）}{百分比之和（超额部分不计）}$$

用上述指标来审计和评价，可防止企业利大多生产、利小不生产等片面追求利润的现象，有利于企业全面完成产品生产任务。

3. 产品质量

产品质量审计，主要是对产品质量的计划完成情况、产品质量效益和产品质量管理工作进行审计。

（1）反映产品质量计划完成情况的指标有产品合格率、废品率、返修率、产品等级率、平均等级以及等级系数等。其中，最主要的是产品合格率。其计算公式为：

$$产品合格率 = \frac{合格产品产量}{全部产品产量} \times 100\%$$

（2）产品质量效益审计，是对改善产品质量而发生的费用与由此而产生的经济效益的比值进行评价。若该比值大于1，则说明有效益；若该比值小于1，则说明无效益。

（3）产品质量管理工作的审计，包括产品质量检验和质量保证系统的审计。前者主要是针对企业日常质量控制而进行的，如是否订立产品质量标准、质量检验部门的职权是否有效发挥作用等。后者主要从产品的设计、生产、技术服务等过程来审计其质量保证程度。

（四）生产均衡性的审计

企业要保证市场的供应，应均衡地安排生产。内部审计人员应审计生产的均衡性并发现影响均衡生产的各种原因，及时寻求对策，解决问题，以保证企业的生产可以满足市场的需求。

三、采购业务绩效审计

采购业务绩效审计主要包括采购计划及其完成情况的审计，采购批量的审计和采购成本绩效的审计。

（一）采购计划及其完成情况的审计

1. 采购计划的编制

内部审计人员应审计采购计划的制订是否按照生产计划、产品质量及工艺技术所规定的品种和质量的要求来编制，其品种、质量和数量是否与需要相一致，计划采购量是否合理。审计时可用以下计算公式来验证：

某种物资计划采购量＝该物资计划需要量＋期末库存量－期初库存量

2. 采购计划的完成

审计采购计划的完成情况，内部审计人员应分别从其数量和质量上考核采购计划的完成程度。考核时应注意，采购计划的完成程度并非越高越好，因为这可能会导致采购的不经济，以及大量资金的占用，从而降低企业的经济效益。

（二）采购批量的审计

采购批量是否符合物资供应管理的需要，同时做到经济合理，内部审计人员应从两个角度进行审计：一是采购方式及费用审计；二是采购批量的经常性、合理性审计。

1. 采购方式及费用的审计

不同的采购方式，如合同订购、市场购买、网络订购等，适用于不同数量和要求的物资供应，其采购费用亦不一样。审计时，内部审计人员应将各种可能的采购方式进行比较，分析其成本绩效及可行性，确定最佳的采购方式，并以此作为标准来衡量企业所选择的采购方式是否合适，费用是否最低，在时间上是否能保证供应，质量上是否符合要求。

2. 采购批量的经常性、合理性审计

采购批量的合理与否，直接影响供应业务的经济效益好坏。一般情况下，采购次数越多，全年的采购费用也就越高；而减少采购次数，则仓储量便会上升，库存物资的周转会变慢、保管费用也会增加。因此，企业应按全年采购费用和仓储保管费用最低来设计采购批量。经济批量的计算公式为：

$$Q=\sqrt{\frac{2Na}{Pb}}$$

其中，Q 为最佳经济批量，N 为物资年需要量，a 为每次采购费用率，b 为保管费用率，P 为单价。

内部审计人员应运用上述计算公式来验证企业物资采购的批量经济性和合理性，并以此作为审计评价标准，来衡量企业的物资采购工作。

（三）采购成本绩效的审计

采购成本绩效的审计包括采购成本完成情况和采购费用率审计两方面的内容。

1. 采购成本完成情况

采购成本完成情况审计，可以将实际采购成本与计划成本进行比较，以确定其材料成本差异数额及方向，然后作出评价。

2. 采购费用率

采购费用率的计算公式为：

$$采购费用率 = \frac{本期采购费用总额}{本期物资采购总量} \times 100\%$$

反映单位物资供应所需的采购费用，该指标因采购不同物资而异。内部审计人员应将实际指标与计划指标、行业平均水平进行比较，以便作出正确评价。

四、仓储保管业务绩效审计

仓储保管业务绩效审计主要包括物资储备定额合理性的审计、物资储备计划完成情况的审计和仓储保管的设置与管理的审计。

（一）物资储备定额合理性的审计

物资储备定额是指在一定的管理条件下，为保证生产顺利进行所必需的、经济合理的物资储备数量的标准。内部审计人员通过审计，评价仓储保管的数量是否合理，制定的最高储备、经常储备、保险储备和季节储备定额是否合理、经济，能否既保证生产的需要，又能压缩储备量，节约成本支出。

1. 最高和最低储备定额的审计

制定最高储备定额的方法主要有两种：供应期法和经济批量法。

（1）供应期法，即根据供应间隔的长短和每日平均耗用量，并考虑物资使用前的准备日数和保险日数来制定储备定额。其计算公式为：

$$某种材料最高储备定额 = 该材料每天平均耗用量 \times \left(供应间隔天数 + 使用前准备天数 + 保险天数 \right)$$

其中，"该材料每天平均耗用量×保险天数"为保险储备，"该材料每天平均耗用量×（供应间隔天数＋使用前准备天数）"为经常储备。它们之间的关系为：

$$最高储备定额 = 保险储备定额 + 经常储备定额$$

内部审计人员通过审计各项定额的制定情况，来评价企业物资储备的合理性与效益性。

（2）经济批量法，即以经济批量作为企业的经常储备。它充分考虑了储备的经济性，是一种比较理想的方法。其计算公式为：

$$最高储备额定额＝保险储备定额＋经济批量$$

2. 季节性储备定额的审计

季节性储备是在原材料属于季节性生产不能全年正常供应的情况下，为保证生产正常进行而必须建立的物资储备量。其计算公式为：

$$季节性储备定额＝季节性储备天数×日均耗用量$$

审计时，内部审计人员应注意季节性储备天数的计算依据是否充分，查明季节性储备定额与企业仓库场地和设施的保管是否吻合。

（二）物资储备计划完成情况的审计

合理有效的储备定额，能为控制仓储量提供可靠的依据。一般情况下，仓储量应控制在最高储备与最低储备之间。超过了上限，即物资积压；低于下限，则不能保证供应。内部审计人员应分析影响储备变动的各个因素，如领料或订购的数量、时间等，并根据具体需要，及时调整定额或采取相应措施、控制定额仓储量。

（三）仓储保管的设置与管理的审计

1. 仓库位置与内部空间的布置的审计

一般来说，企业应根据仓储的性质，以及安全和管理的要求来布置仓库。仓库内部空间布置是否合理，直接影响到仓库有效面积的利用程度和仓库作业效率。内部审计人员应审计仓库位置的设置是否有利于厂内物资流动的经济性、合理性。通过审计促使企业根据仓库的具体情况，进行科学的空间布置，提高仓库利用率。

2. 物资管理的审计

物资管理的审计步骤如图3-2-4所示。

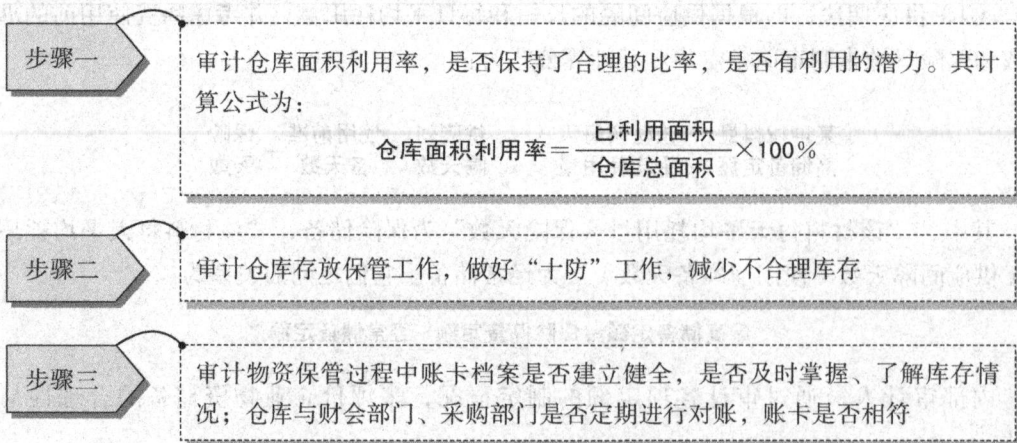

步骤一：审计仓库面积利用率，是否保持了合理的比率，是否有利用的潜力。其计算公式为：

$$仓库面积利用率＝\frac{已利用面积}{仓库总面积}×100\%$$

步骤二：审计仓库存放保管工作，做好"十防"工作，减少不合理库存

步骤三：审计物资保管过程中账卡档案是否建立健全，是否及时掌握、了解库存情况；仓库与财会部门、采购部门是否定期进行对账，账卡是否相符

图3-2-4 物资管理的审计步骤

3. 物资分类保管的审计

对于库存物资的保管，企业应根据其重要程度、消耗数量、价值大小等区别对待，采用不同的管理方法。在实际工作中通常采用ABC分析方法，把库存物资分为ABC三类，并配以相应控制措施。

内部审计人员通过审计，确定物资分类是否适当，相应的物资管理方法是否正确，管理措施实施后效果是否良好，并根据评价结果，提出改进建议和措施。

五、成本绩效审计

成本绩效审计是以提高经济效益为目的，对成本预测的可靠性，成本决策和成本计划的先进性、可行性，成本计算的正确性和成本控制的有效性所进行的审计评价活动，其任务是根据成本核算资料和报表资料，运用适当的审计方法，对下列的成本管理活动及其效果加以审计评价。

（一）成本绩效的事前审计

成本绩效的事前审计的重点是对成本决策绩效进行审计评价。

1. 目标成本的审计

目标成本的审计内容包括两个方面：

（1）审计是否进行了认真的厂内外调查，包括向社会、市场和同行企业调查了解用户购买力、产品价格，产品及主要零部件的成本，以及原材料、元器件、外协件的价格变动等情况；

（2）审计是否进行了科学的成本预测，即根据企业一定时期内产品品种、产量和利润等方面的目标和生产技术，经营管理、重大技术组织措施，分析过去和当前与成本有关因素的状况，预测成本在一定时期内的发展趋势。

2. 成本构成的审计

成本构成是成本中的各项目或各费用要素在成本中所占的比重，审计时的要点为：

（1）注意不同行业产品成本的构成是不同的，同一行业的不同企业，由于生产技术和组织管理等方面存在的差异，成本构成也不尽相同；

（2）对上期的实际成本构成进行深入的分析，掌握本企业成本形成的特点，计划期的成本构成要明确降低成本的重点，抓住降低成本的关键。

（二）成本绩效的事中审计

成本绩效的事中审计主要是对成本形成过程的控制工作的审计评价。成本控制工作的审计主要是对控制方法、控制手段、控制工作的有效性进行分析、评价和提出改善意见。

1. 费用成本内部控制制度的审计

内部审计人员在开展成本绩效审计前，就应了解、调查有关内控制度的建立情况，到车间、仓库、设计、计划部门等现场进行观察和测试。费用成本内部控制制度中与成本绩效有关的有：生产计划、料工费消耗定额、生产费用预算、产品生产计划、计划成本指标向各生产部门进行分配实施并定期检查的制度，限额领料制度，剩余材料和边角料的退库制度，费用开支的审批报销制度等。对上述制度内容应拟定调查表（提纲）进行查询和符合性测试，评价其健全程度和可信程度。对于成本控制制度上的薄弱环节，应提出审计建议，促使制度的健全和有效。

2. 成本计划编制情况的审计

对成本计划编制情况应着重审计以下内容：

（1）是否与生产技术财务计划进行了综合平衡；

（2）主要技术经济指标是否达到历史先进水平；

（3）主要产品单位计划措施是否按责任归口进行了层层落实；

（4）主要产品的变动成本是否经过价值分析；

（5）可比产品成本降低任务是否达到下达的指标；

（6）管理费用是否实行了预算控制；

（7）其他产品与新产品是否均有成本计划。

3. 成本日常控制的审计评价

成本日常控制的审计评价包括两个方面，如表3-2-1所示。

表3-2-1　成本日常控制的审计评价

序号	项目	内容
1	成本费用归口分级管理	（1）在对成本控制进行审计时，首先应调查、了解财务部门是否建立科学、合理的收费 （2）该系统是否能全面覆盖企业费用、成本的发生范围 （3）该系统是否与被审计企业的生产经营特点、费用成本的形成过程以及成本管理上的具体要求相适应 （4）财务部门按各部门、各级分解费用成本指标是否合理，能否调动全体人员提高成本绩效的积极性
2	责任成本核算	（1）核算哪一级的责任成本？由于责任成本的核算要求与传统的（现行的）生产费用归集方法并不一致，会耗费一定的核算工作量，一般来说，责任成本核算主要应抓车间和班组这两级 （2）责任成本的核算是否贯彻可控的原则，即每一成本中心的责任成本只能由该成本中心所能控制的成本、费用构成，否则起不到成本控制的积极作用 （3）各责任中心之间的内部转移价格制定是否科学合理，一般应以计划成本作为半成品，各种劳务的内部转移价格，若以实际成本转移，则会转嫁功劳和过失，不利于各责任中心的业绩考核 （4）各责任中心业绩评价，是否与绩效（奖金）的分配挂钩，提高全体人员节约成本费用开支的积极性

（三）成本绩效的事后审计

成本绩效的事后审计主要是对成本绩效的实现情况进行审计评价。对成本绩效的实现情况的审计主要是分析产品成本升降原因，分析和评价产品成本降低计划指标的完成情况，并提出改进意见。

1. 成本计划完成情况的审计

企业的成本计划完成情况主要通过两个指标反映，即全部商品产品成本计划完成率和可比产品成本降低计划完成率。这两个指标是成本计划完成情况审计的重点。

（1）全部商品产品成本计划完成率，审计时，内部审计人员根据"商品产品成本表"所列资料计算。其计算公式为：

$$全部商品产品成本完成率 = \frac{\sum（计划期实际产品 \times 实际单位成本）}{\sum（计划期实际产量 \times 计划单位成本）} \times 100\%$$

（2）可比产品成本降低计划完成率，审计时，内部审计人员可先根据"商品产品成本表"计算可比产品成本实际降低率，然后对比计划规定的降低率评价实际完成情况。其计算公式为：

$$可比产品成本降低额 = 计划期实际产量 \times（上期实际单位成本 - 计划期实际单位成本）$$

$$可比产品成本实际降低率 = \frac{可比产品成本降低额}{实际产量 \times 上期实际单位成本} \times 100\%$$

$$可比产品成本降低计划完成率 = \frac{1 - 可比产品成本实际降低率}{1 - 可比产品成本计划降低率} \times 100\%$$

审计时应注意，这两类指标数值若大于100%，则说明成本降低任务没有完成；若这两类指标数值小于100%，则说明成本降低任务完成较好。

2. 成本经济效益实现程度的审计

成本经济效益的实现程度，可通过两个方面反映：一方面是费用效益，也就是各项活动和物化劳动的消耗与相应产出之比；另一方面是总成本效益，也就是总成本与相应的总收入、商品产值、销售利润之比。审计时，内部审计人员可通过下列指标的计算来评价。

（1）费用效益指标的计算公式为：

$$单位产品材料费用 = \frac{某产品应分配的材料费用}{某产品合格数量}$$

$$单位产品工资费用 = \frac{某产品定额工时（或实际工时）\times 工资分配率}{某产品合格数量}$$

$$工资分配率 = \frac{生产工人工资总额}{\sum 各种定额工时（或实际工时）}$$

（2）总成本效益指标主要用于综合衡量生产过程中全部生产耗费的经济效果。

①产值成本率是指一定时期内商品产成品总成本和商品产值（按不变价格计算）之间的比率，一般用"百元商品产值成本"来表示。其计算公式为：

$$百元商品产值成本 = \frac{商品产品总成本}{商品产值} \times 100$$

②销售收入成本率的计算公式为：

$$百元收入的销售成本 = \frac{销售总成本}{销售总收入} \times 100$$

③成本利润率的计算公式为：

$$成本利润率 = \frac{产品销售利润}{产品销售成本} \times 100\%$$

该指标可按不同产品品种分别计算，作为改善和优化产品品种结构的依据。审计时，内部审计人员应对主要产品的成本利润率进行深入细致的敏感性分析，内部审计人员可利用下列计算公式进行分析：

$$成本利润率 = \frac{销售量 \times [价格 \times （1-税率）-单位成本]}{销售量 \times 单位成本} \times 100\%$$

由上述计算公式可知，成本利润率的影响因素主要有销售量、销售单位成本、价格销售税率。如果是多种产品的综合成本利润率，那么成本利润率还要受销售结构的影响。一般来说，单位产品销售成本是敏感程度较强的因素，降低成本是提高成本利润的主要途径。

3. 重点产品单位成本的审计

产品单位成本审计是成本绩效审计的重点内容。重点产品是指成本比重大，在成本计划完成中起关键性作用的产品。

重点产品单位成本审计的目的在于按成本项目计算成本差异，确定差异异常的成本项目，分析差异的产生原因和部门、个人的工作责任，控制不正当的费用支出，促进成本绩效的提高。

（1）材料成本差异的分析。

①材料用量差异一般属于生产部门的工作业绩或责任，它又可进一步分为材料出库差异、利用率差异和废损差异。材料用量差异的计算公式为：

材料用量差异＝材料计划单位成本×（实际单耗－单耗定额）

②材料价格差异一般属于采购部门的工作业绩或责任，它又可进一步分为材料成本差异，材料附加费用差异和材料入库差异。材料价格差异的计算公式为：

材料价格差异＝材料实际单耗×（实际单位价格－计划单位价格）

（2）工资成本差异的分析。

①计件工资下工资成本项目的审计。

计件工资属于变动成本，其成本差异可分为用量差异和价格差异两部分。计件工资的计算公式为：

$$计件工资 = 合格产品数量 \times 计价单价$$

在多种产品生产的条件下，计件工资的计算公式为：

$$计件工资 = \Sigma（各产品产量 \times 工时定额）\times 工时单价$$

$$单位产品工资成本 = 单位产品耗用工时 \times 工时单价$$

其中，工时单价即小时工资率。

由于实际工时耗用量脱离计划（定额）工时耗用量而引起的工资成本差异，称为工时耗用率差异或人工效率差异，它一般反映了劳动力的开发利用程序、劳动者的操作熟练程度，以及创造性、积极性的发挥等。工时耗用率差异的计算公式为：

$$工时耗用率差异 =（单位产品实耗工时 - 单位产品工时定额）\times 工时计划单价$$

由于实际工时单价脱离计划工作单价而引起的工资成本差异，称为工时单价差异或工资率差异。工资率差异一般反映工资总额水平的变动情况，受到工资增长因素影响，主要属于劳动工资部门和财会部门的责任范围。工资率差异的计算公式为：

$$工资率差异 =（实际工时单价 - 计划工时单价）\times 单位产品实耗工时$$

② 实行固定计时工资制下的工资成本的审计。

在计时工资制度下，如果工资总额不变，那么单位产品的工资成本会受产量的变动影响，若产量上升，则单位产品工资成本下降；反之，则相反。这种随产量变动差异，称为工资的相对变动。工资相对变动额的计算公式为：

$$工资相对变动额 = 基期固定工资总额 \times 报告期产量增长率$$

由于职工人数增加，结构变化或工资水平上升，工资总额支出数也相应增长，从而造成单位产品工资成本的变动。这种由于固定工资支出数变动而引起的工资单位成本的变动，称为工资的绝对变动。工资的绝对变动额和工资成本实际变动额的计算公式为：

$$工资的绝对变动额 = 固定工资报告期支出数 - 固定工资基期支出数$$

$$工资成本实际变动额 = 工资相对变动额 + 工资绝对变动额$$

固定计时工资可分为相对变动和绝对变动两部分，其意义在于明确两种变动引起的原因和责任（业绩）的不同。

③ 管理费用成本差异的审计。

管理费用中的一部分内容（明确项目）属于固定费用，可按前述绝对变动额的分析方法加以审计；另一部分内容则属于半变动费用或变动费用，可按前述计件工资的分析方法加以审计。因此，对这两个成本项目进行审计时，内部审计人员可先按管理费用账户的各明细科目划分为固定费用和变动费用两部分，然后按各自的方法进行分析审计。但在实际工作中，某产品应负担的管理费用一般用下列方法来分摊计算。

$$管理费用总额＝实耗工时数×费用分配率$$

$$某产品单位费用成本＝该产品实际工时单耗×费用计划分配率$$

管理费用差异可分为工时消耗量差异和费用分配率差异。它们的计算公式为：

$$工时消耗量差异＝（该产品实际工时单耗－该产品工时定额）×费用计划分配率$$

$$费用分配率差异＝该产品实际工时消耗×费用实际分配率－费用计划分配率$$

如前所述，工时消耗量差异反映劳动生产率水平，它受到劳动力的开发利用程度、劳动者的操作熟练程度，以及创造性、积极性的发挥等因素的影响；而费用分配率差异反映车间经费和企业管理费用的总支出水平的变动，涉及到费用预算的执行情况。

六、质量绩效审计

质量绩效审计是企业绩效内部审计的重要环节，它是对质量实现程度及提高产品质量途径进行审计监督。

（一）产品质量绩效审计的目的

通过质量绩效审计，可以达到以下目的：

（1）促使企业实行全面质量管理；

（2）可以完善企业的质量管理体系，即质量保证体系，使企业质量管理工作制度化、经常化；

（3）有利于企业健全质量管理的基础工作，如标准化工作、计量工作、情报工作、质量教育宣传工作、质量责任制度等；

（4）有利于提高社会的和企业的经济效益。

（二）质量成本的构成

质量成本可分为四类，即预防成本、鉴定成本、内部失败成本和外部失败成本。

1. 预防成本

预防成本是指为阻止或杜绝产品（或劳务）发生瑕疵而发生的成本。当预防成本增加时，失败成本将减少。预防成本包括质量工程、质量训练计划、质量规划、质量报告、供应商评估、质量稽核、品管圈活动及设计的审核等所发生的成本。

2. 鉴定成本

鉴定成本是指为确定产品或劳务是否符合要求所发生的成本。鉴定成本包括原料的检查及测试、包装检验、鉴定工作的监督、产品检验与测试、仪器校正与维护、实地测试、质量专家的诊断等所发生的成本。鉴定工作的主要目标是为防止将有问题的产品送交客户。

3. 内部失败成本

内部失败成本是指产品（或劳务）于送交客户之前，即被查出未达到质量要求的成本。如果未发现产品有瑕疵或有问题，则此种成本便不会发生。内部失败成本包括废料、整修、宕机时间、再测试、再检验及设计改变的成本。

4. 外部失败成本

外部失败成本是指产品或劳务不符合要求，而于送交客户之后才发生的成本。外部失败成本包括产品滞销、因质量不合格发生的退货及折让、售后保证、修理、赔偿及抱怨的处理等所发生的成本。这些成本与内部失败成本一样，在不发生瑕疵品时，便不会发生。

表3-2-2所示四种质量成本及每一种成本的释例。

表3-2-2 质量成本的分类及释例

预防成本：	鉴定成本：
质量工程	原料检验
质量训练	包装检验
质量规划	产品检验与测试
质量稽核	仪器校正与维护
设计复核	实地测试
品管圈活动	质量专家的诊断
内部失败成本：	外部失败成本：
废料	滞销
整修	退货及折让
宕机时间	售后保证
再检验	修理
再测试	赔偿
设计变更	抱怨的处理

（三）质量绩效审计的方法——最佳质量成本法

质量成本法注重对质量成本的收集、核算与分析，并依此来评价质量管理体系的经济效果。如前所述，质量成本是指为了确保满意的质量而发生的费用以及没有达到满意的质量所造成的损失。质量成本若按内部运行可分为预防成本、鉴定成本、内部失败成本和外部失败成本。质量成本法按PAF（预防、鉴定、失败）成本模型来分析内部运行成本要素，寻求最佳质量成本，如图3-2-5所示。其中，C为质量成本，C_1为预防成本和鉴定成本，C_2为内外部失败成本，Q_m为应控制的合格率水平，C_m为适宜的质量成本水平。

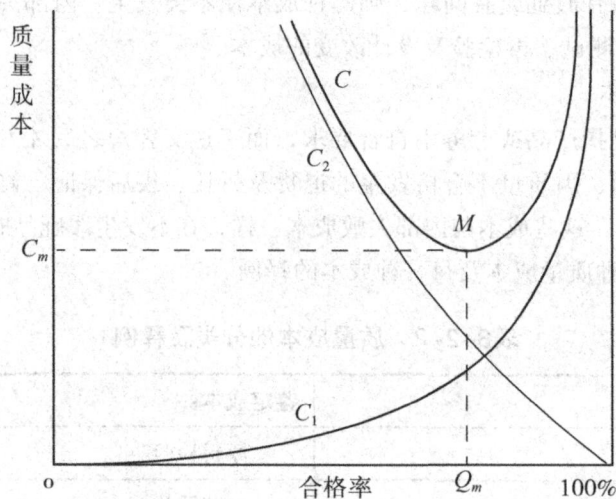

图3-2-5　质量成本特性曲线

根据以上关系，可列出质量成本数学模型：

$$C_m = C_1 + C_2 = R\frac{Q_m}{1-Q_m} + F\frac{1-Q_m}{Q_m}$$

其中，F 为每件不合格产品造成的全部损失费用，R 为随 P 变化需要追加的预防成本。
当质量成本 C_m 达到最小时，有 $C_1 = C_2$。
即，

$$R\frac{Q_m}{1-Q_m} = F\frac{1-Q_m}{Q_m}$$

由此可解得，

$$Q_m = \frac{1}{1+\sqrt{\dfrac{R}{F}}}$$

第3节　管理审计

管理审计主要是审计管理组织的合理性，管理机构是否健全，各项管理职能如决策、计划、组织、控制是否有效等。

一、计划职能的审计

计划是指从各个抉择方案中选取未来最适宜的行动方针。计划不仅是最基本的一项管理职能，还是实施其他管理职能的基础。

无论是企业整体，还是企业所属的各个部门，都有许多关于未来行动方针的可供抉择的方案，计划工作就是从中选取最适宜的方案，帮助企业及各部门选定目标并实现目标。计划职能的审计主要应从以下几方面进行。

（一）计划制订的审计

1. 对制订原则的审计

要想充分发挥计划工作的功能，企业必须选择适当的设计原则。审计时，内部审计人员注意以下几方面的问题。

（1）是否选择了正确的设计程序。计划设计程序由两种不同的经营思想所决定：一是保守的生产导向，二是前进的营销导向。审计时，内部审计人员应注意被审计单位在选择设计程序时，究竟受哪种思想支配。

（2）是否重视中、长期计划的编制。审计时，内部审计人员应注意企业有无制订目标计划，有无制订中期计划和短期计划。

> **提醒您**
>
> 对计划体系审计，还应注意，各层次的计划是否能形成一套上下、远近相互关系的目标体系，是否形成了完整的层层相联的目标手段链，以利于进行目标控制。

（3）是否建立了整体的计划预算制度。只有充分认识到计划的多样性，才能编制出有效的计划，从而建立"策划、规划、预算"制度，以贯彻整体性、系统性和目标管理精神。审计时，内部审计人员既要查明整体计划预算过程，又要查明整体计划预算特征。

（4）是否加强授权管理。

（5）是否注重建立信息系统。

2. 对制订计划步骤的审计

对制订计划步骤的审计内容如表3-3-1所示。

表3-3-1　对制订计划步骤的审计内容

序号	审计内容	审查要点
1	估量机会	估量机会，即为计划工作开始之前的准备工作，一是要查明对未来和自身适应能力的估计是否正确；二是要查明生产经营单位是否准确判断自身所处的地位及所期望的方向

序号	审计内容	审查要点
2	确定目标	应查明为生产经营单位及其所属单位确定的预期成果目标、要做的工作以及工作重点是否正确，单位目标是否能为单位主要计划的制订指明方向
3	环境预测	应查明为计划实施所预测的政治、经济、社会等环境条件是否有根据，其可靠程度如何；应查明预测是否能为应变计划提供可抉择的前提条件
4	明确抉择方案	应查明对那些可供抉择的方案是否进行了认真的探索与考察；是否通过考察与近似计算的方法而选取一些最有成功希望的方案，以便进一步分析、选用
5	评价抉择方案	应查明是否根据目标需要和假设条件来权衡各种有利或不利的因素，并以此对各种方案进行客观评价
6	方案选定	应查明是否根据评价结果，选取一个或几个方案
7	拟订经营计划	应查明是否根据所选取的方案制订了有利于其贯彻执行的辅助计划或派生计划，如人力、设备、资金等方面的具体计划
8	编制预算	应查明是否根据决策和具体计划编制了综合预算和具体的费用预算，以利于各类计划的汇总和作为衡量计划工作进度的重要标准

（二）目标的审计

目标是计划的重要内容之一。对管理者来说，最基本的职责应该是设计一个目标网，把个人、部门和企业的目标结合在一起，把总体目标和具体目标结合在一起。目标的审计内容包括：

（1）查明企业计划工作中所规定的目标是否包括了总体目标和具体目标；

（2）总体目标是否能反映被审计单位的基本职能和任务，以及期望和要求等；

（3）具体目标是否根据企业的总体目标、经营状况和经营环境设置，是否反映了企业经营活动要实现的结果，是否为企业各项组织工作、人员配备、领导工作和控制活动提供了明确的依据。

（三）策略、政策和经营计划的审计

1. 策略的审计

策略或战略也属于计划的内容之一。审计时，内部审计人员应注意以下问题：

（1）策略是否反映企业的经营思想和行动方向，是否对制订政策和经营计划具有指导作用，是否是一种控制方法；

（2）策略是否能够根据企业的劣势与优势制定出消除外部威胁与抓住机会的对策；

（3）制定策略是否已成为企业最高管理部门的职责，策略是否对各级管理部门具有制约作用，策略是否具有一种长期观点。

2. 政策的审计

政策同样是一种计划，主要表现在计划中的文字说明，以此来沟通或指导决策工作中的思想和行动。审计时，内部审计人员应注意图3-3-1所示的内容。

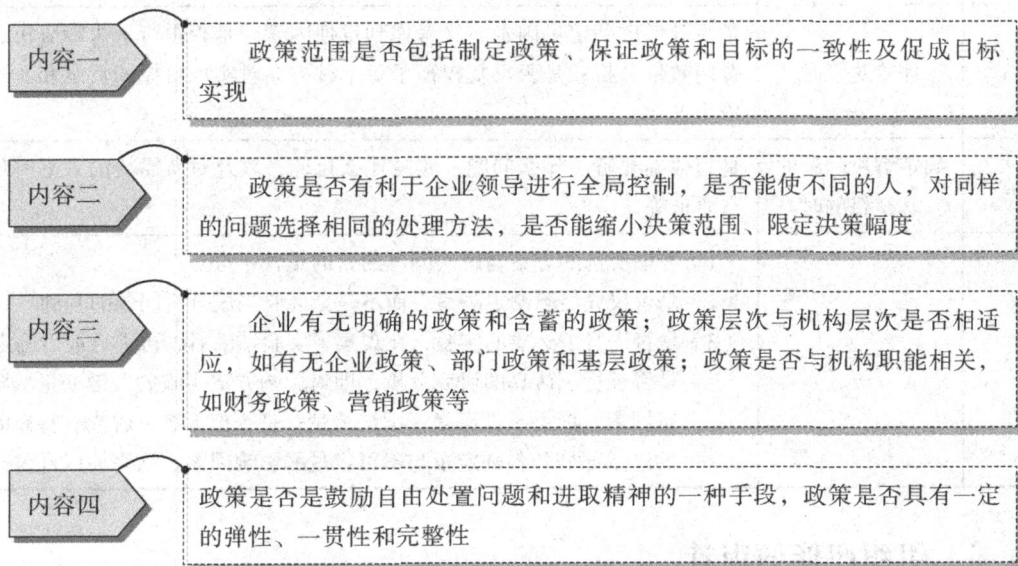

内容一　　政策范围是否包括制定政策、保证政策和目标的一致性及促成目标实现

内容二　　政策是否有利于企业领导进行全局控制，是否能使不同的人，对同样的问题选择相同的处理方法，是否能缩小决策范围、限定决策幅度

内容三　　企业有无明确的政策和含蓄的政策；政策层次与机构层次是否相适应，如有无企业政策、部门政策和基层政策；政策是否与机构职能相关，如财务政策、营销政策等

内容四　　政策是否是鼓励自由处置问题和进取精神的一种手段，政策是否具有一定的弹性、一贯性和完整性

图3-3-1　政策的审计内容

3. 经营计划的审计

经营计划是一种近期的、具体的工作安排，以完成由策略计划确定的目标和政策。审计时，内部审计人员应注意以下几方面的问题：

（1）经营计划反映的内容是否完整、全面、得当；

（2）作为行动指导的经营计划的程序是否科学、规范；

（3）作为一种最简单的计划——规划是否起指导作用；

（4）作为确定某一预定期内收入和支出量的计划是否科学合理。

（四）决策的审计

决策渗入全部管理职能和过程，从体现某种工作方针的各个抉择方案中进行选择，是计划工作的核心部分。只有制定了决策，才能说有了计划，制定决策是管理者的中心任务。

决策的审计主要是查明决策过程是否理智化。具体内容如表3-3-2所示。

表3-3-2　决策的审计内容

序号	审计项目	审计内容
1	诊断问题时	（1）是否首先提出问题，并进行系统思维来确定问题 （2）在假设条件与获得事实阶段，是否获得了全部事实，是否掌握了关键事实

（续表）

序号	审计项目	审计内容
2	思考解决对策时	在掌握事实的过程中，是否思考了几种解决问题的方案，是否考虑到各方案中的限定因素或战略因素
3	评价对策时	是否既考虑到定量因素，又考虑到定性因素；是否进行了边际分析、费用效果分析；是否反复权衡了每一种方案对实现目标的贡献和实施费用等
4	确定解决问题的真正目的时	是否明确要解决什么问题、实现什么目标，以及对所需要的方案有什么要求等
5	抉择时	（1）考虑所选的方案与解决问题的目的是否相符 （2）是否仅凭经验制定决策，而不是把经验当成分析问题的基础 （3）是否进行了必要的实验，在观察了实验结果后，再进行最后确定 （4）是否进行了认真的研究分析，即对影响方案实施的关键变量、限定因素、前提条件等是否了解清楚；是否把方案分解成有待研究的组成部分和各种定量与不可定量的影响因素，认真加以推敲

二、组织职能的审计

组织职能主要是指进行组织设计，即对各个部门之间的工作进行协调与统一的设计。组织职能的审计主要应从以下几方面进行。

（一）组织机构的审计

对企业的组织机构进行审计，一是要查明企业的组织机构属于哪种类型，二是要查明企业的组织机构是否有利于组织功能的发挥。

1. 组织机构类型的审计

设置组织机构的核心问题是划分部门问题，无论划分部门有多少种方法，关键都要使部门划分后所构成的结构体系符合战略、战术和环境方面的特定条件。

无论被审计单位采用哪一种组织形式，内部审计人员主要应查明该企业的组织机构是否符合以下要求：

（1）组织机构是否能反映企业的目标和战略；

（2）组织机构是否适应企业的任务与技术的需要；

（3）组织机构是否能反映周围环境的需要；

（4）组织机构是否适合主管人员的职权范围及人员调配等。

2. 组织机构有效性的审计

任何组织机构要想有效履行管理功能，就必须做到目标明确且固定，各级管理部门指挥灵活，信息畅通，联络方便，工作分配确定且清晰，便于发现和纠正偏差。审计时，内部审计人员应注意以下几个问题：

（1）各部门职能是否独立；

（2）业务经营职责是否分离；

（3）有无形成灵活的指挥体系；

（4）部门和个人职责范围是否明确；

（5）是否按等级层次进行授权管理；

（6）是否有利于信息传递。

提醒您

审计时，内部审计人员应注意组织机构是否具有弹性，是否能适应经营目标和经营环境的变化；职能、责任和权利的分配有无重叠、冲突；职权分配是否过细，而导致行动迟缓；是否因职务虚设、机构重叠而导致开支加大、效率低下等。

（二）协调关系的审计

分工和协调是组织的两大职能，分工可以使组织内部活动专业化，而协调有利于部门上下左右密切配合。审计协调关系，主要是审计纵向协调、横向协调、参谋协调、职权协调的有效性。

（三）职责规定的审计

各部门的职责是一个为达到共同目标分工办事的环节，由若干环节形成的工作链是大家共同维持并密切配合的工具。审计时，内部审计人员应注意以下两个问题：

（1）职责规定是否符合要求；

（2）职责规定是否符合一般程序。

（四）人事管理的审计

人事管理不仅是人力资源部门的职责，还是企业主管人员的职责，企业主管人员所从事的计划、组织、领导控制等工作，事事都与人员相关，企业主管人员若不能有效督导对人员的挑选、使用、考核、培训等工作，那么整个企业将会变成一台腐朽的机器。人事管理的审计主要应注意以下几方面的问题。

1. 人员配备与选择的审计

人员配备与选择的审计内容如表3-3-3所示。

表3-3-3 人员配备与选择的审计内容

序号	审计项目	审计内容
1	人员配备	（1）人员配备是否以计划为基础，组织计划是确定人员数量的关键 （2）人员配备是否考虑了任命率、年龄、健康状况等因素 （3）是否根据用人单位内部和外部人才资源状况对主管人员需要量进行分析 （4）是否根据外部环境和内部环境的影响因素进行招聘、选拔、安置和考核 （5）单位最高管理层的领导是否关心人员配备工作，有无过分干预的情况
2	人员选择	（1）是否客观分析了各职位的要求 （2）是否评价了各职位的重要程度 （3）对各职位所需人员应具备的素质是否明确 （4）是否采取了正确的选择方法 （5）是否对各种不同类型的应聘者进行区别判断，是否选择了具有灵敏性和自我达成驱策力的人

2. 用人的审计

管理之道在于"借力"，即主管人员应借助下属的力量，完成企业的整体目标。用人的审计内容为：

（1）各级领导者是否既会做事又会管人，是否能妥善处理各种人事工作；

（2）是否能人尽其才，使每个人适得其所；

（3）是否进行了人才培养，使其才干不断增进。

3. 培训与开发的审计

培训与开发的审计内容如表3-3-4所示。

表3-3-4 培训与开发的审计内容

序号	审计项目	审计内容
1	培训工作	（1）最高领导人是否积极支持培训工作 （2）培训工作是否有明确的要求，是否对培训对象加以选择，是否采取了适当的培训方法 （3）是否把目标管理、工作充实化和敏感性训练作为经常性的培训内容
2	开发工作	（1）组织开发工作是否以解决部门或单位所面临的具体管理问题为重点，如协调、沟通等 （2）是否采用了有效的实验、主管工作方法、调查反馈方法等 （3）是否创造了良好的安心敬业的组织气氛等 （4）在组织开发工作方面，是否重视人事教育工作和充分发挥人事管理职能，例如，健全人事组织，制定科学人事制度，加强教育培训工作和人事任用工作，加强医疗保健、职工福利及协调服务工作等

三、领导职能的审计

领导，既指个人领导，又包括群体领导。领导功能的发挥，既与领导个人的品质、风格、才能相关，又与领导体制、分工、协调相关。领导职能的审计主要应从以下几方面进行。

（一）领导素质与方法的审计

1. 领导素质与修养的审计

领导素质与修养的审计内容为：

（1）有效领导的认识和行为；

（2）领导者的个人品质；

（3）领导者修养；

（4）领导群体。

2. 领导方式的审计

对领导方式进行审计，一是从运用职权方面来查明领导方式，二是从风格上来查明领导方式。主要应查明被审计单位的领导者所采用的领导方式是否有利于调动员工的主动性，是否有利于企业管理目标的实现。

3. 领导方法的审计

领导方法一般有压榨和权威式方法、开明和权威式方法、协商式方法、集体性参与式方法四种。现代企业管理一般采用最后一种方法，主管人员对下属充分信赖，并充满信心，经常征求和采纳下属的意见。领导方法的审计内容包括：

（1）能否帮助群体成员消除工作中的障碍，能否创造能激励群体成员潜在或明显能力的一种环境；

（2）能否帮助群体成员在实现企业目标的同时也能实现自己的目标；

（3）是否明确规定个人的职位和工作职责；

（4）能否帮助群体成员消除取得成就的障碍，谋求群体成员的协助，提高群体成员的团结协作精神；

（5）能否增加群体成员在工作中得到满足的机会，减少不必要的心理压力和外部控制；

（6）是否明确奖励标准，以及做一些符合人们期望的事情等。

（二）授权管理的审计

授权是指由上级主管或权力者委授予下属以一定的责任与事权，使之在其监督下能自主地处理与行动。这种管理方法，授权者对被授权者仍保持有指挥与监督之权；被授权者对授权者负有报告与完成之责。

授权管理的审计内容如图3-3-2所示。

① 授权方式的审计

主要是对利润中心授权方式、成本中心授权方式和责任中心授权方式进行审计

② 授权方法的审计

（1）一般授权方法的审计，即查明在正常业务范围内的授权，是否在制度、职责分配中规定了处理正常性业务的标准；该种授权方法是否具有经常性和连续性

（2）特定授权方法的审计，即查明对非正常业务范围内的授权，是否只对特殊的个人进行授权，并给予严格的条件；该种授权方法是否属于一次性授权

③ 授权条件因素的审计

应查明在正常范围之外的授权因素，是不是高级人员空缺，在职人员力不从心，有人兼职过多，决策权限掌握在极少数人手中，工作人员缺乏主动精神；计划及研究时间紧迫，办公时间经常处理例外事项，下属动辄要请示批准，有关工作诀窍均要对下属保密等

④ 授权其他问题的审计

（1）是否根据明确的隶属关系进行授权，是否明确授权环节与授权者，有无越权授权

（2）是否以被授权者的能力强弱及知识高低为根据，因事选人，视能授权

（3）授权前是否做充分研究和准备，力求将责任与事权授予最合适的人

（4）所授权责是否明确，是否具体规定其目标和范围

（5）授权是否适当，是否有适当控制，以免造成授权过度或不足，又或放任自流

（6）主管是否保留适当权责，授权者和被授权者是否相互信赖，上级是否事事干预，下属是否事事请示

（7）是否注意适时授权和授权技巧等

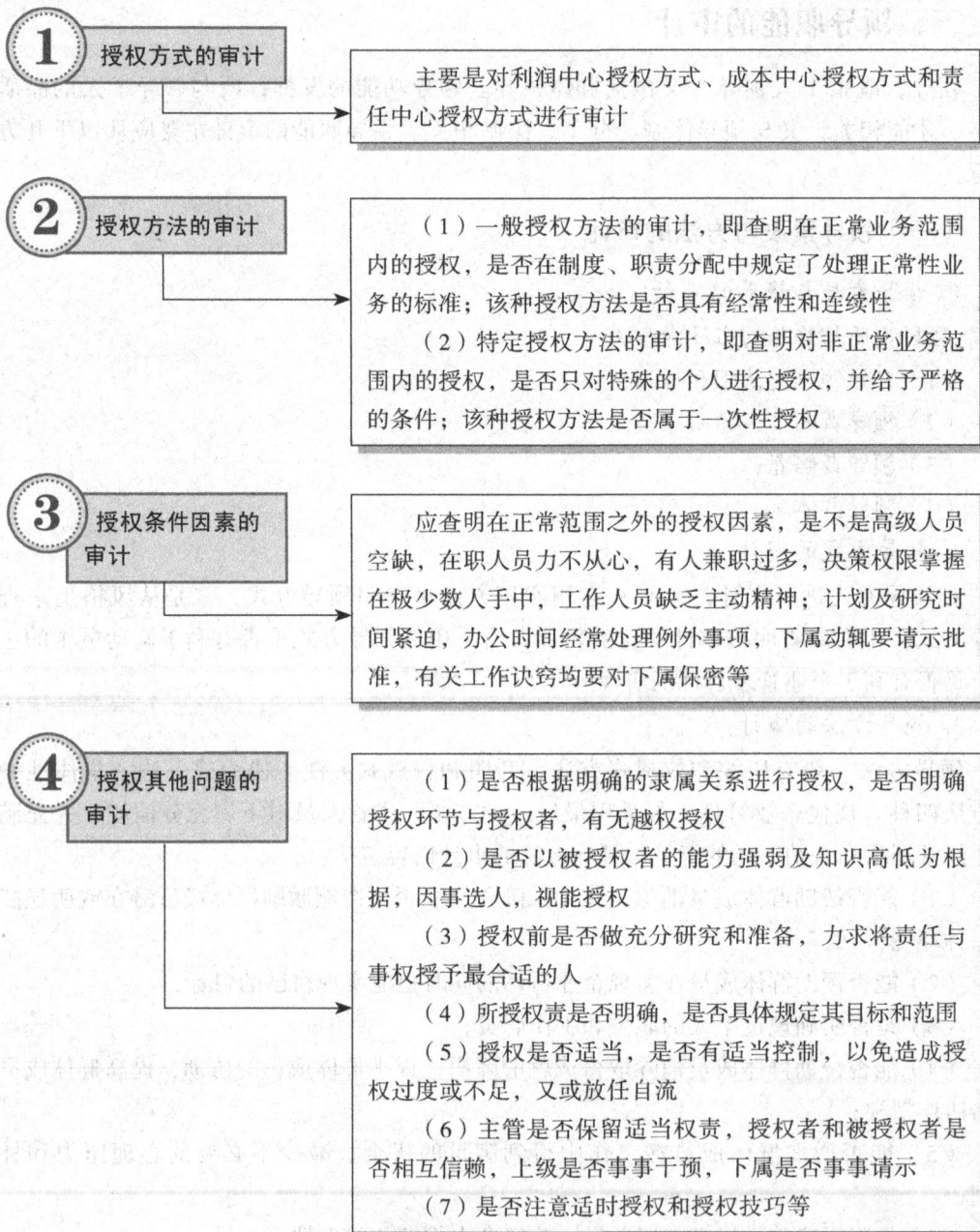

图3-3-2　授权管理的审计内容

（三）激励机制的审计

激励因素主要包括物质和精神两个方面，如高薪、头衔等。对激励的审计，主要是对激励方法和其他问题进行审计。

1. 激励方法的审计

现代激励方法有合理报酬方法，正强化方法、参与管理方法和工作兴趣丰富化方法。

内部审计人员对被审计单位所使用的激励方法进行审计时，应主要查明是否符合现代激励理论要求和现代激励方法原则。

2. 其他问题的审计

被审计单位要想有效实施激励机制，不仅要注意满足职工的报酬需要，还应该使职工获得成就感和安全感。审计时，内部审计人员应注意被审计单位以下几方面的问题：

（1）是否以劝说、奖励为主，不而以发号施令为主；

（2）是否尽量让下属自己作决定，而不是事事都作指示；

（3）是否授权适当，而不是倾倒工作；

（4）是否为下属设立明确目标，而不是要下属事事请教；

（5）是否关心下属、倾听下属意见；

（6）是否信守诺言并采取行动；

（7）是否布置工作有连贯性，不中途变卦；

（8）是否注意事前检视，防患于未然；

（9）是否设立简单的规范让下属遵守，下属即使有错，也能心平气和地指出；

（10）是否计划未来，激励下属努力工作；

（11）是否有信任感，避免轻率下判断；

（12）是否适当奖励下属，与下属和睦相处等。

（四）信息沟通机制审计

信息沟通是单位中构成人员之间的观念和消息的传达与了解的过程，它是人们完成企业使命或达成任务而采取的一种必要手段。信息沟通机制的审计主要包括信息沟通种类、信息沟通要素和信息沟通措施的审计。

1. 信息沟通种类的审计

信息沟通主要有正式沟通和非正式沟通两大类，审计时，内部审计人员应分为正式沟通审计和非正式沟通进行审计。

（1）正式沟通的审计。正式沟通是配合正式组织而产生的，依据信息流通的方向可分为上行沟通审计、下行沟通审计和平行沟通审计。

（2）非正式沟通的审计。非正式信息沟通是指非组织的沟通，它一方面满足了员工的需要，另一方面也补充了正式沟通的不足。审计时，内部审计人员应注意：

①是否产生于人员之间的社会交往行为；

②是否产生于无意之间，没有时间、地点、内容的限定；

③是否具有选择性、针对性、传递快、反馈迅速、评价及时等特点，是否能起到正式沟通所起不到的作用；

④是否具有单线式、流言式、偶然式、集束式等传递方式，是否具有书面式、口头式、非语言式等沟通方式；

⑤是否以组织机构作为信息沟通的手段，是否以社会系统作为信息沟通的网络等。

2. 信息沟通要素的审计

信息沟通要素的审计内容为：

（1）信息沟通工作是否符合基本要素的规定；

（2）信息沟通程序是否有一定的媒介和线路；

（3）信息沟通程序是否采取命令、规则、通知、报告、公函、手册、备忘录等形式；

（4）信息接受者是否属于接受消息、命令、报告及任何沟通程序的人；

（5）企业是否获得预期的反应与结果。

3. 有效沟通措施的审计

沟通是协调的一种方法或手段，其目的是使企业各部门和全体员工，能够分工合作，协调一致，达成共同使命。

有效沟通措施的审计内容为：

（1）是否建立必要的协商、会签制度；

（2）是否制定工作流程图以便促进自动联系；

（3）是否专设协调机制，专负协调之责；

（4）是否运用会议方式，促进意见交流；

（5）是否利用简化的公文报表，促进信息交流；

（6）是否利用报刊通讯录，促进与外界交流；

（7）是否利用计算机技术，及时获取与处理信息；

（8）是否通过设置意见箱、个别访问谈话等形式，了解员工的需求和心态；

（9）是否组织专门培训，提高沟通技巧和水平等。

四、控制职能的审计

无论管理包括多少职能，控制始终被认为是其基本职能之一。控制处于管理的中心地位，更接近管理的本质；它对整个管理系统的活动具有约束和指导作用，具有计划、管理和报告功能；它不仅能有效预防或发现错误与弊端，还有利于企业有秩序、高效率地经营。因此，控制对企业目标的实现和经济效益的提高有着重大影响。无论是绩效审计还是管理审计，均把控制职能的审计作为重要的审计内容之一。控制职能的审计内容如表3-3-5所示。

表3-3-5 控制职能的审计内容

序号	项目	审计内容
1	控制设计	（1）是否根据组织规模经营特征来设计控制方式 （2）是否根据组织机构设置和人员数量、素质情况对业务进行控制 （3）是否根据业务的性质及涉及面、复杂程度和危险程度进行控制 （4）是否注意控制过程设计的适当性、可操作性、经济性和有效性，是否注意控制过程的衔接与配合

（续表）

序号	项目	审计内容
2	控制目标	（1）是否选择关键的业务活动作为控制目标 （2）是否选择关键的资源作为控制目标 （3）是否选择关键的费用或成本项目作为控制目标
3	控制组织	（1）是否根据管理目标和计划目标，建立相应的控制组织机构 （2）是否在控制组织机构所辖范围内建立和保持适当的控制措施 （3）控制组织机构的层次划分设置是否合理，组织方式和组织类型是否恰当 （4）控制组织机构与一般业务部门之间的关系是否融洽 （5）控制组织机构的职权分配是否合理
4	控制标准	（1）控制标准是否适合组织的特点和管理的需要，是否有利于建立和健全保证管理目标和经济效益实现的控制过程 （2）控制标准是否有利于提高控制水平，完善现有的控制过程，更好地发挥控制过程对提高经济效益的作用，减少控制风险的发生 （3）控制标准是否严密完善，是否科学合理，是否便于衡量
5	控制方法	（1）是否根据控制目标采取科学合理的控制方法 （2）对于特定的控制目标，是否采用特殊的控制方法 （3）对于控制过程贯彻、执行情况是否进行监督检查
6	控制执行状况	（1）每个岗位的工作人员是否了解自己所应遵循的制度和规定 （2）各阶层管理人员是否自觉遵守与自己有关的控制制度，并自愿接受违反制度后的应有惩罚 （3）在控制制度执行过程中是否进行了必要的检查和调节工作 （4）控制过程执行的结果是否符合设计要求，是否达到了提高经济效益的目的 （5）对于控制结果不理想的，是否进行了适当的修正以至于重新设计整个控制过程
7	控制效率	（1）控制过程各环节之间衔接是否紧密，有无脱节或重复 （2）各环节工作效率是否良好，有无拖拉现象 （3）建立控制过程的所费与执行控制的所得之间的比例关系是否正常
8	控制检查职能	（1）被审计单位有无专职的检查组织和兼职的检查组织 （2）内部审计及管理检查职责情况 （3）内部审计和管理检查人员配备情况 （4）内部审计和管理检查工作计划的编制情况 （5）内部审计和管理检查工作计划的执行情况

五、管理部门的审计

管理部门的审计直接以被审计单位的管理活动为其审核评价对象。内部审计人员通过审计评价各个管理职能的发挥程度、管理部门的工作状况，以及管理人员素质的高低，可以发现企业管理中存在的问题和薄弱环节，以及影响经济效益的因素，从而提出改善管理和提高经济效益的建议。

（一）管理部门的审计任务

管理部门的审计任务可以分为基本任务和具体任务两个层次。

1. 基本任务

管理部门审计的基本任务是，通过审计，解决管理部门工作中不利于提高经济效益的问题，提高管理部门的工作水平，促进和保证企业经营或目标的实现。

2. 具体任务

管理部门审计的具体任务主要有以下几方面，如图3-3-3所示。

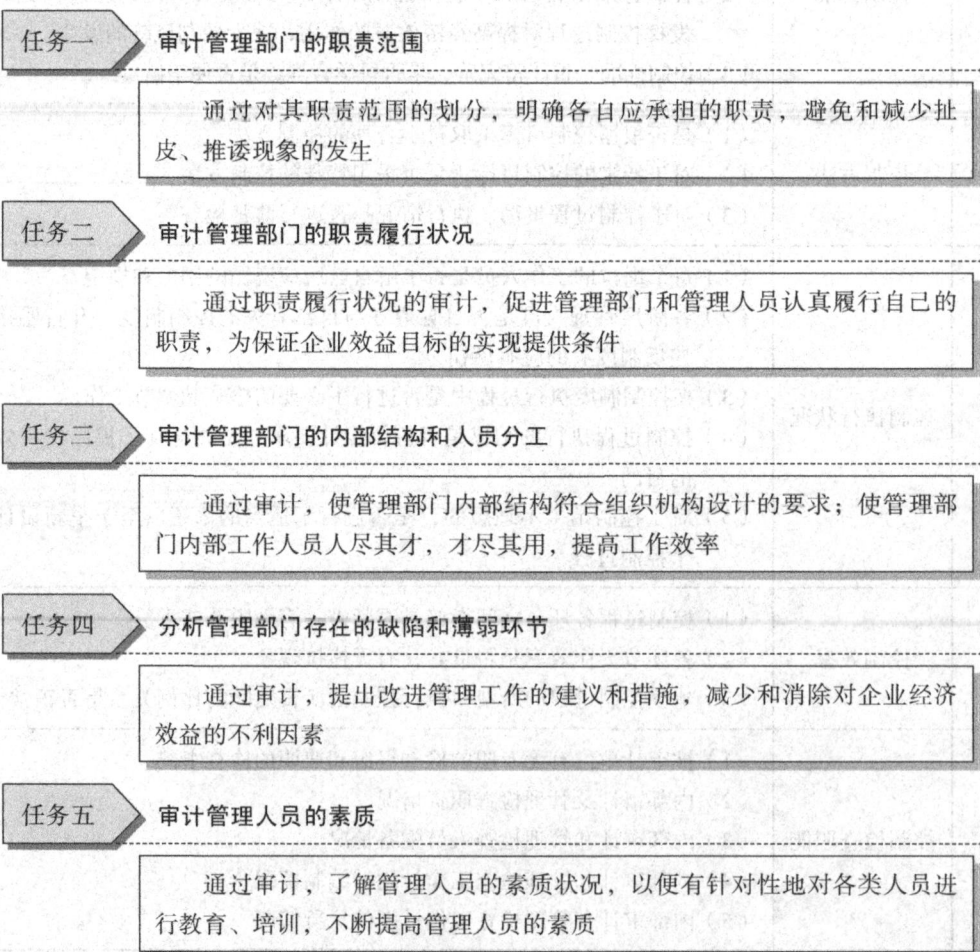

任务一 ▷ **审计管理部门的职责范围**

　　通过对其职责范围的划分，明确各自应承担的职责，避免和减少扯皮、推诿现象的发生

任务二 ▷ **审计管理部门的职责履行状况**

　　通过职责履行状况的审计，促进管理部门和管理人员认真履行自己的职责，为保证企业效益目标的实现提供条件

任务三 ▷ **审计管理部门的内部结构和人员分工**

　　通过审计，使管理部门内部结构符合组织机构设计的要求；使管理部门内部工作人员人尽其才，才尽其用，提高工作效率

任务四 ▷ **分析管理部门存在的缺陷和薄弱环节**

　　通过审计，提出改进管理工作的建议和措施，减少和消除对企业经济效益的不利因素

任务五 ▷ **审计管理人员的素质**

　　通过审计，了解管理人员的素质状况，以便有针对性地对各类人员进行教育、培训，不断提高管理人员的素质

图3-3-3　管理部门审计的具体任务

（二）管理部门的审计特点

管理部门的审计特点如图3-3-4所示。

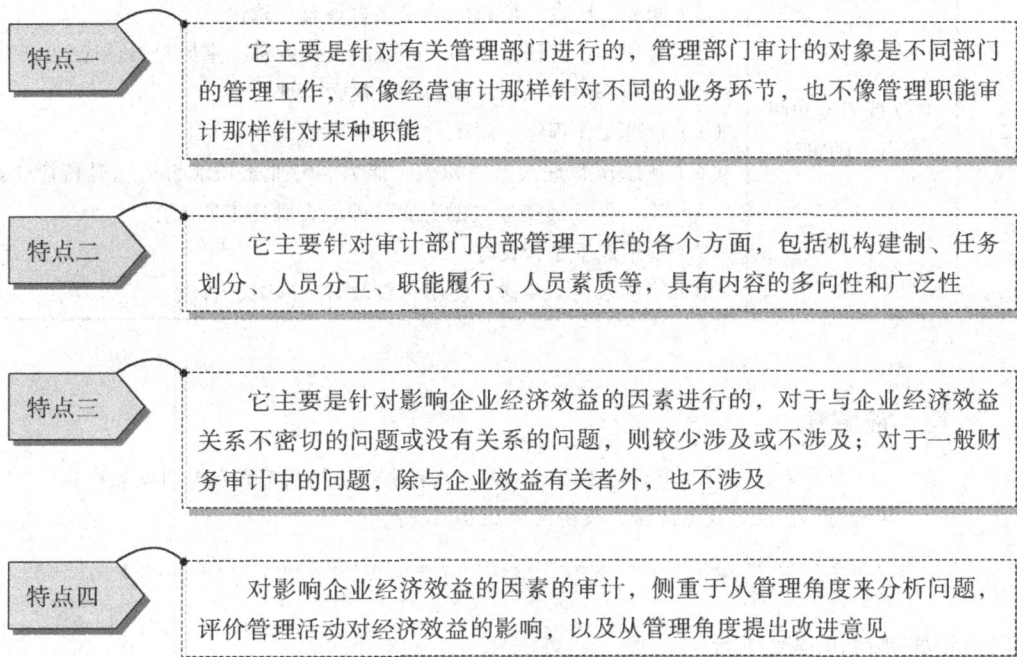

特点一 它主要是针对有关管理部门进行的，管理部门审计的对象是不同部门的管理工作，不像经营审计那样针对不同的业务环节，也不像管理职能审计那样针对某种职能

特点二 它主要针对审计部门内部管理工作的各个方面，包括机构建制、任务划分、人员分工、职能履行、人员素质等，具有内容的多向性和广泛性

特点三 它主要是针对影响企业经济效益的因素进行的，对于与企业经济效益关系不密切的问题或没有关系的问题，则较少涉及或不涉及；对于一般财务审计中的问题，除与企业效益有关者外，也不涉及

特点四 对影响企业经济效益的因素的审计，侧重于从管理角度来分析问题，评价管理活动对经济效益的影响，以及从管理角度提出改进意见

图3-3-4 管理部门的审计特点

（三）管理部门的审计内容

管理部门的审计侧重于审计其管理组织及中下层管理部门，要从局部着眼，主要审计具体管理工作及制度程序的执行情况。管理部门的审计主要包括以下内容。

1. 管理部门组织机构的审计

管理部门组织机构的审计一般包括表3-3-6所示的内容。

表3-3-6 管理部门组织机构的审计内容

序号	审计项目	审计内容
1	对组织机构的审计	（1）原有组织机构的结构形式是否合理，是否适应企业生产经营的需要 （2）管理幅度和管理层次的确定是否合理 （3）专业职能管理体系是否合理 （4）综合管理部门的建立和作用是否适应提高经济效益的需要 （5）智囊参谋部门的建立对提高经济效益所起的作用如何 （6）企业是否建立了负责开拓或开发的管理部门等

（续表）

序号	审计项目	审计内容
2	对管理职能和职责分工的审计	（1）管理岗位和管理岗位体系的设立是否合理 （2）职务、职责、职权的确立是否具有一致性 （3）管理岗位的任务量与所配备的人员数量、素质是否适应 （4）管理部门的纵向、横向分工是否合理 （5）管理工作程序、制度是否合理有效 （6）各层次管理人员的知识、能力、专业素质能否适应提高管理效率、保证经济效益的需要，即能否胜任本职工作 （7）管理效率是否良好 （8）信息采集、传递、使用是否及时、准确、有效

提醒您

　　内部审计人员在审计评价的基础上，应找出组织机构形式和部门设置存在的问题，并设计改进方案，促进经济效益的提高。

2. 管理部门工作的审计

　　企业在建立了科学合理的管理组织机构，进行了合理的职务、职责、职权划分，配备了具有相应素质的管理人员之后，各个管理部门工作状况如何，就成为影响企业经济效益的重要因素。通常所说的向管理要效益，在很大程度上取决于此。由于各个管理部门的工作性质不同，管理内容不同，影响经济效益的程度不同，对其工作审计的内容也不相同。具体内容如表3-3-7所示。

表3-3-7　管理部门工作的审计内容

序号	部门	审计内容
1	计划部门	应查明计划部门是否履行了计划制订、管理与修改、考察等职责
2	生产部门	应查明生产部门对生产过程的组织、指挥是否适当与灵活，各项生产任务的安排是否科学、合理，能否做到经常的催查与报告
3	销售部门	应查明销售部门履行市场预测、市场调查、销售政策制定、定价政策制定、销售方法选择、销售过程控制及销售人员培训等职责的状况
4	设备、物资管理部门	应查明设备、物资管理部门对履行消耗、存储定额制定，以及采购、保管、收发、维护等职责的状况
5	劳动管理部门	应查明劳动定额的先进性、组织的合理性、培训的经常性与有效性、奖励机制的健全性和劳动保护措施的充分性

（续表）

序号	部门	审计内容
6	技术管理部门	应查明新产品研发的有效性、新技术应用与开发的有效性，产品设计与工艺管理的先进性和合理性、产品质量管理的有效性等
7	财务部门	应查明有无制定科学适用的财务会计政策；会计工作是否遵循了会计法规的要求；是否进行了正确的反映与监督；有无严格的成本控制制度；是否采取了有效措施进行资金筹措及减少资金占用，以提高资金使用效率
8	信息管理部门	应查明信息管理部门能否保证信息畅通，信息的传输与反馈是否及时，信息存储及信息部门本身的安全是否有保障等

第4章
业务流程内部控制审计

内部控制审计是通过对被审计单位的内部控制制度的审查、分析测试、评价，确定其可信程度，从而对内部控制是否有效作出鉴定的一种现代审计方法。内部控制审计的具体目标可以概括为：检查并评价内部控制能否确保资产和资金的安全，即检查并评价内部控制能否保障资产和资金的存在、完整、为我所有、金额正确、处于增值状态。

第1节 资金管理业务内部控制审计实务

一、资金管理业务涉及的主要风险

（一）资金管理业务涉及的主要风险

（1）筹资与发展战略严重背离，企业盲目扩张，引发流动性不足，可能导致资金链条断裂。

（2）投资决策失误或资金配置不合理可能导致投资损失或效益低下；资金无法收回或支付，可能导致企业陷入财务困境或债务危机。

（3）资金管控不严，可能出现舞弊、欺诈，导致资金被挪用、抽逃。

（二）资金管理业务的风险表现

资金管理的风险表现如图4-1-1所示。

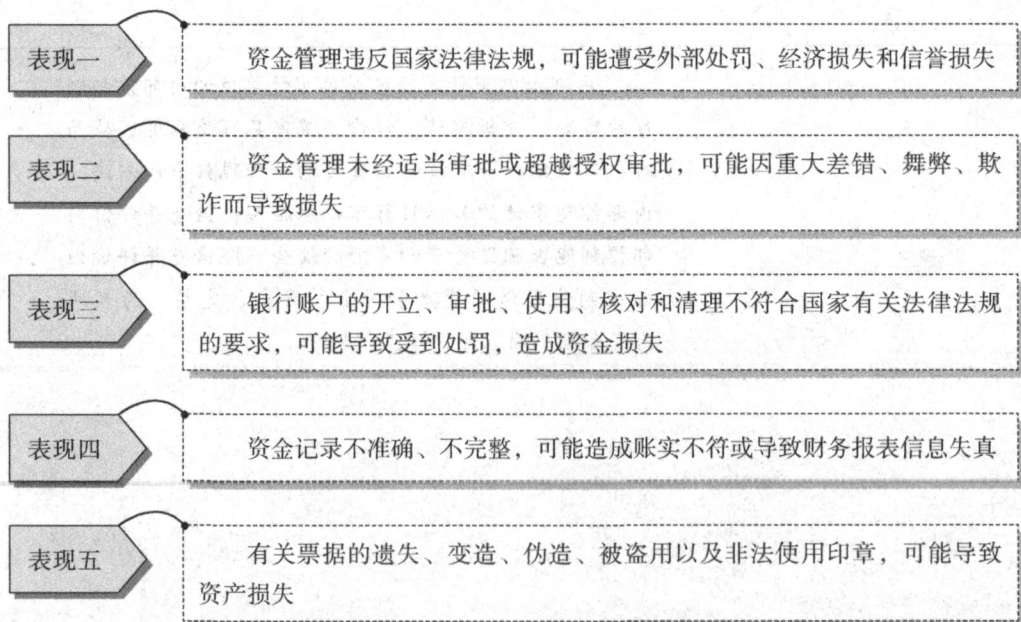

表现一	资金管理违反国家法律法规，可能遭受外部处罚、经济损失和信誉损失
表现二	资金管理未经适当审批或超越授权审批，可能因重大差错、舞弊、欺诈而导致损失
表现三	银行账户的开立、审批、使用、核对和清理不符合国家有关法律法规的要求，可能导致受到处罚，造成资金损失
表现四	资金记录不准确、不完整，可能造成账实不符或导致财务报表信息失真
表现五	有关票据的遗失、变造、伪造、被盗用以及非法使用印章，可能导致资产损失

图4-1-1 资金管理的风险表现

二、筹资活动的内部控制

筹资活动是企业资金活动的起点，也是企业整个经营活动的基础。企业应当根据经营和发展战略的资金需要，确定融资战略目标和规划，结合年度经营计划和预算安排，拟定筹资方案，明确筹资用途、规模、结构和方式等相关内容，对筹资成本和潜在风险作出充分估计。如果是境外筹资，那么必须考虑所在地的政治、经济、法律和市场等因素。

（一）筹资活动应重点关注的风险

筹资活动应重点关注的风险如图4-1-2所示。

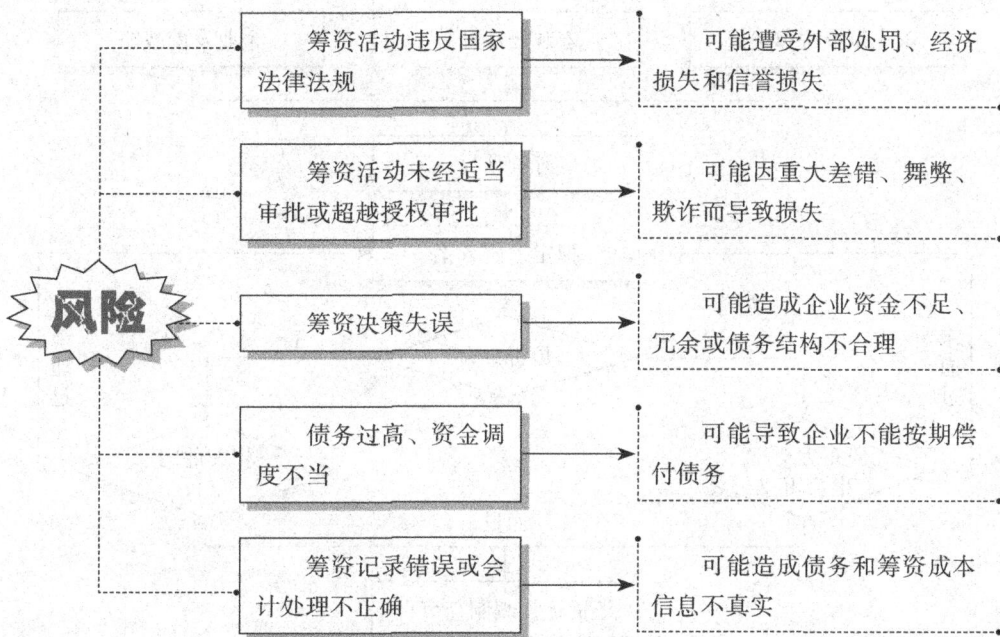

图4-1-2　筹资活动应重点关注的风险

（二）职责分工与授权批准

企业应当建立筹资业务的岗位责任制，明确有关部门和岗位的职责、权限，确保办理筹资业务的不相容岗位相互分离、制约和监督。同一部门或个人不得办理筹资业务的全过程。

筹资业务的不相容岗位至少包括：

（1）筹资方案的拟定与决策；

（2）筹资合同或协议的审批与订立；

（3）与筹资有关的各种款项偿付的审批与执行；

（4）筹资业务的执行与相关会计记录。

企业应当配备合格的人员办理筹资业务。办理筹资业务的人员应具备必要的筹资业务专业知识和良好的职业道德，熟悉国家有关法律法规、相关国际惯例和金融业务。

企业应当对筹资业务建立严格的授权批准制度，明确授权批准方式、程序和相关控制措施，规定审批人的权限、责任以及经办人的职责范围和工作要求。

（三）筹资活动的业务流程

企业筹资活动的内部控制应该根据筹资活动的业务流程，区分不同筹资方式，按照业务流程中各环节体现出来的风险，结合资金成本与资金使用效益情况，采用不同措施进行控制。因此，设计筹资活动的内部控制制度，必须深入分析筹资业务流程。通常情况下，筹资活动的业务流程如图4-1-3所示。

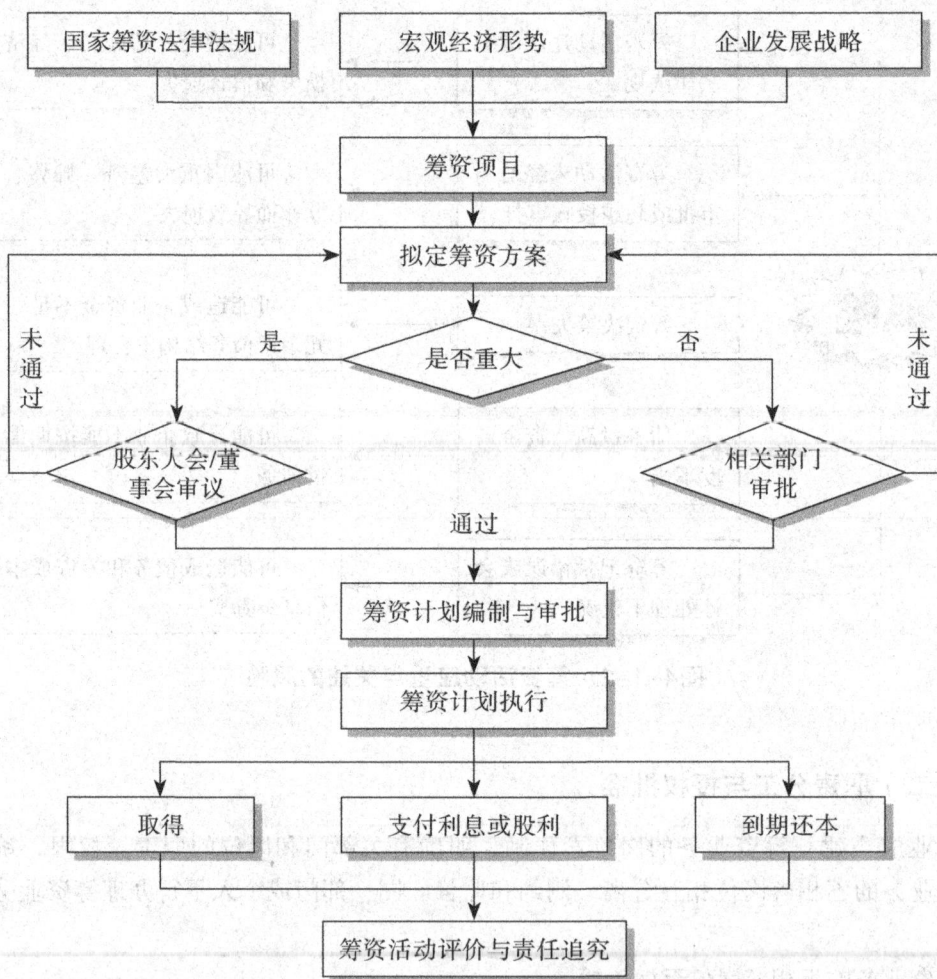

图4-1-3　筹资活动的业务流程

（四）筹资业务会计控制的要点

对于筹资业务，企业应设置记录筹资业务的会计凭证和账簿，按照国家统一会计准则和制度，正确核算和监督资金筹集、本息偿还、股利支付等相关情况，妥善保管筹资合同或协议、收款凭证、入库凭证等资料，定期与资金提供方进行账务核对，确保筹资活动符合筹资方案的要求。具体可从图4-1-4所示的几方面入手。

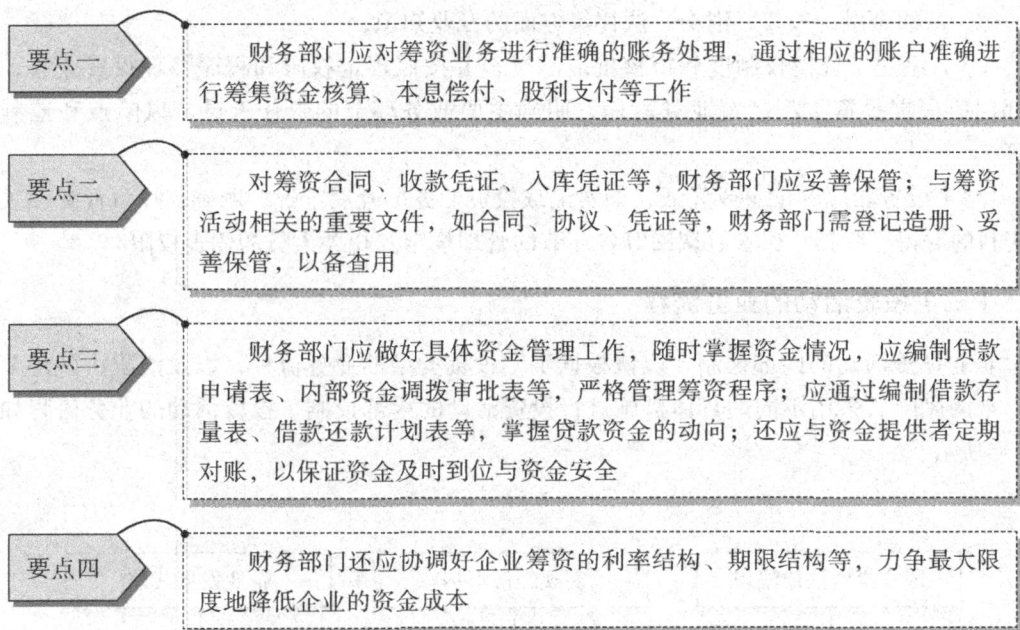

| 要点一 | 财务部门应对筹资业务进行准确的账务处理，通过相应的账户准确进行筹集资金核算、本息偿付、股利支付等工作 |

| 要点二 | 对筹资合同、收款凭证、入库凭证等，财务部门应妥善保管；与筹资活动相关的重要文件，如合同、协议、凭证等，财务部门需登记造册、妥善保管，以备查用 |

| 要点三 | 财务部门应做好具体资金管理工作，随时掌握资金情况，应编制贷款申请表、内部资金调拨审批表等，严格管理筹资程序；应通过编制借款存量表、借款还款计划表等，掌握贷款资金的动向；还应与资金提供者定期对账，以保证资金及时到位与资金安全 |

| 要点四 | 财务部门还应协调好企业筹资的利率结构、期限结构等，力争最大限度地降低企业的资金成本 |

图4-1-4　筹资业务的会计控制要点

三、投资活动的内部控制

企业投资活动是筹资活动的延续，也是筹资的重要目的之一。企业应该根据自身发展战略和规划，结合企业资金状况以及筹资可能性，拟定投资目标，制订投资计划，谨慎投资。

（一）投资活动应重点关注的风险

企业至少应当关注涉及长期股权投资业务的下列风险：

（1）投资行为违反国家法律法规，可能遭受外部处罚、经济损失和信誉损失；

（2）投资业务未经适当审批或越权审批，可能因差错、舞弊、欺诈而导致损失；

（3）投资项目未经科学、严密的评估和论证，可能因决策失误导致重大损失；

（4）投资项目执行缺乏有效管理，因不能保障投资安全和投资收益而导致损失；

（5）投资项目处置的决策与执行不当，可能导致权益受损。

（二）职责分工与授权批准

职责分工与授权批准控制的具体控制政策和措施包括：

（1）建立投资业务岗位责任制，确保办理投资业务的不相容岗位相互分离、制约和监督。投资业务不相容岗位至少应当包括投资项目的可行性研究与评估、投资的决策与执行、投资处置的审批与执行、投资绩效的评估与执行；

（2）配备合格的人员办理对外投资业务，办理对外投资业务的人员应当具备良好的职业道德，掌握金融、投资、财会、法律等方面的专业知识；

（3）建立投资授权制度和审核批准制度，并按照规定权限和程序办理投资业务，财务部门应根据投资类型制定业务流程，明确主要业务环节的责任人员、风险点和控制措施等；

（4）设置相应的记录或凭证，如实记载投资业务的开展情况，明确与投资业务相关文件资料的取得、归档、保管、调阅等各环节的管理规定及相关人员的职责权限。

（三）投资活动的业务流程

企业投资活动的内部控制，应该根据不同投资类型的业务流程，以及流程中各环节体现出来的风险，采用不同的具体措施进行投资活动的内部控制。投资活动的业务流程如图4-1-5所示。

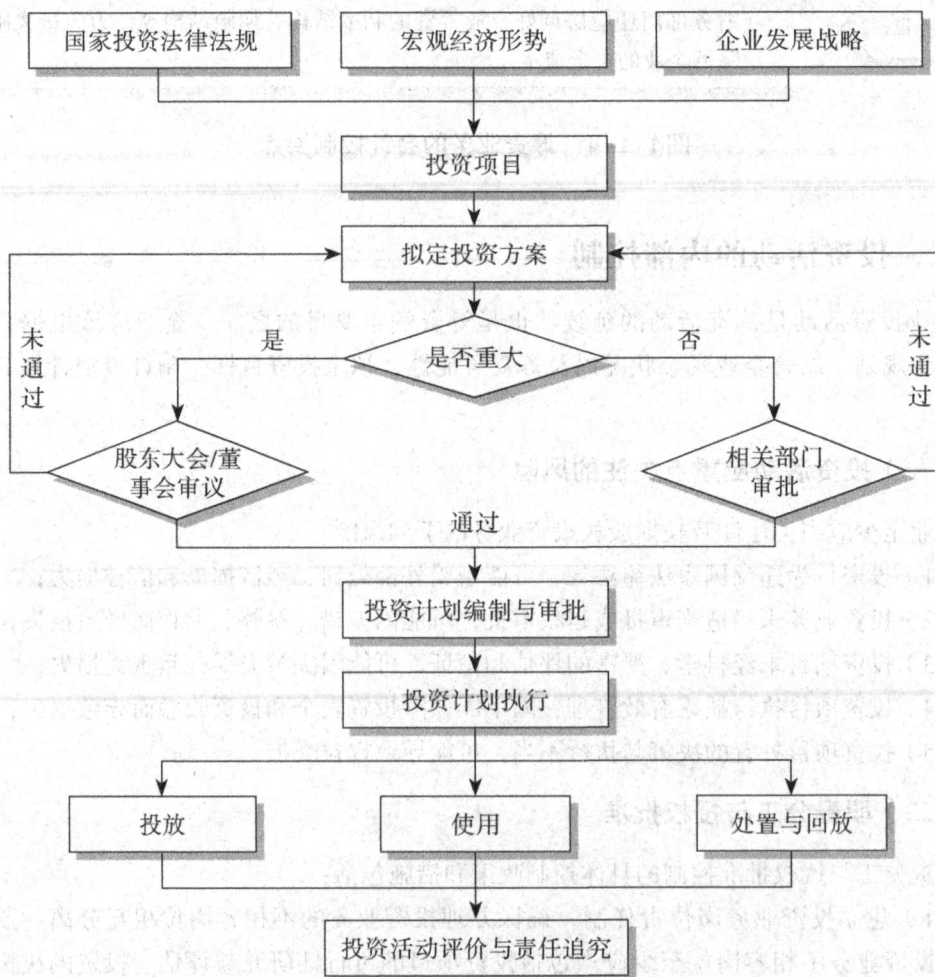

图4-1-5　投资活动的业务流程

（四）投资业务会计控制的要点

企业应当按照会计准则的规定，准确进行投资的会计处理。根据对被投资方的影响程度，合理确定投资业务适用的会计政策，建立投资管理台账，详细记录投资对象、金额、期限、收益等事项，妥善保管投资合同或协议、出资证明等资料。对于被投资方出现财务状况恶化、市价大幅下跌等情形，企业应当根据国家统一的会计准则和制度规定，合理计提减值准备，确认减值损失。具体内容如图4-1-6所示。

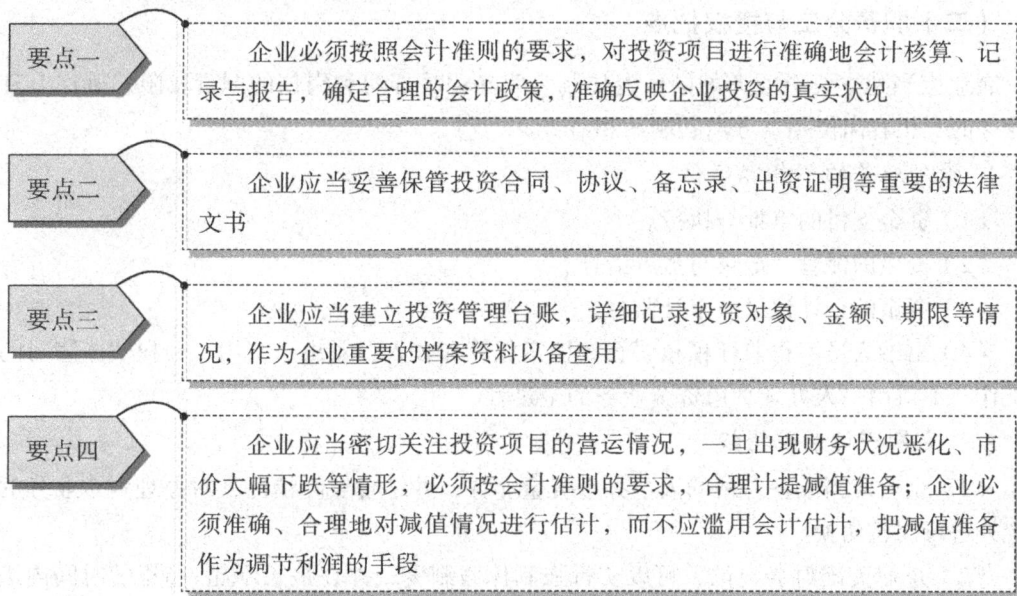

要点一 企业必须按照会计准则的要求，对投资项目进行准确地会计核算、记录与报告，确定合理的会计政策，准确反映企业投资的真实状况

要点二 企业应当妥善保管投资合同、协议、备忘录、出资证明等重要的法律文书

要点三 企业应当建立投资管理台账，详细记录投资对象、金额、期限等情况，作为企业重要的档案资料以备查用

要点四 企业应当密切关注投资项目的营运情况，一旦出现财务状况恶化、市价大幅下跌等情形，必须按会计准则的要求，合理计提减值准备；企业必须准确、合理地对减值情况进行估计，而不应滥用会计估计，把减值准备作为调节利润的手段

图4-1-6 投资业务会计控制的要点

四、资金营运活动的内部控制

（一）资金营运内部控制的主要目标

企业资金营运内部控制的主要目标如图4-1-7所示。

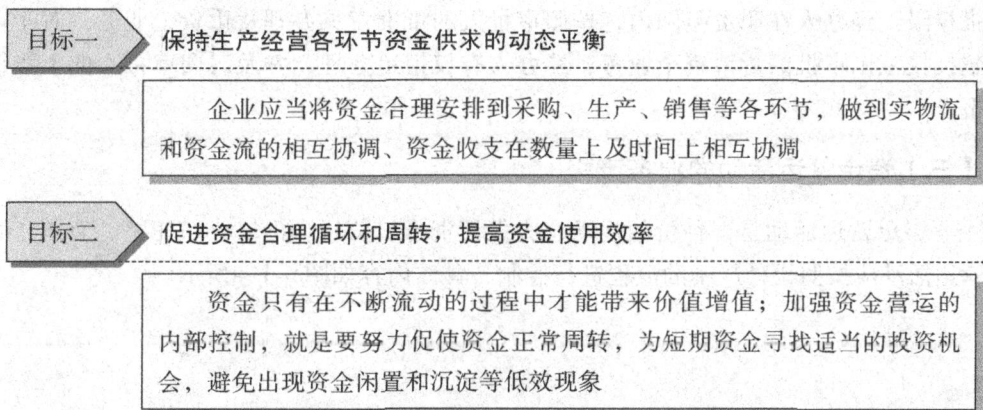

目标一 保持生产经营各环节资金供求的动态平衡

企业应当将资金合理安排到采购、生产、销售等各环节，做到实物流和资金流的相互协调、资金收支在数量上及时间上相互协调

目标二 促进资金合理循环和周转，提高资金使用效率

资金只有在不断流动的过程中才能带来价值增值；加强资金营运的内部控制，就是要努力促使资金正常周转，为短期资金寻找适当的投资机会，避免出现现金闲置和沉淀等低效现象

目标三 ▶ 确保资金安全

企业的资金营运活动大多与流动资金尤其是货币资金相关，这些资金由于流动性很强，出现错弊的可能性很大，保护资金安全的要求更迫切

图4-1-7 资金营运内部控制的主要目标

（二）职责分工与授权批准

企业应当建立资金业务的岗位责任制，明确相关部门和岗位的职责权限，确保办理资金业务的不相容岗位相互分离、制约和监督。

1. 资金业务的不相容岗位

（1）资金支付的审批与执行。

（2）资金的保管、记录与盘点清查。

（3）资金的会计记录与审计监督。

（4）出纳人员不得兼任稽核、会计档案保管和收入、支出、费用、债权债务账目的登记工作。不得由一人办理货币资金业务的全过程。

2. 定期进行岗位轮换

（1）企业应当配备合格的人员办理资金业务，并结合实际情况，对办理资金业务的人员定期进行岗位轮换。

（2）企业关键财会岗位，可以实行强制休假制度，并在最长不超过5年的时间内进行岗位轮换。实行岗位轮换的关键财会岗位，由企业根据实际情况确定并在内部公布。

（3）办理货币资金业务的人员应具备良好的职业道德，做到忠于职守、廉洁奉公、遵纪守法，客观公正，不断提高会计业务素质和职业道德水平。

3. 建立严格的授权批准制度

企业应对货币资金业务建立严格的授权批准制度，明确审批人对货币资金业务的授权批准方式、权限、程序、责任和相关控制措施，规定经办人办理货币资金业务的职责范围和工作要求。审批人根据货币资金授权批准制度的规定，在授权范围内进行审批，不得超越审批权限。经办人在职责范围内，按照审批人的批准意见办理货币资金业务。对于审批人超越授权范围审批的货币资金业务，经办人有权拒绝办理，并及时向审批人的上级授权部门报告。

（三）资金营运活动的业务流程

企业资金营运活动是一种价值运动，为保证资金价值运动的安全、完整、有效，企业资金营运活动应按照设计严密的流程进行控制，具体内容如图4-1-8所示。

步骤 ① 资金收付的发生　企业资金收付应该有根有据，不能凭空收款或付款；所有收款或付款需求都由特定的业务引起，因此，有真实的业务发生是资金收付的基础

步骤 ② 企业授权部门审批　收款方应向付款方提交相关业务发生的票据或证明，收取资金；资金支付涉及企业经济利益流出，应严格履行授权分级审批制度；不同责任人应该在自己授权范围内，审核业务的真实性，金额的准确性，以及申请人提交票据或证明的合法性，严格监督资金支付

步骤 ③ 财务部门复核　财务部门收到经过企业授权部门审批签字的相关凭证或证明后，应再次复核业务的真实性，金额的准确性，以及相关票据的齐备性，相关手续的合法性和完整性，并签字认可

步骤 ④ 支付资金　出纳或资金管理部门在收款人签字后，根据相关凭证支付资金

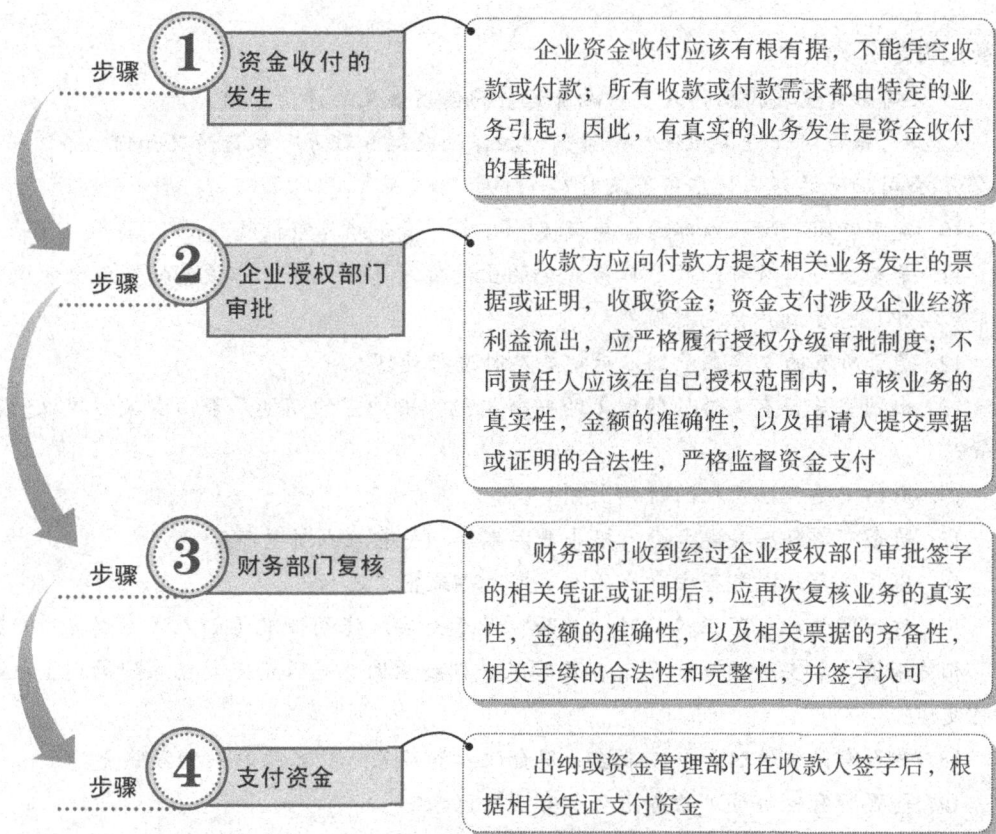

图4-1-8　资金营运活动的业务流程

五、资金管理业务内部控制审计的要点

（一）内部控制审计之前的调查

内部审计人员在对某公司的资金管理业务进行内部控制审计之前，应制定调查问卷（如下）并开展调查。

资金管理业务内部控制审计调查问卷

1. 公司资金管理的政策是什么？具体包括哪些内容？分别由哪些职能部门具体负责？
2. 内部银行的运作模式是否充分考虑了合法合规性？
3. 公司资金支付是否运用了电子支付、网上银行等现代管理手段？
4. 公司的融资策略如何？融资采取的保证方式是怎样的？
5. 是否制订了融资计划？决策程序是怎样的？制定融资决策前是否已进行资金的成本费用分析？
6. 公司的银行信用等级是什么？是否得到银行的授信？公司融资额占所有授信额

度的比例是多少？

7. 公司融资主要投向何处？对融资资金的使用效果的评价如何？

8. 公司是否对外提供担保？是否制订担保的政策和程序？执行情况如何？

9. 公司融资的还本付息是否及时？

10. 是否有同一法人内部的资金调拨？若有，请介绍其审批流程。

11. 是否公司所有可以收取库存现金的出纳室或其他地点，都被包括在现金管理的日常活动中，并受到严格的控制？

12. 是否所有的支票在收到以后就会及时进行处理？

13. 出纳室是否有足够的物理上的安全措施？出纳室的钥匙是否由少数经授权的人保管？

14. 出纳室是否在无人的时候上锁？

15. 是否有每日库存现金盘点报告并定期经相关管理人员复核？

16. 库存现金盘点是否由独立的人员不定期地突击进行？

17. 收到现金后是否正确及时地入账？对于无法入账的情况（如无法鉴别其对应账户、相关来源、相关性质等）是否会及时跟进调查原因？是否定期对已入账的现金收入进行复核？

18. 是否有岗位的职责分工来区分现金收入和应收账款记录的不相容职责？

19. 是否所有借给员工的备用金都有明细记录？

20. 现金是否每日存入银行？若不是，则存款的额度和频率如何？

21. 如何控制保证所有收到的现金都记入公司账户？

22. 所有从银行得到的单据中，如银行对账单、进账通知单、存款单等，是否由一个独立于存款经办人的人员进行业务处理？

23. 每月是否由独立于银行存款记录人的人员制作银行存款余额调节表？银行存款余额调节表是否由财务主管人员审阅？

24. 现金收据、销售凭证、各种收据等单据是否有事先编号？

25. 事先编号的单据是否在使用和归档中考虑其连续性？

26. 对于作废的或拒付返回的支票有无有效的管理？

27. 是否所有的公司生息账户的利息都被记录，并向不处理现金收支的人员报告？

28. 公司使用的票据有哪些种类？是否使用商业承兑汇票？

29. 是否使用登记簿记录各种票据的购入、使用、作废、领用等？

30. 空白票据如何保管？领用空白票据是否被严格限制？具体如何控制？

31. 商业汇票的承兑是否经过适当审批？承兑所带来的潜在负债是否按规定披露？

32. 短期投资的政策及制度是怎样的？请介绍短期投资的授权过程。

33. 短期投资的品种是什么？是否针对投资品种设定止损点控制？

34. 短期投资的执行、审批、记录是否由不同的部门或岗位完成？

35. 对短期投资是否进行投资效益评价？评价的方式如何？

36. 是否使用电子银行支付？电子支付的操作流程和审批程序是怎样的？

37. 电子支付的计算机与公司内部网络和外部网络的连接情况是怎样的？

38. 有没有保护电子支付程序的备份措施？请介绍一下相关的备份政策。

39. 请介绍一下电子支付加密使用的技术。

（1）对称加密？

（2）非对称加密？

（3）电子签名技术？

（4）密钥的长度？

40. 其他货币资金包括哪些？如何管理？

41. 在现在的工作中，您最担心或最关心的事是什么？

（二）贷款管理内部控制审计的要点

贷款管理内部控制审计的要点如表4-1-1所示。

表4-1-1 贷款管理内部控制审计的要点

序号	控制目标	控制活动	审计程序
1	融资预算和授信额度的建立/更新符合公司的战略规划，决策程序透明化	1.1 根据公司发展规划、经营计划估算公司对新增信贷资金的需求，制定融资预算申请或信用额度更新，上报董事会授权批准	（1）与编制资金预算的部门（如财务部门或资金部门）相关人员进行访谈，了解编制资金预算或授信额度预算的流程，与公司的战略目标、经营计划的关系，以及预算的批准人等 （2）选取当年编制的资金预算，了解并核对其与经营计划的联系，查看有无董事会的批准
		1.2 银行授信条款需经有关职能部门充分讨论，授信协议需得到公司管理层审批	（1）与负责融资的部门（如财务部门或资金部门）相关人员进行访谈，了解授信协议的签署过程，包括讨论与审批流程 （2）追踪相关的会议纪要，检查是否按规定进行讨论与审批
2	项目融资计划配合公司投资计划的开展	2.1 项目融资的安排随项目立项而启动，由资金部门和项目小组根据企业规划、项目性质和资金缺口共同制定融资方案，并经相关职能部门充分讨论	（1）与资金部门和投资部门相关人员进行访谈，了解项目融资方案的制定过程 （2）采用判断抽样的方法随机抽取____个项目融资方案，了解对应的投资项目；追踪到相关的会议纪要，检查是否按规定进行讨论及管理层审批
		2.2 将融资方案建议书交公司管理层复核及审批，管理层根据企业规划来选择融资方案	

（续表）

序号	控制目标	控制活动	审计程序
2	项目融资计划配合公司投资计划的开展	2.3 管理层监控项目资金与项目进度的同步过程	（1）与资金部门和投资部门相关人员进行访谈，了解项目融资与项目进度的同步过程 （2）获得项目资金与项目进度的控制文件，复核其是否经适当管理层的审阅，检查其控制方法是否有效
3	融资活动经适当授权并符合企业最大利益	3.1 融资申请与预算相核对，如在预算外融资需经财务部门、资金部门等相关部门充分讨论后由董事会审批	（1）与资金部门相关人员进行访谈，了解预算外融资的控制方法 （2）采用判断抽样的方法随机抽取____份项目融资申请，查看与预算相核对的签字确认，并判断其是否在预算内 （3）若样本在预算外，则检查是否存在相应的各部门讨论记录与董事会批准文件
		3.2 资金部门将与银行协商一致的贷款合同交管理层审阅，并对照原融资方案中预设的金额、利率、期限等作偏差分析；贷款合同得到管理层批准后签署	（1）采用判断抽样的方法抽取____份贷款合同，查找有无管理层的审批文件（如批复） （2）询问融资部关于融资费用控制的流程、制度等情况 （3）获得相关文件如费用报销记录、融资费用预算等，复核其有无管理层的签字
		3.3 管理层复核融资活动中的费用支出（包括资金成本及一些特殊费用等）	
4	银行融资文件应合法合规	4.1 融资文件经过法律部门审核	采用判断抽样的方法抽取____项融资计划，检查有无法律部门对条款的审阅意见和签字
5	银行授信、融资文件得到妥善保存	5.1 签署的授信协议、贷款合同原件应由专人存档保存	（1）与负责保存信贷资料的部门相关人员进行访谈，了解信贷档案是否由专人负责管理，是否办理归档手续 （2）采用判断抽样的方法抽取____笔公司借入贷款，现场检查相关的信贷文件是否有专门的台账管理，文件的归档/出借是否有记录，原件是否按规定妥善保管，档案柜是否防水火
6	授信情况和资金到位、使用情况得到及时有效监控	6.1 定期编制信贷资金使用计划，包括各个项目资金具体投入时间、累计闲散资金使用计划等，由管理层审阅后批准	（1）与财务部门或资金部门相关人员进行访谈，了解资金定期报表和资金效率分析报告的编制程序，包括内容、编制人、复核人、审批人、编制的频率等

（续表）

序号	控制目标	控制活动	审计程序
6	授信情况和资金到位、使用情况得到及时有效监控	6.2 定期编制信贷资金到位和使用状况报告、还贷情况表，编制每个贷款银行的授信额度余额表，上报管理层审阅 6.3 定期监控资金使用效率，上报管理层审阅	（2）采用判断抽样的方法抽取____张资金报表（如资金使用计划、资金到位和使用状况表、资金效率分析报告、还贷情况表、授信余额表等），判断是否按规定的频率定期编制，有无独立于制表人的复核签字，以及管理层是否审阅并签字
7	担保符合相关政策	7.1 定期滚动编制贷款到期情况一览表和资金付息情况一览表，报管理层审阅后交资金部门安排，融资人员负责确保准时还款或展期	（1）与财务部门或资金部门相关人员进行访谈，了解还本付息一览表的编制程序，包括内容、编制人、复核人、审批人、编制的频率等 （2）采用判断抽样的方法抽取____张还本付息一览表，判断是否按规定的频率定期编制，有无独立于制表人的复核签字，以及管理层是否审阅并签字 （3）将最近的还本付息一览表的加总数与账面余额核对，复核是否有逾期贷款未还或未续签合同，并追踪获取和查看合同
		7.2 资产抵押、质押、担保必须事前提出申请，财务部门、资金部门、法律部门等批注意见，由董事会批准后方可进行 7.3 资产抵押、质押、担保的法律手续及要求被担保公司的反担保手续由法律部门协助完成，保证业务合法合规	（1）与财务部门或资金部门相关人员进行访谈，了解公司对外抵押、质押、担保的控制流程，包括申请程序、审批程序、审批权限等 （2）取得公司对外抵押、质押、担保的书面政策，查看管理层的签字 （3）采用判断抽样的方法从公司的抵押、质押、担保记录中抽取____份抵押、质押或担保申请报告，检查有无相关部门的讨论记录或书面意见，以及高级管理层的审批意见 （4）追踪到相应的抵押、质押或担保合同，检查该合同是否经法律部门办理，高级管理层有无批准，以及是否取得了相关的反担保
		7.4 董事会批准的资产抵押、质押、担保合同及其他相关法律文件由专人保存并建立台账；新增和注销的资产抵押、质押、担保及时入账	（1）与负责保存抵押、质押、担保资料的部门相关人员进行访谈，了解档案是否由专人负责管理，是否办理归档手续 （2）现场检查相关文件的归档/出借是否由专人及时记录，原件是否按规定妥善保管，档案柜是否防水火

（续表）

序号	控制目标	控制活动	审计程序
7	担保符合相关政策	7.4 董事会批准的资产抵押、质押、担保合同及其他相关法律文件由专人保存并建立台账；新增和注销的资产抵押、质押、担保及时入账	（3）采用判断抽样的方法从抵押、质押或担保文件中抽取＿＿份存档资料，检查相应的增加或注销情况是否被及时记录在台账中

（三）现金管理内部控制审计的要点

广义的现金包括银行存款、库存现金、信用卡存款、在途资金、备用金等。狭义的现金在本节将被表述为库存现金。

现金管理内部控制审计的要点如表4-1-2所示。

表4-1-2　现金管理内部控制审计的要点

序号	控制目标	控制活动	审计程序
1	制定财务工作中的岗位分工及授权批准的相关政策	1.1 建立现金业务的岗位责任制，明确相关部门和岗位的职责权限，确保办理现金资金业务的不兼容岗位相互分离、制约和监督 1.2 在现金业务中建立严格的授权批准制度，明确审批人对货币资金业务的授权批准方式、权限、程序、责任和相关控制措施，规定经办人办理货币资金业务的职责范围和工作要求	（1）与财务主管人员进行访谈，了解公司是否有岗位责任制或授权批准制度的相关指导手册 （2）获得财务人员岗位责任制或授权批准制度手册 （3）对照国家相关财经法规，评估岗位责任制或授权批准制度是否合理 （4）询问具体的操作人员，确认岗位分工政策和授权审批制度的执行情况
2	所有收到的现金都被准确、及时地记录	2.1 收到客户的现金时为客户开具连续编号的现金收据，现金收据入账后加盖现金收讫章 2.2 单位应当指定非收款人员定期核对银行账户，每月至少核对一次，编制银行存款余额	（1）与出纳人员进行访谈，了解收入现金是否开具收据 （2）获取现金收据记录，检查现金收据连续编号情况 （3）采用判断抽样的方法从现金收入账中抽取＿＿笔现金收入业务，检查有无现金收据附件，收据上是否加盖现金收讫章 （1）与财务部门相关人员进行访谈，了解银行余额调节表的制作周期及制作人 （2）判断抽样的方法抽取＿＿张银行余额调

（续表）

序号	控制目标	控制活动	审计程序
2		调节表；若调节不符，则应查明原因，银行存款余额调节表应由财务主管审阅并签字，及时进行账务处理	节表，检查财务主管的签字 （3）追踪银行存款余额调节表中的异常项目，调查其原因并确认其是否被及时处理 （4）追踪银行余额调节表中的调整账项，核实调整账项是否被及时更新
3	现金收付、保管及存入银行等活动符合相关财经法规的规定	3.1 规定现金库存限额，收到的现金应及时存入银行	（1）与财务部门相关人员进行访谈，了解公司有无现金库存限额和定期存入银行的规定 （2）复核现金日记账中的每日现金余额，并与有关规定进行比较 （3）采用判断抽样的方法，从现金日记账上抽取____笔连续的存款记录，追踪到原始的存款回单，并依据日期评价其及时性
		3.2 用不同的岗位分工来区分现金收入和现金支出的不相容职责；有政策规定，收到的现金每日存入银行，杜绝坐支情况的发生	（1）与财务主管人员进行访谈，了解现金收入与现金支出的职责是否由不同的人员履行 （2）通过访谈了解公司是否有禁止坐支的规定
4	保证库存现金记录及银行存款余额记录的准确	4.1 现金日记账的账面余额必须与库存数相核对	（1）与财务部门相关人员进行访谈，了解公司是否设置了现金和银行存款日记账 （2）获得现金和银行存款日记账，复核其登记的记录是否是逐日登记的 （3）在出纳人员的协助下盘点现金，检查库存现金与现金日记账余额是否相符
		4.2 单位应当定期和不定期地由出纳以外的人员进行现金盘点，确保现金账面余额与实际库存相符；对于不符的项目及时查明原因	（1）与财务主管人员进行访谈，了解公司是否有定期和不定期盘点现金的制度 （2）采用判断抽样的方法抽取____笔盘点记录，检查是否有盘点人的签名，盘点人是否为非出纳人员
5	现金支付符合公司政策和管理层意图	5.1 在现金业务中建立严格的授权批准制度，明确审批人对货币资金业务的授权批准方式、权限、程序、责任和相关控制措施，规定经办人办理货币资金业务的职责范围和工作要求	同1

（续表）

序号	控制目标	控制活动	审计程序
5	现金支付符合公司政策和管理层意图	5.2 支付申请单需按授权批准制度规定经过适当的审核，支付时出纳人员按政策规定检查支付申请单是否经过适当的授权审批程序，确认无误后付款	（1）了解支付程序，获得书面的控制单据，如支付申请单 （2）采用判断抽样的方法从银行日记账中抽取＿＿＿笔记录，追踪到对应的付款凭证，查看所附的支付申请单是否有相应审批人员的签字 （3）确认所附的支付申请单上是否有付讫章
6	准确记录现金和银行存款支出	6.1 单位应当指定非收款人员定期核对银行账户，每月至少核对一次，编制银行存款余额调节表；若调节不符，则应查明原因；银行存款余额调节表应由财务主管审阅并签字，及时进行账务处理	同2.2
		6.2 已支付的付款申请加盖付讫章	同5.2
7	安全保管现金和相关财务记录	7.1 公司有支票登记本记录支票的使用情况；支票登记本上支票按编号连续记录，作废支票有完整记录	（1）与财务部门相关人员进行访谈，了解支票使用的记录情况 （2）获得支票登记本，查看支票是否按编号连续记录；作废支票是否有完整记录 （3）采用判断抽样的方法从支票登记本中抽取＿＿＿笔作废支票的记录，追踪到具体的作废支票，查看其是否被良好的保管，支票上有无作废字样
		7.2 制定现金保管制度，严格限制接触到现金的人员，出纳室有足够的物理安全保证	（1）获得现金保管制度，分析保管制度是否健全 （2）与财务部门相关人员进行访谈，了解他们对现金保管制度的理解程度及制度的执行情况 （3）实地观察出纳室情况，判断是否存在安全隐患
		7.3 只有经管理层授权、有工作需要的人员才可以接触及修改应收账款/应付账款及现金收入/支出凭证	（1）与财务部门管理层进行访谈，了解关于现金会计记录的授权接触和使用情况 （2）现场观察财务部门现金收付的运作情况，确认只有经过授权的人员才可以处理相关业务

（续表）

序号	控制目标	控制活动	审计程序
7	安全保管现金和相关财务记录	7.4 出纳室配备2把钥匙，每把钥匙都需要有备份，取得备份钥匙需要有授权	（1）询问了解出纳室是否有2把钥匙，以及获得备用钥匙的相关流程 （2）检查备用钥匙领用登记簿是否有领用人的签字并记录了领用的时间和领用的缘由
8	与现金相关的票据及银行预留印鉴受到严格的管理监控	8.1 明确各种票据的购买、保管、领用、背书转让、注销等环节的职责权限和程序，并专设登记簿进行记录	（1）获得各种票据的使用程序和使用权限的有关规定 （2）与财务部门相关人员进行访谈，了解相关规定的理解程度和执行情况 （3）获得各种票据的使用登记本，查看其使用登记情况与政策是否相符 （4）实地监盘空白票据并调查任何异常情况的产生原因
		8.2 财务专用章应由专人保管，个人名章必须由本人或其授权人员保管；票与章分开保管	（1）与财务主管人员进行访谈，了解财务专用章及个人名章的保管规定 （2）获得主要业务章的留印样本 （3）与财务部门相关人员进行访谈，了解印章的实际保管情况是否符合规定
		8.3 按规定需要有关负责人签字或盖章的经济业务，必须严格履行签字或盖章手续	（1）与财务主管人员进行访谈，了解并获得相关经济业务审批的规定 （2）采用判断抽样的方法从相关的文件如合同中抽取____笔业务，对应相应的规定检查这些业务是否按规定经过适当审批和签字 （3）将样本中的盖章与实际留印样本相比较
9	确保备用金的安全和记录准确	9.1 制定备用金管理制度，规定单位或员工备用金额度，借出备用金款项必须执行严格的授权批准程序	（1）与财务主管人员进行访谈，了解公司是否有关于备用金的审批制度并获得此项规定 （2）获得目前有资格持有备用金的人员和单位的名单，采用判断抽样的方法抽取____笔记录，并追踪到备用金申请单 （3）对照备用金审批制度，检查备用金申请单是否有相关审核人员的签字

189

序号	控制目标	控制活动	审计程序
9	确保备用金的安全和记录准确	9.2 定期与领用备用金的员工进行余额的核对，对存在的差异调查原因并及时调整	（1）与财务部门相关人员进行访谈，了解是否有备用金定期对账制度以及对账的频率 （2）检查对账留下的书面轨迹，如签字确认等 （3）如有差异，确认是否有及时的调查和调整措施

（四）票据管理内部控制审计的要点

票据包括商业汇票、本票以及其他银行票据，但不包括支票。

票据管理内部控制审计的要点如表4-1-3所示。

表4-1-3　票据管理内部控制审计的要点

序号	控制目标	控制活动	审计程序
1	票据政策和票据活动应当遵守国家法律、行政法规的规定	1.1 公司应制定有关票据的管理制度，该管理制度应遵守国家有关法律、法规的规定 1.2 公司制定的有关票据的管理制度应经过高级管理层的审批，并且下发到相关部门	（1）与财务部门相关人员进行访谈，了解公司有关票据管理的制度或规定 （2）获得书面的票据管理制度或规定的范本，评估是否符合国家法律的规定 （3）根据了解到的政策下达部门，询问该部门的操作人员对政策的了解程度
2	票据活动符合公司规定	2.1 票据应根据适当管理层审批后的付款凭证签发 2.2 票据的背书、转让和贴现应当遵守票据管理制度，并经适当管理层审核批准	（1）与票据管理的执行部门相关人员进行访谈，了解票据签发、转让及贴现的工作流程 （2）对照票据管理的制度或规定，评估申请流程与政策的符合程度 （3）获得票据登记簿，检查是否按规定登记 （4）采用判断抽样的方法从已使用的票据记录中抽取____份样本，对照付款凭证，查看是否有相应管理层的审批签字 （5）检查已领用的票据记录，查看是否存在未指定用途或金额的票据被领用，如果存在，则检查是否有相应管理层的签字，事后该票据的使用是否得到财务人员的确认

（续表）

序号	控制目标	控制活动	审计程序
2	票据活动符合公司规定	2.1 票据应根据适当管理层审批后的付款凭证签发	（6）采用判断抽样的方法从票据记录中抽取____份转让、贴现的票据样本，查看是否有适当管理层的签字 （7）从票据记录中统计最近____个月的贴现记录，对照财务报告，检查信息披露是否完整 （8）询问关于票据记账凭证的制作过程和人员 （9）采用判断抽样的方法从应收/应付票据的记账凭证中抽取____份样本，检查其制作人与复核人的签字，并追踪到原始单据
		2.2 票据的背书、转让和贴现应当遵守票据管理制度，并经适当管理层审核批准	
3	票据具有安全性	3.1 票据由专人负责保管，应有专门的、安全的存放地	（1）对库存票据进行盘点，查看是否由专人保管，是否有专门的存放地，是否与记录相符 （2）获得以前的盘点记录，查看是否与规定的间隔期一致，票据是否与记录相符，发生差错时的处理是否合适 （3）观察票据的存放地点，评估其防火、防盗等安全性 （4）询问并了解公司票据丢失、被盗后的内部处理、补救措施是否适当和及时
		3.2 设置票据登记簿，登记各类票据的取得、领用/使用、背书、作废等，并由相应人员签字	同2
		3.3 空白票据的领用被严格控制，如有发生，应经适当管理层审批，并且由票据管理人员追踪票据使用情况	同2
		3.4 定期盘点库存票据	同3.1
		3.5 如发生票据丢失、被盗等，应及时按规定处理	同3.1
4	票据入账正确	4.1 票据贴现后应在适当的报告中披露贴现信息	同2
		4.2 票据的记账凭证由制作人以外的财务人员核对相应的原始单据	同2

（续表）

序号	控制目标	控制活动	审计程序
4	票据入账正确	4.3 由专人复核贴现利息计算的正确率	（1）询问并了解公司是否有专人复核贴现利息计算 （2）采用判断抽样的方法抽取____份贴现利息计算表或其他书面文件，查阅有无复核人员的签字 （3）复核贴现利息，确认其计算的正确性

（五）股票债券的短期投资内部控制审计的要点

股票债券的短期投资内部控制审计的要点如表4-1-4所示。

表4-1-4　股票债券的短期投资内部控制审计的要点

序号	控制目标	控制活动	审计程序
1	投资方式符合国家法律的规定、公司管理层的意志和公司的实际情况	1.1 投资方式经过专职法律人员的审核	（1）与投资部门、财务部门或其他相关人员进行访谈，了解投资政策制定的依据，以及参与制定政策的人员和下达到部门的情况等 （2）获得书面的投资政策范本，检查是否有高级管理层、法律顾问以及参与制订的负责人的签字或确认 （3）根据了解到的政策下达部门，询问该部门的操作人员对政策的了解程度 （4）评估投资政策在相关部门贯彻执行的程度
		1.2 经管理层研究通过投资组合方案	（1）同1.1 （2）对投资政策的执行部门进行访谈，了解投资方式、额度及投资组合的申请流程 （3）对照投资政策，评估申请流程与政策的符合程度
		1.3 投资方式经过高级管理层的审批，并且下发到相关部门	（4）采用判断抽样的方法从归档中抽取____份投资申请单样本，查看是否有相应管理人员的审批签字 （5）追踪到投资组合的记录文件，查看是否被更新
2	投资额度的确定符合各级权限的规定和公司的实际状况	2.1 投资额度超过权限的经董事会批准；所有投资额度申请必须填写正式书面表格，归档备查	同1.2

（续表）

序号	控制目标	控制活动	审计程序
2	投资额度的确定符合各级权限的规定和公司的实际状况	2.2 财务部门定期计算投资头寸，并及时反馈给管理层 2.3 管理层定期复核投资头寸，根据公司的实际情况随时修正投资额度	（1）与财务部门相关人员进行访谈，了解投资头寸的计算过程和周期 （2）询问管理层对于定期复核投资头寸的事项，评估其对于该控制点的认知情况 （3）获取投资头寸复核报告，并检查管理层的复核签字 （4）检查复核报告的日期，判断其复核频率
3	确保投资及投资收益的安全性、流动性	3.1 投资部门随时了解投资环境和投资市场动向 3.2 管理层研究确定一个止损点，并随市场的变化及时修正	（1）与管理层和投资部门相关人员进行访谈，询问是否了解投资环境和市场动向 （2）查阅有关记录是否存在投资止损点，投资止损点是否随市场变化进行修正 （3）与财务部门相关人员进行访谈，询问财务人员是否及时按成本法确认投资收益并正确入账 （4）检查有关投资收益记录是否正确
		3.3 投资结束后进行客观评价 3.4 管理层评价优劣、总结经验，形成记录并归档备查	（1）与投资部门相关人员进行访谈，询问投资效果评价的情况 （2）获得分析报告，检查该记录是否有管理层的签署意见，并评估分析内容的适当性
4	良好的职责分工	4.1 投资制度的审批和执行岗位分开 4.2 实际投资工作中审批、执行和记录的岗位职能相互分离	（1）与投资的审批、执行、记录等人员进行访谈，了解岗位设置的相关信息 （2）检查历史记录是否手续齐全 （3）观察投资活动流程，确定各岗位职责明确、不相容
5	投资文件的安全	5.1 制定保管制度，确定专人保管 5.2 有关投资协议及有价证券的使用，须经专人批准，并有详细记录	（1）与投资部门或投资资料的管理部门相关人员进行访谈，询问投资资料包括的信息内容和保管方式，以及哪些人可以看到投资额度的信息 （2）从相关的文档如投资政策中，查找对于限制接触的有关规定，并询问操作人员和投资信息管理者的认知度 （3）现场检查存放投资协议和有价证券地的物理安全措施 （4）查阅投资协议和有价证券的有关保管记录 （5）核对有关协议和资料的真实性、完整性

序号	控制目标	控制活动	审计程序
6	短期投资的记录准确、及时	6.1 使用股票、债券登记簿记录所有交易信息	（1）询问并获得股票债券的交易登记簿并查阅其完整性 （2）询问关于短期投资记账凭证的制作过程和人员 （3）采用判断抽样的方法从短期投资记账凭证中抽取____份样本，检查其制作人与复核人的签字，并追踪到原始单据
		6.2 短期投资的记账凭证应由制作人以外的财务人员核对相应的原始单据	

（六）电子银行支付内部控制审计的要点

电子银行支付内部控制审计的要点如表4-1-5所示。

表4-1-5　电子银行支付内部控制审计的要点

序号	控制目标	控制活动	审计程序
1	公司的电子支付政策符合管理层的意志，并且及时更新	1.1 电子支付政策由相关部门协同安全技术专家共同制定	（1）与采购部门、财务部门和来自银行的技术专家等相关人员进行访谈，了解电子支付政策制定的依据、标准和相关信息，以及参与制定政策的人员的参与度和下达到部门的认知度等 （2）获得书面的政策范本 （3）检查政策范本，查看是否有高级管理层的签字确认 （4）根据了解到的政策下达部门，询问电子支付操作人员对政策的了解程度 （5）评估电子支付政策在相关部门贯彻执行的情况
		1.2 电子支付政策得到高级管理层的审阅和批准后，下达操作部门执行	
		1.3 相关部门协同安全技术专家定期复核该政策，根据技术的发展及时更新	（1）与采购部门、财务部门和来自银行的技术专家等相关人员进行访谈，了解电子支付政策定期更新的相关信息，如更新范围、参与人员和更新频率等 （2）检查更新政策的审计轨迹，如管理层复核的签字、更新原因说明、技术专家的意见等书面证据 （3）根据书面文件上签署的日期，判断支付程序的更新频率是否与访谈得到的信息相符

（续表）

序号	控制目标	控制活动	审计程序
2	电子银行支付服务系统是可用的	2.1 公司的备份政策包括了电子支付应用程序、相关的后台应用程序和数据备份	（1）与IT部门负责人进行访谈，了解公司的备份政策，包括备份媒质、方式、频率、包含的程序等信息 （2）在IT人员的协助下，在线查看备份程序和备份工作日程，确认备份程序包含了电子支付的程序和数据 （3）在IT人员的协助下，查看备份日志，寻找失败或异常中止的记录，并调查原因 （4）要求IT人员恢复其中的一个备份，观察并评价其对恢复程序的熟悉程度
		2.2 电子支付的物理传送通路有不止一路的出口接到银行的支付网关	（1）询问IT人员关于电子支付的物理出口 （2）查看相关文件，包括建筑的平面图，电气布置图，银行、电信部门或物业提供的图纸和技术参数等 （3）在可能的情况下，实地检查线缆的布置情况，确认不同的线缆出口处在不同的环境之中
		2.3 电子支付的相关网络和单机都受到防病毒软件的保护	（1）询问IT人员有关防病毒的措施，了解防毒软件的适用范围和类型，病毒签名的更新周期和方式等信息 （2）在线检查主要的服务器和电子支付程序所在计算机的防病毒措施，确认防病毒软件已被激活运行 （3）在线检查病毒签名的日期和版本，确认其已被更新到最新状态 （4）询问和检查是否有定期运行的网络范围的病毒查找程序。若有，则检查其日志，调查异常情况的原因和跟进的结果
3	电子支付业务仅支付经授权的合法供应商	3.1 与所有电子支付对象有书面协议，明确双方的责任和义务	（1）与电子支付部门相关人员进行访谈，了解是否有与所有支付对象的书面协议 （2）获得该协议的存放文件夹，采用判断抽样的方法从中抽取____份协议，检查下列内容： ①管理层的签章 ②电子支付的形式 ③处理和进行交易时双方的责任和义务 ④与电子交易相关的其他书面条款

（续表）

序号	控制目标	控制活动	审计程序
3	电子支付业务仅支付经授权的合法供应商	3.2 所有电子支付指令在发出前有适当的管理人员的授权批准	（1）与电子支付部门相关人员进行访谈，了解是否所有电子支付指令发出之前均经过恰当的授权 （2）在IT人员的协助下，取得最近一周的电子支付日志文件 （3）采用判断抽样的方法从电子支付日志文件中抽取____笔电子支付记录，追踪到书面的审计轨迹，如授权书、交易批准单等，以确保所有的样本均有书面授权的支持 （4）获得书面授权单据的文件夹，对书面的授权单据进行"停-走"抽样，检查其是否均有管理层的签字确认 （5）若"停-走"抽样发现了错误，则需调查未签字的原因并考虑寻找替代性程序以保证电子支付的授权
		3.3 电子支付的信息以及支付对象的反馈被日志文件记录下来	（1）询问IT人员定期复核日志文件的过程和相关信息 （2）在IT人员的协助下，取得最近一周的电子支付日志文件，检查文件上定期复核后的签字等审计轨迹 （3）在IT人员的协助下，辨识电子支付指令记录和交易对象的反馈信息 （4）将电子支付指令和相应的反馈信息进行配对，调查所有不配对记录，向IT人员询问原因和跟进的措施
		3.4 电子支付的日志文件由管理员定期复核，并对所有异常情况及时进行调查和报告	
4	通过电子支付传送的数据具有机密性且未经篡改	4.1 使用一系列的安全机制和相关操作程序，建立起电子支付的安全架构	（1）与IT人员进行访谈，了解公司网络的安全机制和操作流程 （2）获得并检查相关文件，如网络拓扑、电子支付操作流程等，查看有无管理层的签字确认 （3）在IT人员的协助下，辨识安装电子支付程序计算机的网络所在地，并评价其网络划分的安全性 （4）实地查看该安装电子支付程序的计算机，确认没有任何非管理层意图的其他网络连接；该计算机的物理安全得到很好的保护等
		4.2 电子支付程序安装在一个相对安全的计算机上	
		4.3 传送的电子数据经过银行的非对称加密技术的加密	（1）与IT人员或银行的安全技术专家进行访谈，了解数据在传送时的加密技术是对称的还是非对称的

（续表）

序号	控制目标	控制活动	审计程序
4	通过电子支付传送的数据具有机密性且未经篡改	4.3 传送的电子数据经过银行的非对称加密技术的加密	（2）检查与银行或交易对象签订的合同，阅读其中有关电子交易协议的条款，以判断加密协议的对称性 （3）了解加密协议的加密BIT数，并和电子支付政策相比确认其合规性
5	通过电子银行支付传送的数据是可靠的、不可抵赖的	同4.3	同4.3
		5.2 电子支付数据是基于有效的认证中心和电子签名技术加密的	（若控制活动4.3的审计程序无法达成，则不必进行此程序，直接进入审计建议和发现书即可） （1）与IT人员或银行的安全技术专家进行访谈，了解数据是否使用认证中心和电子签名技术 （2）了解认证中心的背景资料，特别是其资质文件，是否符合中国人民银行网上银行法规的要求 （3）复核相关的文件（书面的或电子的），如认证中心的证书、电子签名的协议书等，查看其签发日期，判断其是否过期

第2节　销售与收款业务内部控制审计实务

销售与收款业务主要是指企业销售商品并取得货款的行为，在这个环节中，企业的主要目的是销售产品，取得销售收入。销售与收款业务包括接受客户订单、批准销售折扣和赊销信用、填制销货发票、发运商品、核算销售收入与应收账款、办理和记录销售退回及销售折让、处理坏账等内容。

一、销售与收款业务的特点

（一）销售与收款业务的过程较为复杂

企业的销售与收款业务并不是简单的一手交钱、一手交货的过程，一方面是分步骤的交易行为：从收到对方订购单，到洽谈交易事宜，到交接货物，再到支付货款，甚至会发生销售退回和销售折让，在此过程中，企业不仅需要调查客户的信用，与客户展开价格谈判，准备客户需要的货物，还需要灵活地处理销售退回和销售折让；另一方面涉及企业内部的多个部门，如销售部门、信用管理部门、仓储保管部门和财务部门等，还涉及企业外部的供应商、运输商等，运行环节多、风险因素多、控制难度大，极易产生舞弊和低效率。

（二）销售与收款业务存在较大的风险

销售与收款是一个相当复杂的过程，它不仅是将商品交给客户，还要收回款项，实现销售的最终目标。但是，在现实交易中，由于各种因素的影响，企业发出商品后可能无法收回相应的货款，特别是企业信用危机的出现，如果企业的应收账款资金平均占用额过大、回收期过长、周转速度慢，坏账就有可能产生，造成资金周转不灵。

（三）销售与收款业务的会计处理工作繁杂

由于销售的频繁性，销售与收款业务的会计处理工作量相当大，销售收入的确认也相对复杂，根据《企业会计准则第14号——收入》中的规定，销售商品的收入同时满足下列条件的，才能予以确认：一是企业已将商品所有权上的主要风险和报酬转移给购货方；二是企业既没有保留通常与所有权相联系的继续管理权，也没有对已售出的商品实施有效控制；三是收入的金额能够可靠地计量；四是相关的已发生或将发生的成本能够可靠地计量；五是相关的经济利益很可能流入企业。

二、职责分工与授权批准制度

企业应当建立销售与收款业务的岗位责任制，明确相关部门和岗位的职责权限，确保办理销售与收款业务的不相容岗位相互分离、制约和监督。

（一）销售与收款业务的不相容岗位

（1）客户信用调查评估与销售合同审批签订的岗位相分离。

（2）销售合同的审批、签订与办理发货的岗位相分离。

（3）销售货款的确认、回收与相关会计记录的岗位相分离。

（4）销售退回货品的验收、处置与相关会计记录的岗位相分离。

（5）销售业务经办与发票开具、管理的岗位相分离。

（6）坏账准备的计提与审批、坏账的核销与审批的岗位相分离。

（二）设立专门的信用管理部门

1. 信用管理岗位与销售业务岗位应当分设

企业可以设立专门的信用管理部门或岗位，负责制定企业的信用政策，监督各部门执行信用政策的情况。

2. 跟踪客户的情况

企业的信用政策应明确规定：定期（或至少每年）对客户资信情况进行评估，并就不同的客户明确信用额度、回款期限、折扣标准、失信情况。

3. 建立客户信用档案或数据库

企业可以采用科学的信用管理技术，不断收集、健全客户信用资料，建立客户信用档案或数据库，也可以运用计算机信息网络技术集成企业分、子公司或业务分部的销售信息与授信情况，防止向未经信用授权客户发出货品，同时防止客户以较低的信用条件同时与企业两个或两个以上的分、子公司进行交易而损害企业利益。

（三）建立销售与收款业务授权制度和审核批准制度

（1）企业应建立销售与收款业务授权制度和审核批准制度，相关人员应严格按照规定的权限和程序办理销售与收款业务。

（2）企业应当根据具体情况对办理销售业务的人员进行岗位轮换，防范销售人员将企业的客户资源变为个人资源，从事舞弊活动，损害企业利益的风险。

三、销售与收款业务会计核算控制制度

（一）及时办理销售与收款

（1）企业应当按照《现金管理暂行条例》《支付结算办法》《内部会计控制规范——货币资金》等规定，及时办理销售与收款业务。

（2）现销业务的收款应由独立人员办理，企业应将销售收入及时入账，不得账外设账，不得擅自坐支现金销售人员应当避免接触销售现款。

（3）企业应当建立应收账款账龄分析制度和逾期应收账款催收制度，销售部门应当负责应收账款的催收，财会部门应当督促销售部门加紧催收，对催收无效的逾期应收账款可通过法律程序予以解决。

（二）加强应收款项的管理

1. 应收账款的记录

企业应当按客户设置应收账款台账，及时登记客户的应收账款余额增减变动情况和信用额度情况。对于长期往来客户，企业应当为其建立完善的客户资料，并对客户资料实行动态管理。对于可能成为坏账的应收账款，应当报告有关决策机构，由其进行审查，确定是否确认为坏账。对于发生的各项坏账，应查明原因，明确责任，并在履行规定的审批程序后作出会计处理注销的坏账应当进行备查登记，做到账销案存。已注销的坏账又收回时，应当及时入账，防止形成账外款。

2. 应收票据的管理

应收票据的取得和贴现必须经由保管票据以外的主管人员的书面批准。应收票据应当由专人保管，对于即将到期的应收票据，应及时向付款人提示付款。已贴现票据应在备查簿中登记，以便日后追踪管理。企业应制定逾期票据的冲销管理程序和逾期票据追踪监控制度。

3. 建立健全与客户的对账制度

企业应当定期与往来客户通过函证等方式核对应收账款、应收票据、预收账款等往来款项，如有不符，应查明原因，及时处理。

（三）加强坏账的控制与管理

企业应于资产负债表日对应收款项的账面价值进行检查，有客观证据表明该应收款项发生减值的，应当将该应收款项的账面价值减记至预计未来现金流量现值，减计的金额确认减值损失，计提坏账准备。

四、销售与收款业务处理程序

（一）合同发货制销售与收款业务处理程序

1. 合同发货制销售与收款业务处理程序的要点

（1）销售部门根据销售合同编制发货通知单，分别通知仓库备货和企业内部运输部门办理发货。

（2）货物发出后，销售部门根据仓库签收的发货通知单开具销售发票，登记产成品明细账。

（3）运输部门在办理托运手续后，将提货单和运单送交销售部门，销售部门将其与销售发票一并送交会计部门。

（4）会计部门审核无误后，开具代垫运费清单，并通知出纳人员办理货款结算，同时进行账务处理。

2. 合同发货制销售与收款业务流程控制的要点

（1）销售开票、发货、收款和记账分管。

（2）严格按合同发运商品，结算货款。

（3）定期进行账账、账实核对。

（二）非合同发货制销售与收款业务处理程序

1. 非合同发货制销售与收款业务处理程序的要点

（1）销售部门根据客户要求和产品价格目录开具销售发票。

（2）经销售部门主管（可以授权销售人员）和会计部门主管审核后，授权出纳人员收款。

（3）仓库根据已经付款的销售发票发货，并登记产成品保管账簿。

（4）销售部门和会计部门分别登记销售与收款业务的相关账簿。

2. 非合同发货制销售与收款业务流程控制的要点

（1）销售开票、发货、收款和记账分管。

（2）销售价格按有关标准（如价目表）执行并予以审核。

（3）一般情况下先收款后提货，减少坏账损失。

（4）定期进行账账、账实核对。

五、销售与收款业务内部控制审计的要点

销售与收款业务内部控制审计包括销售政策和销售定价的订立及审批，客户信用金额的订立、审批、复核及修改，销售合同的订立及审批的控制，销售程序的控制（销售订单、价格、信用控制及开票），产成品发运，销售入账和应收账款处理，销售退回，售后服务和客户关系，客户档案的建立、更新和复核。

（一）内部控制审计之前的调查

内部审计人员在对某公司的销售与收款业务进行内部控制审计之前，应制定调查问卷（如下）并开展调查。

销售与收款业务内部控制审计调查问卷

1. 公司的销售形式有哪几种？各种销售方式的比重如何？是否有现销？

2. 公司的主要产品有哪几种？

3. 公司销售部门的组织结构是怎样的？．

4. 公司是否有一份书面的销售政策（包括定价、信用、销售折扣、销售操作流程等）？现在的执行情况如何？

5. 产品的市场定价策略和审批方式是怎样的？是否有一个指导价格体系？

6. 公司是采用手工还是计算机系统对销售工作进行管理？请具体介绍一下。

（1）与产品相关联的系统价格表是怎样的？

（2）基于规则的定价体系（RBP）是怎样的？

7. 不符合价格体系的销售合同是否有审批程序？

8. 是否有一个统一的信用政策？该政策是否运用于公司所有的客户？信用政策的判断标准是怎样的？（请单选）

□信用额度

□信用周期

□以上两种方式的混合

9. 信用政策是否会有定期复核的程序？

10. 是否有负责信用政策审核的经理或岗位？该经理或岗位是否独立于销售部门和应收账款岗位？

11. 公司信用的确定、分级审批、复核的流程是怎样的？

12. 合同签订前的复核程序问题：

（1）是否有信用控制人员的复核？

（2）是否有价格控制人员的复核？

（3）是否需要法律顾问的复核？

13. 由谁在销售合同上签字？若非法人代表，那么是否有法人代表的书面授权程序？

---

14. 销售合同的归档和保管程序是怎样的？是否连续编号？

15. 销售订单和合同的审批放行程序是怎样的？

16. 是否存在核对订单、合同、发票和发货单的数量和金额的一致性的复核程序？若有，请介绍一下。

17. 发票开立、作废的控制程序是怎样的？

18. 请介绍仓库的发货流程，以及发货的单据复核流程。

19. 运输方式是怎样的？（可以多选）

☐客户自提

☐公司运输到客户处

☐委托承运人

20. 出库单、发运单是否事先连续编号？是否有人对归档单据的连续性进行检查？

21. 公司确认销售和应收账款的流程是怎样的？

22. 是否有流程保证应收账款及其销售的确认和相应的成本确认记录在同一个会计期间？

23. 管理层是否有定期复核所有销售资料分析（如毛利率分析等），并对异常的变化进行追踪调查的流程？

24. 如果使用系统的销售模块，那么是否有一个定期核对的过程以保证每笔应收账款的销售信息准确地传递到财务模块？

25. 是否有经理或岗位负责复核客户应收账款的所有调整和坏账准备提取或冲销的流程？

26. 是否至少每月制作应收账款账龄分析表？是否对逾期的就收账款采取了相应的措施？

27. 对于预收和从客户处退回的金额是否使用有别于应收账款的其他账户进行记录？

28. 公司的销售退回和售后服务的政策是怎样的？是否有独立的职能，如客户服务部门或客户服务经理？

29. 公司的销售退回和客户服务的流程是怎样的？相关操作人员是否熟悉该流程并按流程操作？

30. 公司是否有对外的可量化的客户服务和保修承诺（如几天内返修）？保修承诺的审核和确认程序是怎样的？

31. 对于公司的客户服务或保修承诺，财务部门是否了解？在账上预提相关费用的操作流程是怎样的？

32. 公司是否有客户数据库？

（1）如果是手工管理，是否有专人管理所有客户的数据？

（2）若使用系统，系统中是否建立了客户信息的主文件？

（3）该数据库中包括客户的哪些主要信息？

33. 公司限制人员接触客户数据库的政策和相关的审批及复核流程是怎样的？

34. 公司客户信息的更新流程是怎样的？

35. 如果使用销售管理系统，那么是否有接口来向仓库和财务部门传递信息？

36. 在现在的工作中，您最担心或最关心的事是什么？

（二）销售政策、销售定价的订立和审批内部控制审计的要点

销售政策、销售定价的订立和审批内部控制审计的要点如表4-2-1所示。

表4-2-1　销售政策、销售定价的订立和审批内部控制审计的要点

序号	控制目标	控制活动	审计程序
1	公司有符合公司战略目标的书面销售政策，该销售政策符合管理层的意志，并在公司内部贯彻执行	1.1 公司有关部门制定的销售政策有相关部门领导的会签，经高级管理层审批后下发到相关部门	（1）与市场部门、销售部门、财务部门或其他相关人员进行访谈，了解销售政策制定的依据和相关的市场经济信息和市场策略，以及参与制定销售政策的人员和下达到部门的情况等
		1.2 销售政策的执行部门了确良解公司的销售政策，并将该政策运用于实际销售活动中	（2）获得书面的销售政策范本 （3）对档案进行检查，查看是否有高级管理层的签字或确认 （4）询问执行部门的操作人员，判断其了解销售政策及执行的程度
		1.3 销售政策应定期更新	（5）查看销售政策范本是否得到及时更新
2	公司有一份体现管理层意志的价格体系表，价格体系表符合销售政策	2.1 价格体系表的制定需财务部门、市场部门、销售部门等部门多方配合，制定价格体系表符合公司的销售政策，由公司高级管理层审核其合理性并签字确认	（1）通过交叉性询问了解价格体系制定的步骤，确定公司的相关部门是否参与其中 （2）评估价格体系表与销售政策的符合程度 （3）获得最近颁布的三张价格体系表，检查相关文件，确定是否有公司高级管理层复核的签字确认 （4）查看近期的毛利率分析表，就异常情况（如销售负利润）进行追踪，了解原因
		2.2 公司使用的系统软件中有标准价格的设定，并且只有公司管理层有权限在系统中放行该价格体系	（1）在IT部门的协助下，了解系统价格体系的建立、更正和放行情况 （2）在IT部门的协助下，获得可以修改价格体系的人员的名单并进行认真调查，以保证名单上的人员都有管理层的授权 （3）在IT部门的协助下，获得可以放行价格体系（即授权系统使用该标准价格）的人员的名单并进行调查，以保证名单上的人员均得到高级管理层的授权

（续表）

序号	控制目标	控制活动	审计程序
3	只有正确有效的信息可以被录入到价格体系表中	3.1 所有价格体系表的更新都必须填写正式的书面更新申请表，并予以归档备查 3.2 价格体系表的建立和修改单据都应由适当管理层对照销售政策进行审批	（1）与价格体系表的制定部门相关人员进行访谈，了解价格体系表的建立和更新流程 （2）对照销售政策，评估更新流程与政策的符合程度 （3）采用判断抽样的方法从归档文件中抽取____份最近的销售定价修改申请表样本，查看是否有相应管理人员的审批签字 （4）追踪到最近的一张价格体系表，查看其是否根据授权的销售定价修改申请表进行了更新
4	所有成熟的、可以提供给客户的产品信息均在价格体系表上得以反映	4.1 加入新产品价格信息需要填写价格变更申请表，该申请表应连续编号	（1）交叉询问新产品价格信息录入价格体系表的流程 （2）检查销售定价修改申请表是否连续编号 （3）采用判断抽样的方法抽取____张价格体系表，查核新产品录入此表是否有相关审批
		4.2 管理层定期复核价格体系表所包含信息的准确性、相关性和完整性	（1）询问管理层对于定期复核价格体系表的事项，评估其对于该控制点的认知情况 （2）获取价格体系表复核报告，检查管理层的复核签字 （3）检查信用复核报告的日期，判断复核频率，并与销售政策相对照看贯彻情况 （4）询问管理层如何确保价格体系表的完整性，就询问结果作进一步抽样测试
5	价格体系表可以在需要时为使用者提供关键的信息	5.1 价格体系表制定的过程中有使用者的参与，保证该表符合使用者的要求	（1）与价格体系表的制定部门及使用部门进行访谈，了解使用者在价格体系制定中的参与程度 （2）与价格体系表的使用者进行访谈，评估价格体系表是否符合使用者的要求
		5.2 价格体系表下发到具体的使用者	（3）了解价格体系表是否下发到使用者，该使用者是否得到恰当的授权接触该信息
		5.3 价格体系表有专人负责维护，并有完善的备份制度	（1）与价格体系表的存盘部门进行访谈，了解是否有价格体系表的维护规定，以及保管情况 （2）若使用了系统中的价格体系，则检查该档案是否纳入了日常的备份计划中

（续表）

序号	控制目标	控制活动	审计程序
5	价格体系表可以在需要时为使用者提供关键的信息	5.4 价格体系表定期更新，以反映最新的市场情况	（1）与销售部门和市场部门管理层进行访谈，询问是否有定期更新的制度 （2）获得最近三个月的价格体系表，确认更新情况，检查管理层的签字确认
6	只有经过授权的人员才能够接触价格体系表	6.1 系统中为价格体系表的使用者设立了使用或修改的不同权限	（1）与 IT部门相关人员进行访谈，了解其权限设置 （2）获得所有可以访问或修改系统中价格体系的人员的清单 （3）基于"按需分配"原则评估清单上的人员是否被恰当地分配了权限 （4）检查相应的访问授权申请单据，查看是否有管理层的签字确认
		6.2 对价格体系表的使用和修改有经过管理层适当授权	同3
7	销售预测被准确地制定，并体现管理层的意图	7.1 销售部门基于科学的方法制定销售预测	（1）与销售部门制定销售预测的相关人员进行访谈，了解销售预测的制定过程，以及使用的方法和参考信息 （2）获得销售预测的文件样本，复核其制定方法的合理性 （3）采用判断抽样的方法从销售预测文件中抽取____份预测文件，查看是否有适当管理层的签字确认
		7.2 销售预测被定期滚动更新，并经过管理层的批准	（1）与市场部门、销售部门、财务部门或其他相关人员进行访谈，了解销售预测定期更新的情况，判断其是否成为一个制度被执行贯彻 （2）获得预测更新的书面文件，如更新后的预测、更新的批示、电子邮件等，复核其更新频率和相关的管理层审批确认
		7.3 管理层审核并认可销售预测	同7.1

（三）客户信用金额的订立、审批、复核和修改内部控制审计的要点

客户信用金额的订立、审批、复核和修改内部控制审计的要点如表4-2-2所示。

表4-2-2　客户信用金额的订立、审批、复核和修改内部控制审计的要点

序号	控制目标	控制活动	审计程序
1	信用政策反映了公司所处市场经济环境，并符合公司管理层的意图和公司的整体战略目标	1.1 信用政策由独立于销售部门的其他部门根据市场经济情况、公司政策和市场战略进行制定	（1）向管理层询问公司是否设有独立的岗位负责信用管理 （2）与市场部门、销售部门、财务部门或其他相关人员进行访谈，了解信用政策制定的依据和相关的市场经济信息和市场策略，以及参与制定政策的人员和下达到部门的情况等 （3）获得书面的信用政策范本，对其进行检查，查看是否有高级管理层的签字确认
		1.2 信用政策经过高级管理层的审批，并且下发到相关部门	（4）根据了解到的政策下达部门，询问该部门的操作人员对政策的了解程度 （5）评估信用政策在相关部门贯彻执行的程度
2	信用额度的建立和修改符合管理层的意图和公司的信用政策	2.1 所有信用额度的申请都必须填写正式的书面表格，并予以归档备查	（1）与信用政策执行部门相关人员进行访谈，了解信用额度的申请流程 （2）对照信用政策，评估申请流程与政策的符合程度 （3）采用判断抽样的方法从归档文件中抽取____份信用额度申请单样本，查看是否有相应管理人员的审批签字 （4）追踪这些申请单到信用额度客户档案，查看档案是否被同步更新
		2.2 所有信用额度的修改都必须填写正式的书面表格，并予以归档备查	（1）与信用政策执行部门相关人员进行访谈，了解信用额度的修改流程和信用额度的制定依据 （2）对照信用政策，评估修改流程与政策的符合程度 （3）采用判断抽样的方法，从归档文件中抽取____份近期的信用额度修改单样本，查看是否有相应管理人员的审批签字 （4）追踪这些修改单到信用额度客户档案，查看档案是否被同步更新

（续表）

序号	控制目标	控制活动	审计程序
2	信用额度的建立和修改符合管理层的意图和公司的信用政策	2.3 信用额度的申请和修改单据应由适当管理层对照信用政策进行审批	同2.1和2.2
3	客户的信用额度能够真实地、及时地反映客户的实际情况	3.1 管理层定期复核客户的信用额度	（1）询问管理层对于定期复核信用额度的事项，评估其对于该控制点的认知情况 （2）获取信用复核报告，以及相关的支持文件，如客户最近的财务报表或还款历史记录等，并检查管理层的复核签字 （3）检查信用复核报告的日期，判断其复核频率，并与信用政策相对照其贯彻情况
		3.2 对于客户发生的突然情况，销售部门应及时将信息提供给信用管理部门，并提交变更申请	（1）与信用管理部门相关人员进行访谈，询问根据客户突发情况及时修改信用额度的流程 （2）复核及时修改信用额度的流程是否符合信用政策 （3）与销售部门相关人员进行访谈，询问销售人员对及时反映客户突发情况给信用管理部门的认知度 （4）采用判断抽样的方法从全部信用额度修改单中抽取____张近期因客户情况突然变更而产生的信用额度修改单，并追踪到信用额度客户档案，查看档案是否被同步更新
		3.3 信用管理部门统计信用额度的占用比率和出现超过额度特批情况的频率，出具信用额度分析意见，该意见由管理层复核	（1）与信用管理部门相关人员进行访谈，询问信用额度分析报表的情况 （2）获得最近三个月的信用额度分析报表，检查该报表是否有管理层的签署意见 （3）分析复核信用特批情况的频率，确认信用额度是否制定合理和正确
		3.4 客户档案中有关信用额度决策的支持文件，如客户的财务报表、还款记录等，管理层应定期复核	同3.1

（续表）

序号	控制目标	控制活动	审计程序
4	接触信用额度资料的人员均经过授权	4.1 销售系统中启动使用了信用额度控制，并在客户主档案文件中有单独的字段予以记录	（1）与IT部门管理销售系统的人员进行访谈，了解系统主文件的相关信息 （2）上线检查系统主文件的设置，查看是否包括信用额度的字段，是否该字段被启动使用 （3）在IT人员的协助下，取得可以访问客户档案的人员的清单，并确认其经过授权 （4）对于所有未经授权的出现在清单上的人员，调查其原因
		4.2 只有经过授权的人员才可以接触信用额度的相关信息	（1）与信用管理部门或客户数据管理部门相关人员进行访谈，询问客户数据包括的信息内容和保管方式，以及哪些人可以看到信用额度信息 （2）从相关文档中，如信用政策，查看对于限制接触的有关规定，并询问操作人员和信用信息管理者的认知度

（四）销售合同的订立和审批内部控制审计的要点

销售合同的订立和审批内部控制审计的要点如表4-2-3所示。

表4-2-3　销售合同的订立和审批内部控制审计的要点

序号	控制目标	控制活动	审计程序
1	确保订立的销售合同的合法性与完整性	1.1 公司制定模块化的标准合同模板，标准合同模板由公司法律顾问在相关部门协助下制定，总经理签字批准	（1）与营销人员进行访谈，了解公司是否有标准化合同模板，该模板是否由法律顾问定期复核 （2）获得标准化合同模板，检查是否有总经理的签字确认 （3）了解标准化合同模板是否定期由经法律顾问审核，并复核其书面的审计轨迹
		1.2 法律顾问定期根据国家相关法律法规对标准合同模板进行复核	
		1.3 合同的制作以标准合同模板为准，按具体需要使用相关的模块，法律顾问审核合同的合法性并签字确认	（1）与合同控制部门相关人员进行访谈，了解合同审批过程是否使用合同评审单以及合同评审单与合同一起流转的过程，了解合同的制作是否以标准化合同模板为依据

（续表）

序号	控制目标	控制活动	审计程序
1	确保订立的销售合同的合法性与完整性	1.3 合同的制作以标准合同模板为准，按具体需要使用相关的模块，法律顾问审核合同的合法性并签字确认	（2）采用判断抽样的方法抽取＿＿张合同评审单，检查上面是否有各评审部门的签字确认、总经理的签字确认和法律顾问的签字确认 （3）是否有仓库部门或生产部门对生产能力或交货期的保证确认
2	销售合同经过适当审批，符合公司的各项政策及规定	2.1 公司在合同审批过程中使用合同评审单，价格控制、信用控制等部门审核未签订合同并在合同评审单上签字	同1.3
		2.2 公司有合同审批制度，该制度明确各合同控制部门审批的方式、权限、程序、责任和相关控制措施，并经高级管理层核准后执行	（1）与公司领导层进行访谈，了解公司是否有经高级管理层批准的合同审批制度 （2）了解补充合同签订的流程，相关具体审计程序视同新合同签订 （3）获得公司的审批制度，检查是否有管理层的签字确认
3	确保公司所签订的销售合同可以按时完成，避免出现交货违约风险	3.1 销售合同在审批过程中由生产部门进行交期审核，审核通过后生产部门在合同评审单上签字确认	同1.3
		3.2 公司有交货期确认程序，合同签订前销售人员向生产部门查询合同交货期是否超出生产能力	（1）与销售人员进行访谈，调查合同制定前是否有交货期确认的过程或者他是以何种方式了解交货期限制的 （2）获得书面的审计轨迹，如电话记录、电子邮件存档等，并检查相关人员执行情况 （3）了解销售部门或者其他部门有无登记或统计销售合同完成情况的流程，并获得相关的文件，如销售合同登记表等以确认销售合同的签订日期、内容和管理层的复核
		3.3 有专人对销售合同的执行情况进行登记管理并进行分析	
4	销售合同签章人是有管理层授权的合法的企业代表人	4.1 公司有经管理层批准的分级授权制度，该制度中规定相应人员的签字权限	（1）与公司管理层进行访谈，了解哪些人员被授权可以代表公司在合同上签字 （2）获得被授权的人员的名单，检查每个人被授权的额度

序号	控制目标	控制活动	审计程序
4	销售合同签章人是有管理层授权的合法的企业代表人	4.2 经批准的代表公司签订合同的人员有公司高级管理层签发的书面授权书	（3）获得并检查书面的授权书是否有高级管理层的签字 （4）采用判断抽样的方法，抽取____份合同，对照签字人授权额度，检查是否有签字人超过授权额度的现象
5	所有签订的销售合同均得到妥善保管	5.1 销售合同连续编号	（1）与销售合同保管人员进行访谈，了解销售合同是否连续编号 （2）查阅归档的销售合同，检查连续编号情况
		5.2 销售合同的保管由专人负责，销售合同的借出有相应的审批及登记程序	（1）与营销部门相关人员进行访谈，调查销售合同是否由专人保管 （2）与销售合同保管人员进行访谈，了解销售合同的借阅的控制程序 （3）获得出借记录，检查其是否有出借人的签名、时间和归还期限制
		5.3 销售合同存放地点有足够的物理安全保障	（1）实地观察合同保管地点，判断是否有足够的安全措施 （2）询问合同保管人员合同遗失的补偿性措施

（五）订单处理和开票内部控制审计的要点

订单处理和开票内部控制审计的要点如表4-2-4所示。

表4-2-4　订单处理和开票内部控制审计的要点

序号	控制目标	控制活动	审计程序
1	销售订单只处理经管理层授权的成熟的公司产品或服务	1.1 经管理层审核的公司标准产品名录和价格体系表下达到销售部门和市场部门员工并执行	（1）与销售部门员工进行访谈，了解操作人员对公司标准产品名录和价格体系表的认知程度，交叉询问不同的员工在其实际工作中执行产品名录和价格体系的程度 （2）根据交叉询问的结果评估产品名录和价格体系表在相关部门贯彻执行的程度
		1.2 销售订单在发给客户前经销售部门管理层审核	（1）与销售部门管理层进行访谈，询问销售订单的核准过程和审核内容，确认是否包括了对产品名称和销售单价、折扣的确认

（续表）

序号	控制目标	控制活动	审计程序
1	销售订单只处理经管理层授权的成熟的公司产品或服务	1.2 销售订单在发给客户前经销售部门管理层审核	（2）取得销售订单的文件，用用判断抽样的方法，抽取____张销售订单，查看其是否有销售部管理人员的签字确认 （3）把审计程序（2）所选样本的产品对照标准产品名录，查找是否有在名录上无法找到的项目，并调查原因 （4）把审计程序（2）所选样本的产品对照经批准的价格体系表，查看销售单价和折扣比率是否均能够在体系表上找到，若非如此，则需调查原因
		1.3 价格偏离价格体系规定的销售订单均经销售部门高级管理层的特别审批	（1）与销售部门管理层进行访谈，询问是否经常有偏离价格体系定价的销售订单，以及相应的处理程序 （2）取得此类销售订单的文件，采用判断抽样的方法从中抽取____张销售订单，查看其是否有销售部门高级管理层的签字确认或者批示意见
		1.4 分级授权审批销售价格	（3）寻找未有书面特别批准例外的情况，调查其原因 （4）取得并查看价格审批的分级授权表
2	销售订单遵循公司的价格体系或标准	2.1 经管理层审核的公司标准产品名录和价格体系表下达到销售部门和市场部门员工并执行	同1.1
		2.2 销售订单在发给客户前经销售部门管理层审核	同1.2
3	所有销售订单和销售合同均及时地得到处理，并递交到发货和服务部门	3.1 公司业务操作流程中说明了销售订单处理的时间标准，并下达经办人员执行	（1）与销售部门、市场部门、信用控制部门等订单执行部门相关人员进行访谈，了解是否有销售订单处理的流程文件和要求的时间间隔 （2）对照订单处理的流程文件的时间要求，评估经办人员执行流程的情况和执行效率 （3）采用判断抽样的方法从归档的销售订单列表中抽取____张销售订单，追踪样本到相应的发货单据，查看日期的变化以评价销售订单的处理时间是否符合要求

（续表）

序号	控制目标	控制活动	审计程序
3	所有销售订单和销售合同均及时地得到处理，并递交到发货和服务部门	3.2 使用内部文件，记录并追踪所有的销售订单处理情况，对较长时间未处理的订单及时调查原因	（1）询问销售订单处理部门使用内部控制的文件追踪销售订单处理的情况 （2）获得最近三个月的销售订单控制文件，查找尚未关闭的销售订单，是否已有相关人员适当跟进 （3）对于未及时跟进的销售订单，调查其原因并提交审计发现与建议书
		3.3 管理层定期复核系统中的销售订单列表，查看异常销售订单状态，并及时调查原因	（1）交叉询问销售订单处理部门定期提交给管理层未完销售订单报告的情况，交叉询问相关管理层人员定期复核该报告的情况 （2）获得最近三个月的未完销售订单报告，查看管理层复核留下的签字确认和日期，评估定期复核制度的有效性 （3）对于未及时予以复核的未完销售订单报告，向管理层询问原因以及替代定期复核的措施
		3.4 使用电子接口传送批准放行后的销售订单到仓库备货	（1）与IT部门相关人员进行访谈，询问是否了解系统中的销售订单的流程，包括输入、授权、信用检查、放行以及传输到仓库的过程，以及该过程所需的时间 （2）实地观察操作人员输入销售订单的过程，以及仓库接收经授权放行的销售订单的过程 （3）交叉询问IT部门和业务部门关于未通过信用检查的销售订单情况 （4）在IT人员的协助下，寻找一个超过信用额度的客户，在系统中输入一个测试销售订单，观察其是否被系统实时挂起，测试结束后由IT人员将该销售订单手工关闭 （5）在IT人员的协助下，采取判断抽样的方法从系统的日志文件或放行列表中抽取最近的____笔被手工放行的挂起销售订单记录，追踪到相应的书面审批文件，如信用额度宽限申请书、管理层审批意见等，查看管理层的签署意见和签字确认
		3.5 所有的销售订单在合同签订前都按管理层批准后的信用政策进行了信用检查	（1）与销售部门管理层进行访谈，询问合同签订前信用检查的流程和相关信息 （2）采用判断抽样的方法从归档的合同审批表中抽取____张合同审批表，查看是否有信用控制经理的签署意见和签字确认

（续表）

序号	控制目标	控制活动	审计程序
3	所有销售订单和销售合同均及时地得到处理，并递交到发货和服务部门	3.6 所有未通过信用检查的销售订单均须管理层分级授权后才可以放行	（1）与处理销售订单业务的相关部门进行访谈，了解销售订单授权放行的流程和相关信息 （2）获得销售订单的内部控制文件的历史记录，对于其中手工放行的销售订单使用判断抽样的方法从中抽取____笔记录，追踪到书面的授权记录，如信用额度宽限申请书、管理层审批意见等，查看管理层的签署意见和签字确认 （3）取得信用审批的分级授权表
		3.7 系统中自动挂起无法通过信用检查的销售订单，等待管理层授权放行	同3.4
4	销售业务中不兼容职责之间具备必要的职责分工	4.1 销售订单的填制人员、发货人员和记录销售的人员由不同部门的不同员工担任	（1）交叉询问管理层和业务部门的操作人员，是否了解销售订单、记录和发货业务的职责分工 （2）若无法满足职责分工的要求，则询问管理层是否有定期复核业务报告的制度，如复核销售订单列表、发货记录等 （3）查看相关文件，确认管理层定期复核业务报告的书面证据，如签字、批注等
		4.2 管理层定期复核销售订单列表和发货记录	
5	开立的销售发票准确地反映了交易的相关信息	5.1 经办人员核对销售订单/合同、出库单，以及经管理层批准的价格体系表后开具销售发票	（1）与财务部门开票人员进行访谈，了解开票前相关单据核对的流程，包括订单、合同、出库单、价格体系表等，了解是否有独立于经办人员的其他人对发票的准确性进行再确认 （2）实地观察发票开产的过程，确认发票开立之前相关单据已经过核对，观察发票在送交客户之前由第三人对信息进行复核的过程 （3）检查发票信息核对的书面审计轨迹，采用判断抽样的方法抽取____张发票复核单据，检查其是否有复核人的签章 （4）采用判断抽样的方法抽取____套订单、出库单和发票，核对金额和数量
		5.2 由独立于经办人员的其他人员核对发票上的客户名称、地址、银行账号、纳税人识别号等信息	

（续表）

序号	控制目标	控制活动	审计程序
6	开立的销售发票及时交给客户	6.1 公司发票开立后立即使用邮递挂号信的方式寄给客户	（1）交叉询问销售部门和财务部门的开票人员，了解发票递交给客户的方式和时间间隔要求 （2）实地观察发票邮寄或递交销售人员的过程，确认发票被及时地送出和处理 （3）检查销售人员签收发票的控制档案，确认均有销售人员的签字确认
		6.2 开立的发票通过销售人员交给客户，销售人员应在发票的控制档案上签收	
		6.3 公司要求客户收到发票后给出确认	（1）交叉询问销售部门和财务部门，了解发票交给客户后公司是否要求客户进行确认，以及确认的方式 （2）检查书面的审计轨迹，如客户确认的电子邮件、传真或电话记录、对账单等，检查客户的签章确认和日期
7	发票的开立和作废得到管理层的监控，符合国家发票管理的相关法规制度	7.1 有内部文件记录所有发票的开立和作废情况，该档案由管理层定期审核	（1）与财务部门相关人员进行访谈，了解发票的开立和作废的控制过程、使用的控制档案、管理层的审核要求等信息 （2）检查发票登记簿，查看作废和跳号记录，向经办人询问原因 （3）采用判断抽样的方法抽取＿＿笔作废发票的记录，追踪到作废发票，确认全部可以匹配，发票上注明了"作废"字样 （4）检查发票登记簿上管理层复核的签字确认
		7.2 作废的发票单独存放，并进行登记	
		7.3 公司增值税发票使用机器开立	（1）与财务部门相关人员进行访谈，了解增值税发票开立的方式和流程、开票用计算机和磁卡设备的保安措施，以及使用系统接口的情况 （2）询问系统权限的设置 （3）实地检查开票用计算机和磁卡设备的安全环境，确认有物理上的保安措施和防病毒软件的保护 （4）实地检查开票用磁卡的保管情况，确认防火、防盗、防磁、防止未经授权人的接触等措施
8	出口退税申报及时	8.1 出口货物的销售订单开立以后，需尽快申报出口退税	采用判断抽样的方法抽取＿＿张出口退税申报表，查核日期与销售订单的日期是否相差很远，发票是否出现在出口退税申报表上

（六）产成品发运内部控制审计的要点

产成品发运内部控制审计的要点如表4-2-5所示。

表4-2-5　产成品发运内部控制审计的要点

序号	控制目标	控制活动	审计程序
1	产品的发出符合经批准的销售订单	1.1　仓库人员应检查销售订单或指令是否有符合公司政策的审批手续	（1）与仓库或其他相关人员进行访谈，询问发货控制流程 （2）采用判断抽样的方法抽取____份样本，检查是否有管理层的复核签字，并跟踪至相应的销售订单，查看内容是否相符 （3）采用判断抽样的方法抽取____份销售人员核对出库情况的报告的样本，查看销售部门核对销售订单的情况
		1.2　应由独立于备货的人员核对实际的备货是否符合相应的已经批准的销售订单，并批准产成品出库	
		1.3　仓库人员应定期将产品出库情况报告给销售部门，销售部门定期检查销售订单的执行情况	
2	产品的发出经过合理的手续	2.1　所有运输产品的交通工具出厂都应由安全人员检查放行手续是否完备	（1）询问相关部门如保安部门和仓库等，了解出库货物的大门放行程序 （2）采用判断抽样的方法从书面放行记录中抽取____份样本，检查产品发运的放行记录 （3）如无书面放行记录，则实地观察产品发运的放行情况
		2.2　所有出库的产品应有适当的签收	（1）询问仓库在发货时收货人或货物承运人的签收情况 （2）采用判断抽样的方法从归档的出库单或装箱单中抽取____份样本，检查是否有收货签收 （3）询问管理层有关承运合同的制定审核流程 （4）采用判断抽样的方法抽取____份承运合同，查核相关条款是否确保公司利益，并查看管理层和法律顾问的签字
		2.3　承运合同应经过管理层签字和法律部门审核	
3	所有发运的产品都已正确地、及时地记录并开出发票	3.1　所有产品的发运记录都经过必要的复核并核对原始出库单据	（1）与仓库或其他相关人员进行访谈，询问有关发货与开票的控制流程 （2）检查入库单或发运单，确认单据是连续编号的 （3）采用判断抽样的方法从发货记录中抽取____份样本，跟踪至出库单等原始单据，检查记录是否与原始单据内容一致，检查样本的复核签字
		3.2　对所有的发货，包括销售发货、内部领用等，均在专门的登记本/台账上登记，并有专门人员检查是否所有的销售发货都已开出发票	

（续表）

序号	控制目标	控制活动	审计程序
3	所有发运的产品都已正确地、及时地记录并开出发票	3.3 出库单或发运单据是连续编号的，并对其连续使用情况进行检查	（4）采用判断抽样的方法从原始出库单据中抽取___份样本，跟踪至发货登记本，检查其内容是否一致 （5）确认登记本上是否有已开发票的记录，并跟踪至发票，检查发票开出期间是否与发运期间一致
4	所有发运的产品的成本已正确地、及时地（在恰当的会计期内）转入销售成本账户	同3.1	同3
		4.2 成本转账凭证制作及过账经过适当管理层的复核	（1）采用判断抽样的方法从销售成本结转凭证中抽取___份样本，检查制作人和复核人的签字 （2）跟踪抽取的样本到明细账，检查该笔金额是否已经入账
		4.3 定期复核销售成本、应收账款、存货等管理报表，对重大的波动进行分析	（1）询问管理层关于销售和成本报表复核的事项 （2）采用判断抽样的方法抽取3～4个月分析复核的书面记录（按审计范围为12个月为例），查看是否有管理层的复核的签字确认

（七）销售入账和应收账款内部控制审计的要点

销售入账和应收账款内部控制审计的要点如表4-2-6所示。

表4-2-6　销售入账和应收账款内部控制审计的要点

序号	控制目标	控制活动	审计程序
1	所有产品的销售收入及应收账款都正确、完整、及时地（在恰当的会计期内）记录	1.1 销售收入及应收账款的操作流程符合公司的确良财务政策和会计手册的要求	（1）与财务部门或其他相关人员进行访谈，了解销售收入及应收账款控制方面的操作流程 （2）对照公司的财务政策和会计手册的要求，评估销售收入反应的账款符合性 （3）采用判断抽样方法从应收账款借方转账凭证中抽取___份样本，检查凭证制作人及复核人签字，并跟踪相应的出库单、发运单、发票等原始单据，检查入账时间是否正确，单据内容是否与凭证相符
		1.2 应收账款及销售收入的凭证应由制作人以外的财务人员核对相应的出库单、发运单等原始单据	

（续表）

序号	控制目标	控制活动	审计程序
1	所有产品的销售收入及应收账款均正确、完整、及时地（在恰当的会计期内）记录	1.3 对所有的发货在专门的登记本上登记，并有专人来检查是否所有的应确认的应收账款及销售收入已被正确记录	（1）检查发货登记本，已登记的项目是否进行了账务处理 （2）采用判断抽样的方法从发货登记本的发货栏中抽取___份样本，检查出库单或送货单，并跟踪至凭证及应收账款明细账，看入账时间与入账内容是否相符
		1.4 对在会计期前后发生的发运进行追踪和必要的调节，以确保销售产品的应收账款及销售收入记录于正确的会计期	（1）抽取会计期末前___天至会计期末后___天所有的出库单 （2）跟踪至相应的发票、凭证和会计账目，检查单据内容是否一致，入账会计期是否正确
		1.5 定期复核销售成本、应收账款、存货等管理报表，对重大的波动进行分析	（1）询问管理层关于销售和成本报表复核的事项 （2）采用判断抽样的方法抽取3~4个月分析复核的书面记录（按审计时间范围为12个月为例），查看是否有管理层复核确认
		1.6 定期向代销商发函证，及时取得代销数量及产品余额，并及时确认销售收入及应收账款	（1）采用判断抽样的方法从代销商名录中抽取___份样本，检查公司与代销商之间，审计期间内的函证是否按公司要求间隔进行 （2）调查回复函证的差异，应跟踪至调节表、相应的调整凭证和明细账，检查账务处理是否及时、内容是否正确
		1.7 定期检查分期付款销售清单，及时确认相应的销售收入及应收账款	（1）采用判断抽样的方法从分期付款销售合同中抽取___份样本 （2）跟踪至分期付款销售清单，并按照合同确认的时间跟踪至相应的明细账及凭证，检查入账时间及内容是否准确
		1.8 定期与客户进行函证，确认应收账款余额	（1）采用判断抽样的方法从应收账款明细账中抽取年交易量最高的___份客户样本，检查其函证是否按公司要求的间隔进行 （2）对比回函的余额与相应期间的明细账的余额是否一致，函证余额与客户确认的余额是否一致

（续表）

序号	控制目标	控制活动	审计程序
1	所有产品的销售收入及应收账款均正确、完整、及时地（在恰当的会计期内）记录	1.8 定期与客户进行函证，确认应收账款余额	（3）如果回复函证余额与客户确认余额不一致，则应跟踪至调节表，并调查原因
		1.9 现销中应职责分离	（1）与财务部门和销售部门相关人员进行访谈，了解现销中的职责分离，若无，则询问相关补偿性控制 （2）询问相关部门销售退回的流程
2	所有销售退回产品引起的应收账款冲回均正确、完整、及时地（在恰当的会计期）记录	2.1 应收账款冲回的凭证应由制作人以外的财务人员核对相应的销售退回单、入库单等原始单据	（1）询问财务部门相关人员关于销售退回引起应收账款冲回的操作流程 （2）采用判断抽样的方法从应收账款贷方的转账凭证中抽取____份样本，检查凭证制作人及复核人签字 （3）跟踪相应的销售退回单、入库单等原始单据，检查入账时间是否正确、据内容是否与凭证相符
		2.2 对所有的销售退回在专门的登记本上登记，并设置专门人员检查是否所有的应收账款均已冲回	（1）检查销售退回登记表，是否对已进行账务处理的项目进行登记 （2）采用判断抽样的方法从销售退回单中抽取____份样本，跟踪至销售退回登记本的记录
		2.3 销售退回单是事先连续编号的，检查其是否连续使用	（3）检查销售退回单，确认其是连续编号的 （4）跟踪至入库单、凭证及应收账款明细账，检查入账时间和入账内容是否相符
		2.4 对在会计期前后发生的销售退回进行追踪和必要的调节，以确保销售退回记录于正确的会计期	（1）抽取会计期末前____天至会计期末后____天所有的销售退回单 （2）跟踪至相应的入库单、凭证及会计账目，检查单据内容是否一致、入账会计期是否正确
		同1.8	同1.8
		2.6 退货后应及时取得红字发票或取回原来的发票	采用判断抽样的方法从已经归档的销售退回文档中抽取____份文本，通过日期追踪相关的红字发票或原来的发票，查核是否及时取得；若无红字发票或原来的发票，则查核原因

（续表）

序号	控制目标	控制活动	审计程序
3	所有的收款均正确、完整、及时地（在恰当地会计期内）记录	3.1 应收账款的收款凭证应由制作人以外的财务人员核对相应的收款单据等原始单据	（1）询问财务人员关于收款凭证的制作过程 （2）采用判断抽样的方法从应收账款贷方的收入凭证中抽取___份样本，检查凭证制作人和复核人的签字 （3）跟踪相应的银行单据等原始单据，检查入账时间是否正确、单据内容是否与凭证相符
		3.2 对于现金折扣，应有相应的复核审批手续	（1）与销售部门和财务部门相关人员进行访谈，了解现金折扣的审批程序 （2）采用判断抽样的方法从财务费用的现金折扣明细账中抽取___份样本，检查其现金折扣的审批手续是否齐全 （3）查看现金折扣的计算是否正确，并跟踪至对应的应收账款明细账和银行账，检查入账金额是否正确
		同1.8	同1.8
4	保证应收账款的安全	4.1 应收账款的操作人员应与收款、销售、仓库等工作职责分离	同1.1
		4.2 公司建立应收账款催收程序，定期制作已超信用条款的客户清单，并由专人进行催收	（1）询问相关部门，了解应收账款的催款程序 （2）检查超过信用条款的客户清单，是否有制作人和相关管理人员的签字 （3）采用判断抽样的方法从超过信用条款的客户清单中抽取___份样本，跟踪至相应的催收信件或其他催收措施
		4.3 定期复核应收账款清单，检查清单上的客户是否是经过管理层信用批准的有效客户	（1）从系统中或管理层处获得经过信用批准的客户清单 （2）采用判断抽样的方法从应收账款明细清单中抽取___份客户样本，对照审计程序（1）中取得的客户清单，检查客户是否属于该清单范围

（续表）

序号	控制目标	控制活动	审计程序
4	保证应收账款的安全	4.4 财务人员定期制作应收账款账龄分析表，并经适当管理层复核	（1）询问财务部门是否每月制作应收账款账龄分析表 （2）检查最近三个月的应收账款账龄分析表，是否有制作人和复核人的签字
		4.5 所有核销的坏账或对应收账款的调整应经管理层批准	（1）了解坏账核销的流程和审批程序对已核销坏账有无继续追溯的制度 （2）检查所有坏账核销凭证，跟踪至相应的审批单，检查审批手续是否齐全
		同1.8	同1.8
5	应收账款被正确地披露	5.1 会计期末制作应收账款清单，由专人检查应收账款余额为负数的客户，并在制作报表时进行必要的重分类调整	（1）询问财务部门相关人员对应收账款为负数的调整流程 （2）检查年末应收账款明细账，检查对所有负数余额进行的调查，并跟踪至年末报表，确认已进行必要的重分类调整

（八）销售退回内部控制审计的要点

销售退回内部控制审计的要点如表4-2-7所示。

表4-2-7　销售退回内部控制审计的要点

序号	控制目标	控制活动	审计程序
1	销售退回的政策根据市场和竞争者的情况制定，符合国家法律的规定，反映了管理层的意图	1.1 销售退回政策由相关部门，如市场部，参考行业标准和国家法律法规进行制订 1.2 销售退回政策经过高级管理层的审批，并且下发到销售部门、仓库和财务部门执行备查 1.3 销售退回政策经过公司法律顾问的复核，确保不和国家法规相违背	（1）与市场部门、销售部门、财务部门或其他相关人员进行访谈，了解销售退货政策制定的依据和相关的行业标准、国家规定，以及参与制定政策的人员和下达到部门的情况等 （2）获得书面的政策范本 （3）检查档案，是否有高级管理层的签字确认 （4）查看是否有法律顾问审核的审计轨迹，如签字等 （5）根据了解到的政策下达部门，询问该部门的操作人员对政策的了解程度评估退货政策在相关部门贯彻执行的有效程度

（续表）

序号	控制目标	控制活动	审计程序
2	仓库接受经适当审批的销售退回货物	2.1 公司由独立于销售部的部门根据退回政策接受和处理退回申请	（1）与销售退回执行部门相关人员进行访谈，了解退货处理的流程，是否按照政策执行退货，了解其职责分离的控制 （2）采用判断抽样的方法抽取____张退货的入库单，追踪到其相关支持文件，比照政策判断其接受退货的合理性 （3）查看入库单或其他档案上是否有退货的客户/承运人的签字确认 （4）追踪到相应的发票或红字发票，查看其信息和入库单是否一致 （5）查看管理层是否定期对销售退回进行分析性复核，包括频率、金额，以及跟进措施等
		2.2 公司有书面的销售退货申请单，管理层签字授权后仓库才会接受和处理货物退回	（1）与销售退回执行部门相关人员进行访谈，了解退货处理的流程，是否使用销售退货申请单 （2）采用判断抽样的方法抽取____张销售退货申请单，追踪到其相关支持文件，如入库单和管理层批示意见等，查看其是否有管理层的签字确认 （3）查看入库单或其他档案上是否有退货的客户/承运人的签字确认 （4）追踪到相应的发票或红字发票，查看其信息和入库单是否一致 （5）询问管理层销售退回的分级授权流程，并审核该流程是否被执行
3	减少销售退回的损失	3.1 管理层定期复核销售退回的货物，并分析退回原因	同2.1
4	销售退回的货物符合公司的政策	4.1 只有经过质量检验销售退回货物才能办理退库	（1）与仓库和质检部门相关人员进行访谈，了解其清点退回货物和质量检验的情况，以及毁损货物的存货管理 （2）进一步复核是否有质量检验/品质保证部门的签字确认 （3）查看入库单上仓库的签收数量是否与退货申请一致
		4.2 仓库办理退库时，进行数量清点，并与申请退库数量相核对	

（九）售后服务和客户关系内部控制审计的要点

售后服务和客户关系内部控制审计的要点如表4-2-8所示。

表4-2-8　售后服务和客户关系内部控制审计的要点

序号	控制目标	控制活动	审计程序
1	公司的售后服务政策参考了市场情况和行业标准，符合国家法律的规定，体现了管理层的意图	1.1 售后服务政策由各相关部门参考行业标准和国家法律法规进行制定 1.2 售后服务政策经过高级管理层的审批，并且下发到销售部门、客户服务部门和财务部门执行备查	（1）与售后服务政策的制定部门相关人员进行访谈，了解政策制定的过程、参与的人员、以及所考虑的主要因素 （2）获得书面的政策档案，查看是否有高级管理层的复核意见和签字确认 （3）对客户服务部门进行访谈，评估其了解和执行政策的程度
2	售后服务满足客户的需要，促进销售目标的实现	2.1 客户服务部门的员工了解市场部门、销售部门和客户服务部门的总体目标	（1）与客户服务部门的客户代表进行访谈，评估其了解公司市场和销售总体目标的程度 （2）对照获得的最新价格体系表，询问客户代表对公司产品和价格的了解程度，了解其是否能够获得公司最新的价格和产品信息
		2.2 定期进行客户满意度调查，并采取跟进措施	（1）与市场部门和客户服务部门相关人员进行访谈，了解其进行市场调查、客户满意度调查等问卷调查的政策和开展调查的流程 （2）检查相关的文件，如调查报告、记录、政策、授权和审批调查的档案等，确认经管理层复核，记录完整而有效
3	迅速而有效率地处理客户的询问、建议和投诉	3.1 公司对产品和客户的信息进行维护，并将其及时提供给客户服务部门	同2.1
		3.2 有一个独立的售后服务部门作为畅通的渠道对外服务于客户	（1）与客户服务部门管理层和基层员工进行访谈，了解其组织结构的设置方式和原因 （2）获得书面的档案，如部门的组织结构图、客户服务部门的管理报表等，进行复核

（续表）

序号	控制目标	控制活动	审计程序
3	迅速而有效率地处理客户的询问、建议和投诉	3.2 有一个独立的售后服务部门作为畅通的渠道对外服务于客户	（3）评价其运作管理模式对于处理客户询问效率的优劣 （4）询问客户服务部门的管理层，是否了解客户特殊投诉的审批流程 （5）获得客户投诉记录以及客户服务部门对此类情况的分析资料
		3.3 向客户服务部门的员工提供定期的客户服务培训	（1）与客户服务部门的客户代表进行访谈，询问其接受公司提供的培训和业务指导的情况 （2）获得书面的档案，如培训的考勤记录、培训日志、培训数据等，进行复核
		3.4 客户服务部门的员工对产品应有所了解	同2.1
		3.5 客户服务部的组织结构的设置考虑了产品线和地理位置等因素，以较为有效的方式运作管理	同3.2
		3.6 对于不符合一般售后服务政策的设有后续处理流程，如相关的审批等	
		3.7 对客户投诉进行记录并定期加以分析	
4	客户服务部门使用最新的定价和产品信息	4.1 客户服务部门有最新的产品价格体系表，并下发到员工	同2.1
		4.2 客户服务部门的代表有权限访问系统中最新的产品价格	（1）询问IT人员，了解系统中产品价格的访问权限的控制 （2）获得可以访问系统中产品价格主文件的人员的清单，复核是否包含有客户服务部门的人员

（续表）

序号	控制目标	控制活动	审计程序
5	识别潜在的和现存的客户，制定出符合客户要求的市场策略和客户关系策略	5.1 进行市场调查	同2.2
		5.2 市场部门评估定价战略，并与相近的竞争对手进行产品和定价比较	（1）与市场部门相关人员和高级管理层进行访谈，了解市场策略、定价策略和客户关系策略，以及市场部门采取的达成策略的相关内容
		5.3 高级管理层讨论并就市场策略和客户关系策略达成一致	（2）复核相关文件，如书面的策略文件、高级管理层会议纪要、市场调查报告、对手的研究比较分析报告等 （3）复核相关的策略文件是否有高级管理层的签核，会议纪要是否有大多数高级管理层的参与

（十）客户档案的建立、更新和复核内部控制审计的要点

客户档案的建立、更新和复核内部控制审计的要点如表4-2-9所示。

表4-2-9　客户档案的建立、更新和复核内部控制审计的要点

序号	控制目标	控制活动	审计程序
1	保证客户档案及时、准确、完整的反映客户信息数据	1.1 管理层定期复核客户档案中所包含信息的准确性和相关性	（1）获得书面的管理层定期复核客户档案的政策和程序说明 （2）与客户档案复核人员进行访谈，了解他们对政策的遵循程度，以及如何定义及发现过时的或不寻常的信息 （3）采用判断抽样的方法从其复核报告中抽取____份样本，查看其时效性和是否有相应管理人员的签字
		1.2 有政策规定销售部门或其他客户信息的来源部门及时把客户信息的变化反馈给档案维护人员	（1）获得客户档案及时更新的有关规定，查看是否有关于更新时限的相关规定 （2）与信息来源部门（如销售部门）相关人员进行访谈，了解规定执行情况 （3）采用判断抽样的方法从客户档案变更申请单中抽取____份样本，追踪到原始的凭据档案，确认变更申请单上的时间和原始单据上的时间是否有差异

（续表）

序号	控制目标	控制活动	审计程序
2	只有正确有效的信息可以被录入到客户档案中	2.1 所有客户档案的修改都必须填写正式的变更申请表，并归档备查	（1）与客户档案修改执行部门相关人员进行访谈，了解客户档案的修改流程，是否有与客户进行直接确认的过程
		2.2 由专人对客户档案变更申请表进行核对或直接与客户确认以保证其正确性	（2）对照客户档案修改政策，评估修改流程与政策的符合程度
		2.3 管理层批准客户档案变更申请表后，再进行客户档案的更新	（3）采用判断抽样的方法从归档的文件中抽取最近的____份客户档案变更申请表样本，查看是否有相应管理人员的审批签字 （4）追踪这些客户档案变更申请表到客户档案，查看档案是否被同步更新
3	所有正确有效的修改都被及时、准确地记录到客户档案中	3.1 客户档案变更申请表应连续编号	（1）与相关人员进行访谈，了解公司保证客户档案变更申请表被不遗漏地处理的控制措施 （2）检查客户档案变更申请表，确认其是否连续编号或测试其说明的完整性措施
		3.2 管理层定期审核客户档案以保证其完整性	同1.1
4	客户档案可以在需要时为使用者提供相关信息	4.1 基于"工作需要"的原则，客户档案被授权给使用者	（1）与客户档案使用部门（如销售部门）相关人员进行访谈，了解其是否有权限接触客户档案，以及授权的过程 （2）获取有权接触客户档案的人员名单，了解名单上人员是否基于"工作需要"的原则 （3）调查任何例外的情况
		4.2 客户档案由专人负责维护，并有完善的备份制度	（1）与客户档案存档部门相关人员进行访谈，了解是否有管理维护的相关规定，询问实际保管情况 （2）若使用系统进行客户档案的管理，则检查该系统中文件是否纳入了日常的备份计划中
		4.3 管理层定期审核客户档案以保证其可以反映客户的真实情况	同1.1

（续表）

序号	控制目标	控制活动	审计程序
5	只有经过适当授权的人员才能使用或修改客户档案	同4.1	同4.1
		5.2 只有经过管理层授权的人员才能接触系统中的客户主档案	（1）在IT部门的协助下，了解接触客户档案权限的有关规定 （2）在IT部门的协助下，获得可以接触系统中客户主档案的人员名单 （3）确定名单上的人员都得到必要的授权，并判断名单上的人员都有必要接触客户主档案 （4）对名单上的人员进行判断抽样，选取____名人员，追踪到书面的授权申请书，检查是否有管理层的签字确认

第3节　采购与付款业务内部控制审计实务

一、采购与付款业务内部控制的目标

采购与付款业务内部控制的目标如图4-3-1所示。

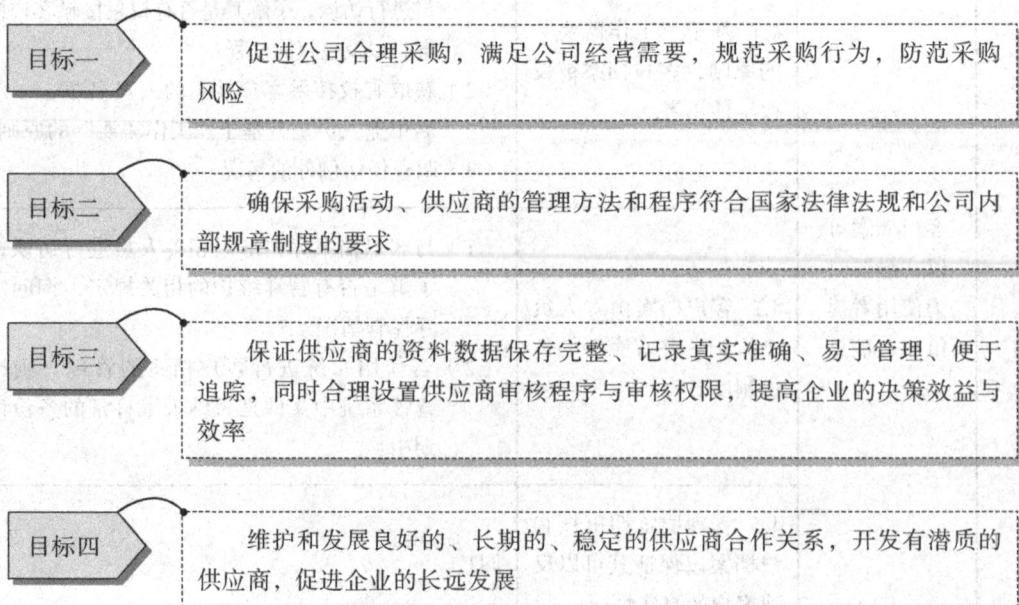

目标一　促进公司合理采购，满足公司经营需要，规范采购行为，防范采购风险

目标二　确保采购活动、供应商的管理方法和程序符合国家法律法规和公司内部规章制度的要求

目标三　保证供应商的资料数据保存完整、记录真实准确、易于管理、便于追踪，同时合理设置供应商审核程序与审核权限，提高企业的决策效益与效率

目标四　维护和发展良好的、长期的、稳定的供应商合作关系，开发有潜质的供应商，促进企业的长远发展

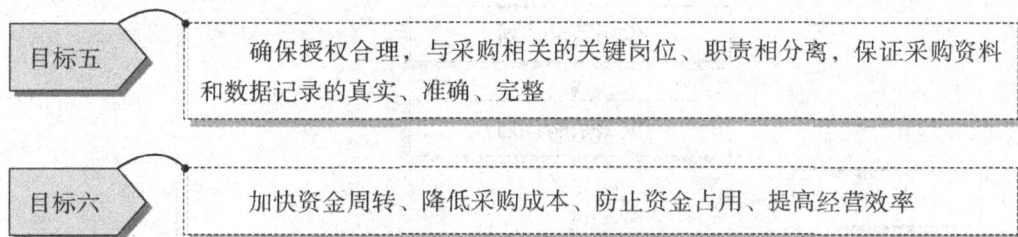

目标五 > 确保授权合理，与采购相关的关键岗位、职责相分离，保证采购资料和数据记录的真实、准确、完整

目标六 > 加快资金周转、降低采购成本、防止资金占用、提高经营效率

图4-3-1　采购与付款业务内部控制的目标

二、采购与付款业务中重要的职务分离

要对采购与付款业务进行内部控制，必须对一些重要业务的处理进行职务分离，具体内容如表4-3-1所示。

表4-3-1　采购与付款业务中重要的职务分离

序号	业务环节	职务分离
1	请购和审批	企业物品采购应由使用部门根据其需要提出申请，并经分管采购工作的负责人进行审批
2	供应商的选择和审批	企业应由采购部门和相关部门共同参与询价程序并确定供应商，但是决定供应商的人员不能同时负责审批
3	采购合同协议的拟定、审核和审批	企业应由采购部门下订单或起草购货合同并经授权部门或人员审核和审批
4	采购、验收和相关记录	企业采购、验收和会计记录工作职务应当分离，以保证采购数量的真实性，采购价格、质量的合规性，采购记录和会计核算的正确性
5	付款的申请、审批和执行	企业付款的审批人与付款的执行人职务应当分离，付款方式不恰当、执行有偏差，可能导致企业资金损失或信用受损

三、采购与付款业务的流程

采购与付款业务的流程主要涉及编制需求计划和采购计划、请购、选择供应商、确定采购价格、订立框架协议或采购合同、管理供应过程、验收、退货、付款、会计控制等环节，具体内容如图4-3-2所示。该图列示的流程适用于各类企业的一般采购与付款业务，具有通用性。企业在实际开展采购与付款业务时，可以参照此流程，并结合自身情况予以扩充和具体化。

```
┌─────────────────┐
│   编制需求计划    │
└─────────────────┘
         │
┌─────────────────┐
│   编制采购计划    │
└─────────────────┘
         │
┌───────┐         │
│ 请购  │─────────┤
└───────┘         │
         │
┌─────────────────┐
│   选择供应商      │
└─────────────────┘
         │
┌─────────────────┐
│   确定采购价格    │
└─────────────────┘
         │
┌───────────────────────┐
│  订立框架协议或采购合同  │
└───────────────────────┘
         │
┌─────────────────┐
│   管理供应过程    │
└─────────────────┘
         │
┌─────────────────┐
│     验收         │
└─────────────────┘
         │
      是否合格   ──否──→  取得发票
         │是                │
                         取得发票
   入库      取得发票          │
         │                   │
       付款                   │
         │                   │
      会计控制  ←──────────────┘
         │
┌─────────────────┐
│  对采购业务的评估  │
└─────────────────┘
```

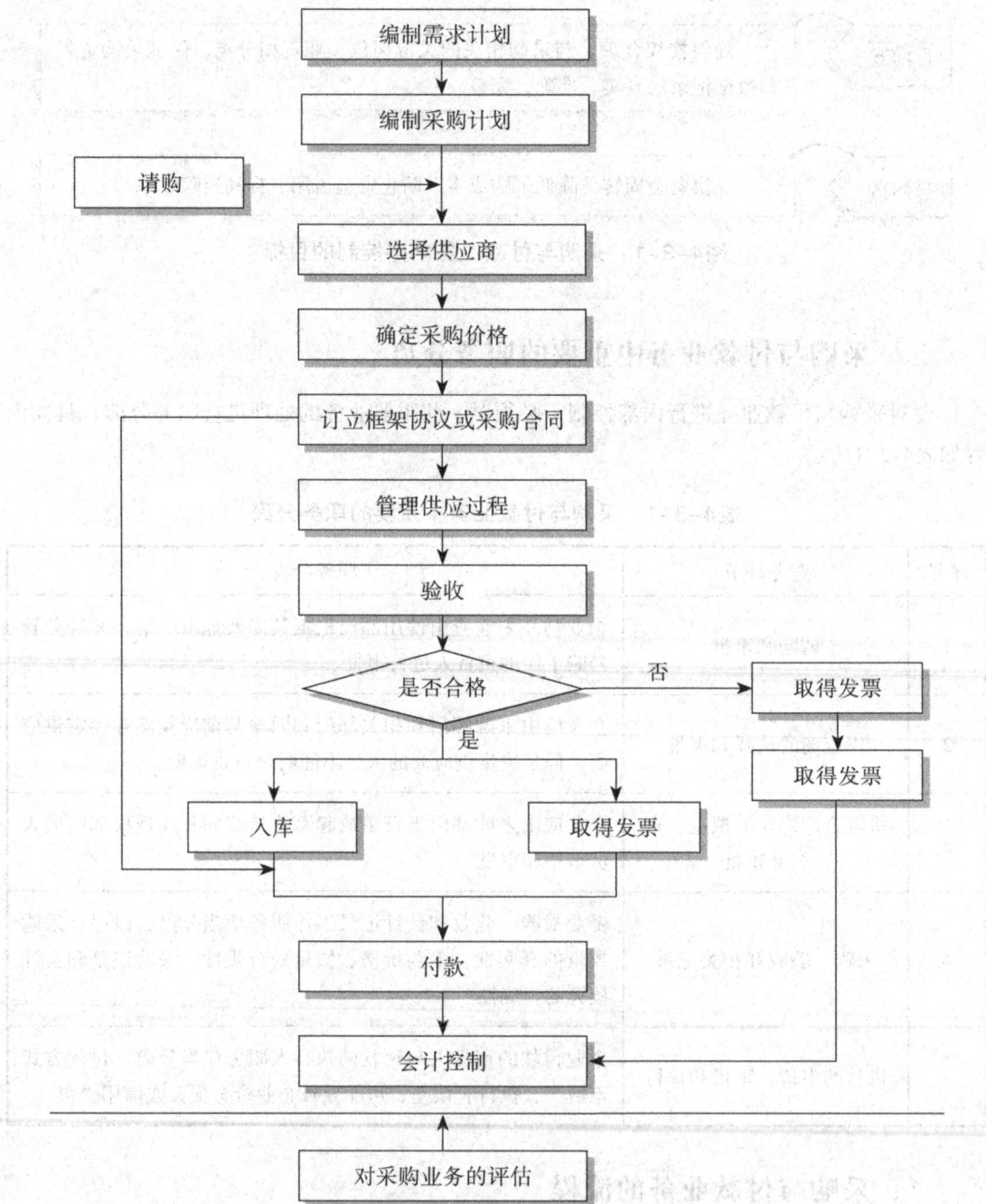

图4-3-2　采购与付款业务的流程

四、采购与付款业务内部控制审计的要点

（一）内部控制审计前的调查

内部审计人员在对某公司的采购与付款业务进行内部控制审计之前，应制定调查问卷

（如下）并开展调查。

采购与付款业务内部控制审计调查问卷

1. 公司有无书面的采购操作流程文本？

2. 公司的采购类型或方式有哪几种？

3. 负责采购的部门有哪些？分别负责哪种类型的采购？

4. 采购部门的组织结构是怎样的？是否定期进行人员轮换？

5. 公司一般的购货流程是如何运转的？

6. 公司如何选择供货商？是否有相关的政策？

7. 供货商档案的保管采用哪种方式？有无保密措施？

8. 采购商品的定价如何确定，是否包括在供货商主档案中？

9. 供货商资格是否需定期审核？若是，请介绍一下审核的程序。

10. 供货商档案的授权接触控制是如何设置的？

（1）使用系统的逻辑接触控制是怎样的？

（2）手工管理的档案是否有相关的保密政策，并由专人管理？

11. 公司是否每年制订采购计划？请介绍一下制订采购计划的流程，是否依据生产和营销计划来制订采购计划？

12. 采购计划的变更是否经合理批准？

13. 是否所有的采购都需编制合同？如不是，哪种情况下一定需要编制合同？

14. 采购合同编制的流程是怎样的？

15. 由谁在采购合同上签字？若非法人代表，则是否有法人代表的书面授权程序？

16. 采购合同的变更是否经合理批准？

17. 公司如何确保采购合同是与有资格的供货商签订且定价合理？

18. 采购合同是否采用格式合同？格式合同是否经法律顾问审核？

19. 是否所有采购合同需经法律部门审核？如不是，哪种情况下采购合同需经法律顾问审核？

20. 采购合同（采购订单）的归档和保管程序是怎样的？是否连续编号？

21. 请介绍一下采购需求从提出、审批通过到采购部门进行处理的过程？

22. 公司是否定期核对采购计划执行情况？

23. 超采购计划的采购需求是否经合理批准？

24. 紧急采购的流程是什么？

25. 公司的询价程序如何进行？是否有书面记录？

26. 采购部门如何与仓库、财务部门衔接？（从物流和信息流两方面进行介绍）

27. 财务记录应付账款前是否核对采购合同（或订单）、入库单据、发票等资料？

28. 是否有控制过程来保证应付账款及其对应的存货采购记录于同一个会计期间？

29. 采购运输的方式是怎样的？（可以多选）

☐ 公司自提

☐ 客户运输到公司处

☐ 委托承运人

30. 仓库收货时是否核对采购合同（或订单）？

31. 收到采购产品的数量是否经过采购部门和仓库的共同确认？

32. 是否有质量检验部门对收到的产品进行质量检验？

33. 客户送货大于定购数或质量不符合要求，如何处理？

34. 采购退回的操作程序如何？

35. 入库单是否事先连续编号，并有人对归档的这些单据的连续性进行检查？

36. 是否至少每月制作应付账款账龄分析表？

37. 公司如何确保使用供货商提供的现金折扣？

38. 公司是否有资金使用预算？应付账款的支付是否符合资金使用预算？

39. 公司是否有书面的费用报销程序？

40. 公司费用报销的审批是否有适当的授权？

41. 财务部门在支付费用前，是否核对审批手续的完整性，是否检查原始单据的合法性和复核费用的准确性？

42. 预付款的政策和控制措施是怎样的？

43. 是否有专人定期对费用的波动情况进行分析？

44. 在现在的工作中，您最担心或最关心的事是什么？

（二）供货商/承包商的选择和档案管理内部控制审计的要点

供货商/承包商的选择和档案管理内部控制审计的要点如表4-3-2所示。

表4-3-2　供货商/承包商的选择和档案管理内部控制审计的要点

序号	控制目标	控制活动	审计程序
1	供货商/承包商的选择符合公司的经营目标和最大利益	1.1 公司制定供应商分类标准（如长期和临时），并制定不同类别的管理方法	（1）与采购部门经理进行访谈，了解供货商/承包商的分类标准以及选择供货商/承包商的标准和流程，包括： ①标准的制定方法和制定人（如质量标准由质量部门、生产技术部门或实验室制定，价格标准由财务部门制定等）及制定的标准（如供货质量、供货及时性、货款价格、生产能力、信誉等） ②候选供货商/承包商的数量 ③选择过程（如是否经过招标、是否先经小规模试生产、是否由各部门综合评价等）

序号	控制目标	控制活动	审计程序
		1.2 公司制定供货商/承包商的基本选择标准（主要应考虑供货商的供货能力、原料质量及各项指标的合格情况、价格与付款条件、财务状况、管理能力、持续经营能力等），使之书面化，并经管理层审批	④ 使用的文件（如书面政策、询价单据、评审表等） ⑤ 选择的标准及流程是否有改变及改变的频率 ⑥ 符合标准但未列入最终名单的供货商/承包商是否列入潜在供货商/承包商名单 （2）取得公司选择供货商/承包商的书面政策，查看是否经管理层审批，并与以上了解到的程序比较是否有出入 （3）根据了解到的政策下达部门，询问该部门的操作人员对政策的了解程度
1	供货商/承包商的选择符合公司的经营目标和最大利益	1.3 由各相关部门（如采购部门、财务部门、质量管理部门、企业管理部门、生产技术部门、实验室等）组成评选小组对供货商/承包商进行评估讨论，衡量各供货商/承包商的能力及条件，在供货商/承包商评价表中记录有关各供货商/承包商的供货质量、供货及时性、货款价格等各方面的反馈信息，各部门负责人应在供货商/承包商评价表上签署部门意见，选出合格供货商名单，并经管理层审核批准后生效	（1）取得公司的供货商/承包商名单，查看是否经管理层审批 （2）采用判断抽样的方法抽取____家供货商，查看相应的单据（如评审表等），判断是否经过公司规定的选择流程 （3）采用判断抽样的方法随机抽取____张采购发票，查看是否全部从列入名单的供货商/承包商处采购
		1.4 采购部门应随时从不同渠道收集公司潜在供货商/承包商的相关信息并建立信息档案备查，根据获取的潜在供货商/承包商信息填写供货商/承包商评审表，相关信息包括供货商/承包商的简介、主要产品及价格、竞争优势等，由管理层审阅并签字确认	同1.1

（续表）

序号	控制目标	控制活动	审计程序
2	供货商/承包商的更新符合企业的规章制度	2.1 对入库和生产过程中发现的原材料质量问题，以及随之产生的产品质量问题进行跟踪和监控，及时与供货商/承包商沟通产品质量、售后服务等问题，并予以跟进	（1）与生产部门和采购部门相关人员进行访谈，了解对原料的质量问题如何监控，如是否将存在的质量问题记录在案并及时与供货商反馈 （2）采用判断抽样的方法随机抽取____笔反馈记录，查看是否及时与供货商/承包商沟通改进情况，以及是否在对供货商/承包商的评价报告中有所反映
		2.2 定期（至少一年一次）汇总材料使用情况，对供货商/承包商进行评价（材料质量、交货时间、售后服务等），形成评价报告，并经管理层审批后生效；对于不合格的供货商/承包商，应及时更新修改供货商/承包商名单	（1）与采购部门经理进行访谈，了解更新供货商/承包商的标准和流程： ①对供货商/承包商的定期复核频率 ②对供货商/承包商的复核程序与方法（如评价报告等） （2）采用判断抽样的方法从供货商/承包商清单中抽取____家供货商/承包商，查看相应的评价报告，判断是否经过公司规定的定期复核流程 （3）从评价报告中寻找不合格的供货商/承包商，查看其是否还在最新的经管理层批准的合格供货商/承包商名单中 （4）查看不合格的供货商/承包商名单及相关档案是否有所保存
3	对供货商/承包商数据的修改须正确、及时、完整	3.1 由专人对供货商/承包商数据进行修改，并且需经适当管理层审批，更改后的资料由独立于更改者的人员复核，确保其正确性	（1）与采购部门、IT部门等部门相关人员进行访谈，了解供货商/承包商数据修改的政策与流程、使用的单据、审批人等 （2）采用判断抽样的方法抽取____笔数据修改记录，查看修改人是否经过适当的授权，修改的记录是否辅有相应的批准与审核单据，资料的修改是否及时
4	供货商/承包商档案保密	4.1 制定对供货商/承包商档案的保密政策	（1）询问采购部门有无对供货商/承包商档案保密的政策，并获得书面文本，复核管理层的确认意见 （2）与采购部门具体业务人员进行访谈，评价供货商/承包商保密政策的执行情况
		4.2 使用系统的逻辑控制限制相关人员对供货商/承包商信息的接触	（1）与IT人员进行访谈，了解系统中供货商档案控制的情况 （2）在IT人员的协助下，获得可以访问供货商/承包商档案的人员的名单 （3）了解、评估名单所列人员授权的恰当性

（三）采购定价内部控制审计的要点

采购定价内部控制审计的要点如表4-3-3所示。

表4-3-3　采购定价内部控制审计的要点

控制目标	控制活动	审计程序
采购定价是合理的，并且符合公司的政策	采购定价经过适当的询价程序，并有书面的询价记录	（1）询问采购部门或其他相关部门有关采购定价的询价程序 （2）采用判断抽样的方法从公司采购产品基准价格表中抽取＿＿份样本，跟踪至询价记录，检查基准价格的确定是否正确，并检查询价记录的操作人和审核人的签字，以及基准价格批准人的签字
	产品采购定价需经适当管理层审批	
	公司制定产品的基准采购价格，实际采购价格不应超过基准价格一定的幅度	（1）询问采购部门或其他相关部门制定采购价格的遵循程序 （2）获得并查核采购基准价格的权限浮动表 （3）采用用判断抽样的方法从采购合同（或订单中）抽取＿＿份样本，检查其价格是否与基准价格相符或与公司的询价结果相符，检查批准采购合同（或订单）人的签字
	采购合同（或订单）签订前由专人核对价格是否与公司预先制定的价格相符	
	采购合同只有经适当管理层批准才可执行	
	基准采购定价应定期更新，基准采购定价的更新应经管理层批准	（1）询问采购部门或其他相关部门采购定价定期更新的相关程序 （2）检查公司采购产品基准价格表，检查其价格是否定期更新，是否由管理层签字确认

（四）采购计划的订立、审批和修改内部控制审计的要点

采购计划的订立、审批和修改内部控制审计的要点如表4-3-4所示。

表4-3-4　采购计划的订立、审批和修改内部控制审计的要点

序号	控制目标	控制活动	审计程序
1	有计划的采购行为	1.1 确定采购计划制订的依据经管理层批准	（1）与采购部门相关人员进行访谈，了解采购计划制订的依据和程序等 （2）获得书面的采购计划制订政策的范本 （3）对照采购计划制订政策，评估采购计划流程的符合程度
		1.2 根据批准后的采购计划制订依据设计适当的采购计划编制流程	

（续表）

序号	控制目标	控制活动	审计程序
1	有计划的采购行为	1.3 根据批准的年度生产计划以及存货情况，编制年度采购计划并分解，由适当管理层批准	（4）与生产部门和财务部门相关人员进行访谈，了解他们对于采购计划的参与程度 （5）检查年度采购计划的内容是否完整（包括采购品种、数量、价格、质量要求、批量进度安排和资金计划），是否有高级管理层的签字确认 （6）在生产部门和财务部门检查采购计划，是否与采购部门制订的采购计划一致
		1.4 定期调整采购计划，与当期生产计划相符合，由适当管理层批准	（1）获得月/季度采购计划，检查其是否与年度采购计划的批量进度一致 （2）与生产部门相关人员进行访谈，了解生产计划的变更情况，获得生产计划变更文件 （3）与采购部门相关人员进行访谈，了解采购计划变更的依据和程序等 （4）审阅更新的采购计划，查看是否有相应的变更依据和管理层的审批签字 （5）从生产部门和财务部门取得变更后的采购计划，检查是否与采购部门制订的变更计划一致
		1.5 采购计划的变更需要有依据，并且由相关部门复核后，由管理层批准	
		1.6 计划外的采购，必须由相关部门复核后，由管理层批准	
2	采购计划符合生产需要	2.1 采购计划应包括以下内容：采购品种、数量、价格、质量要求和批量进度安排	同1.1
		2.2 采购计划确定或变更后，应送至生产部门备案	同1.1和1.4
		2.3 采购部门定期编制采购计划差异报告，详细说明存在的重大差异，由适当管理层审阅	（1）获得采购部门每月编制的采购计划差异报告，检查是否有管理层的审阅记录 （2）获得财务部门编制的采购资金计划差异报告，查看该差异是否与采购计划差异一致 （3）与采购部门相关人员进行访谈，了解采购计划差异产生的原因及其对生产的影响 （4）与生产部门相关人员进行访谈，了解采购计划差异对生产的影响

（续表）

序号	控制目标	控制活动	审计程序
3	采购进度适应资金状况	3.1 采购计划中包含采购资金预算，财务部门参与采购资金预算的编制过程，协调资金需求的可行性与购货紧迫性之间的关系	同1.1
		3.2 采购计划确定或变更后，应送至财务部门备案	同1.1和1.4
		3.3 财务部门在采购资金计划差异报告中单列采购资金计划与实际数据的比较	同2.3

（五）采购合同/订单的订立、审批和修改内部控制审计的要点

采购合同/订单的订立、审批和修改内部控制审计的要点如表4-3-5所示。

表4-3-5　采购合同/订单的订立、审批和修改内部控制审计的要点

序号	控制目标	控制活动	审计程序
1	公司使用合法、完整的采购合同/订单	1.1 公司制定标准化采购合同模板，标准化采购合同模板由公司法律顾问在相关部门的协助下制定，由高级管理层签字批准	（1）与采购人员进行访谈，了解公司是否有标准化采购合同模板/采购订单模板，该范本是否由法律顾问定期复核 （2）获得标准化采购合同模板/采购订单模板，检查是否有高级管理层和法律顾问的签字确认
		1.2 公司制定标准化采购订单模板，由高级管理层签字批准	
		1.3 法律顾问定期根据国家相关法律法规对标准化采购合同模板或采购订单模板进行复核	（1）获得法律顾问对标准化采购合同模板或采购订单模板进行复核的记录，检查复核的频率 （2）追踪复核记录中的变更到标准化采购合同模板或采购订单模板，检查变更是否被及时更新
		1.4 采购合同的制作以标准化采购合同模板为准，按具体需要使用相关的模块，法律顾问审核合同的合法性并签字确认	（1）与采购合同/订单制作人员进行访谈，了解采购合同/订单的制作是否以标准化采购合同模板或采购订单模板为依据 （2）采用判断抽样的方法抽取___份采购合同的内部评审单，检查是否有法律顾问的复核确认

（续表）

序号	控制目标	控制活动	审计程序
1	公司使用合法、完整的采购合同/订单	1.5 未使用标准格式的采购合同应经法律顾问复核	（3）询问采购部门管理层，是否存在未使用标准格式的采购合同，若有，采用判断抽样的方法抽取___份未使用标准格式的采购合同，检查是否有法律顾问的复核确认
2	采购合同/订单的制定符合公司的各项政策、规定和管理层的意图	2.1 公司有采购合同/订单审批制度，该制度明确采购合同控制部门审批的方式、权限、程序、责任和相关控制措施，并经高级管理层核准后执行	（1）与公司管理层进行访谈，了解公司是否有采购合同/订单审批制度，并获得高级管理层的认可 （2）获得书面审批制度，检查高级管理层的复核确认 （3）与采购合同控制部门相关人员进行访谈，了解采购合同/订单审批过程是否执行了采购合同/订单审批制度，使用采购合同评审表记录采购合同签订前各部门的控制过程 （4）采用判断抽样的方法抽取___张合同评审表，检查上面是否有各评审部门的签字确认
2		2.2 公司在采购合同/订单审批过程中使用合同评审单，由计划控制、预算控制等部门审核未签订采购合同/订单，并在评审单上签字	
2		2.3 公司有经管理层批准的分级授权制度，制度中规定相应人员的签字权限	（1）与公司管理层进行访谈，了解哪些人员被授权可以代表公司在采购合同/订单上签字和签章 （2）获得被授权的人员名单，检查其被授权的额度 （3）检查被授权人的书面授权书，检查授权书上是否有法人代表的授权签字 （4）采用判断抽样的方法抽取___份采购合同/订单，对照签字人的授权额度，检查是否有签字人超过授权额度签字的现象
2		2.4 经公司高级管理层授权可以代表公司签订采购合同/订单的人员有公司高级管理层签发的书面授权书	
3	采购合同/订单的修改符合管理层的意图	3.1 采购合同的修改需要经过适当的审批和授权	（1）与采购合同执行部门相关人员进行访谈，了解采购合同/订单的修订过程 （2）获得采购合同修订的书面证据，如修改批准单或合同审批单，采用判断抽样的方法抽取___份档案，检查相应部门的审核意见和签字，检查法律部门对修订采购合同的意见和签字 （3）采用判断抽样的方法抽取___份经修订的采购订单，是否在修订处有本公司修订人的签字
3		3.2 采购订单的修改需经双方书面确认	

序号	控制目标	控制活动	审计程序
4	所有签订的采购合同/订单均得到妥善的保管	4.1 采购合同/订单连续编号	（1）与采购部门相关人员进行访谈，了解供货商签返的采购合同/订单的保管情况，了解采购合同/订单的借阅是否有登记
		4.2 供货商签返的采购合同/订单被妥善的保管	（2）检查归档的采购合同/订单是否连续编号，如果有长期未归档的采购合同/订单，则需要查核原因
		4.3 采购合同/订单的借阅通过登记簿记录借阅人的签字和日期	（3）获得采购合同/订单的借阅登记簿，查看借阅者的签字和日期
		4.4 采购合同/订单存放地点有足够的物理安全保障	（4）实地观察采购合同/订单（包括作废的采购合同/订单）的保管情况，判断是否有足够的物理安全保障
		4.5 作废的采购合同/订单被妥善保管	（5）实地观察采购合同/订单的保管地点，是否有足够的安全措施

（六）购货程序内部控制审计的要点

购货程序内部控制审计的要点如表4-3-6所示。

表4-3-6　购货程序内部控制审计的要点

序号	控制目标	控制活动	审计程序
1	保证原料的采购数量、质量等符合公司的生产和经营需要	1.1 原料采购需求需经使用部门及相关部门的管理层批准	（1）询问采购部门或相关部门采购程序方面的控制流程 （2）采用判断抽样的方法从请购单中抽取____份样本，检查是否有使用部门负责人审核签字，是否经其他管理层人员的批准签字
		1.2 设置专人核对采购需求是否与采购计划相匹配	（1）询问公司相关部门，对超计划采购的审批权限的规定 （2）询问采购部门或相关部门，是否有专人定期将采购需求与采购计划进行比较，是否有书面记录 （3）采用用判断抽样的方法从需求与计划比较记录中抽取____份样本，检查比较是否有分析和改进措施的跟进
		1.3 超计划采购的审批应经特别授权	（4）采用用判断抽样的方法从采购订单情况汇总表中抽取____份超采购计划的事项样本，跟踪至相应的调查记录，以及高级管理层的批准记录

（续表）

序号	控制目标	控制活动	审计程序
1	保证原料的采购数量、质量等符合公司的生产和经营需要		（5）询问管理层紧急采购的流程，查核有无专人定期复核和分析紧急采购
		1.4 设置专人核对采购订单是否向经批准的供货商发出，采购价格是否符合公司的定价政策	（1）询问采购部门或相关部门关于采购订单审核的程序 （2）采用用判断抽样的方法从采购订单中抽取＿＿＿份样本，检查采购订单是否有复核签字和批准签字，并检查采购订单是否向经批准的供货商发出，采购价格是否符合公司的定价政策
		1.5 采购订单应经适当管理层批准	
		1.6 设置专人制作采购订单情况汇总表，并定期与采购计划核对，对超采购计划的事项进行跟踪	同1.2
		1.7 紧急采购有审批和申报流程，并由专人定期复核，分析频率等	
2	保证所有的原料采购都已按时执行	2.1 采购订单是事先连续编号的，并由设置人员定期对归档采购订单的连续性进行检查	（1）检查采购订单档案，检查采购订单是否事先连续编号 （2）采用用判断抽样的方法从采购订单情况汇总表中抽取＿＿＿份样本，检查完成采购订单是否有标记 （3）对于长期未完成采购订单，调查未完成的原因
		2.2 已完成的采购订单作相应标记，由专人定期检查是否有长期未完成的采购订单，并进行调查	
		2.3 设置专人制作采购订单情况汇总表，并定期与采购计划核对，对长期未完成采购订单进行调查	
3	保证备品备件、低值易耗品的采购符合公司的政策和使用需要	3.1 公司应制定备品备件采购的程序，并设置适当的审批权限	同1.1
		3.2 备品备件的采购需经使用部门及适当审批权限的管理层批准	

（续表）

序号	控制目标	控制活动	审计程序
3	保证备品备件、低值易耗品的采购符合公司的政策和使用需要	3.3 备品备件的采购集中由采购部门执行 3.4 备品备件应向经批准的供货商进行采购 3.5 设置专人定期制作备品备件采购金额分析表并进行分析，重点对异常波动进行分析	（1）与采购部门相关人员进行访谈，了解备品备件的采购流程和操作部门 （2）获得经批准的合格供货商清单 （3）采用判断抽样的方法抽取____份备品备件采购订单样本，与获得的合格供货商清单进行比较，确认采购订单的对象是在清单上可以找到的供货商 （4）采用判断抽样的方法抽取____张采购发票，追踪付款发票到供货商，判断是否为经批准的供货商

（七）应付账款的购货付款内部控制审计的要点

应付账款的购货付款内部控制审计的要点如表4-3-7所示。

表4-3-7 应付账款的购货付款内部控制审计的要点

序号	控制目标	控制活动	审计程序
1	只有当定购的服务已被提供，才可以记录应付账款	1.1 服务提供后，应有相关人员在发票上签字确认，并经管理层审核 1.2 财务人员核对发票和相应的其他支持文件（如合同、订单等）是否一致，发票的确认及审核手续是否完备，只有符合要求才可记录应付账款 1.3 应付款凭证入账前应经制作人以外的财务人员复核	（1）询问采购部门、财务部门等相关人员，了解服务采购方面的控制流程 （2）采用判断抽样的方法从应付账款明细账中抽取____份样本，检查是否有制作人及复核人签字，跟踪至相应的发票、合同（或订单），检查审批手续是否完备，内容是否一致
		1.4 实际服务费用应定期与预算进行比较，由管理层复核并签字	（1）询问实际采购服务与预算比较的控制操作流程 （2）采用判断抽样的方法抽取3~4个月的比较书面记录（按审计时间范围为12个月为例），检查制作人及复核人签字，对超过____%的波动，跟踪至调查分析记录，并作出说明

（续表）

序号	控制目标	控制活动	审计程序
2	所有采购产品的应付账款都正确、完整、及时地（在恰当的会计期内）进行记录	2.1 财务人员应核对发票和相应的入库单、合同（或订单）是否一致，各单据的审批手续是否完备，只有符合要求才可记录应付账款	同1.1
		同1.3	
		2.3 实际采购数量应定期与预算进行比较，由管理层复核及批准重大的波动	同1.4
		2.4 入库单应事先连续编号，并设置专人对其连续使用的情况进行检查	（1）检查入库单，看其是否事先连续编号 （2）查看入库单是否连续使用和归档
		2.5 对在会计期前后发生的入库进行追踪和必要的调节，以确保入库产品的应付账款记录于正确的会计期内	（1）向财务部门相关人员了解采购应付账款的截止控制流程 （2）抽取会计期末前____天至会计期末后____天所有原材料入库单 （3）跟踪至相应的发票、凭证和会计账目，检查单据内容是否一致，入账会计期是否正确
		2.6 设置专人制作产品已入库发票未到和采购产品物权已转至公司但产品未运达情况清单，经适当管理层复核后，预估入账	（1）询问财务、采购等相关人员有关暂估入账的控制流程 （2）采用判断抽样的方法抽取3~4个月的暂估清单，检查制作人及复核人签字，跟踪至相应的入库单、合同（或订单）、凭证，检查内容是否一致，入账会计期是否正确 （3）发票到后是否进行应付暂估的冲回
		2.7 对于从供货商发来的对账单应与应付账款明细账进行核对，并制作调节表，有差异的应查明原因	（1）询问是否有与供货商对账的制度 （2）采用判断抽样的方法从供货商发来的函证中抽取____个样本，跟踪至相应的调节表，并检查差异调查分析记录

（续表）

序号	控制目标	控制活动	审计程序
3	购货付款应符合公司的政策和手续	3.1 支付由申请人提出申请，部门负责人审批，以及按不同金额由不同授权的管理层批准	（1）询问财务部门、采购部门等相关人员有关采购支付的控制流程 （2）采用判断抽样的方法从应付账款的借方支付凭证中抽取___份样本，检查凭证制作人及审核人签字，并跟踪至支付的审批记录，检查申请人签字、部门负责人签字和管理层签字
		3.2 设置专人审核应付账款的支付是否符合公司的资金使用计划	（1）询问实际采购支付与现金预算比较的控制操作流程 （2）采用判断抽样的方法抽取3~4个月比较书面记录（按审计的时间范围为12个月为例），检查制作人及复核人签字，对预算的跟踪至高级管理层的审批记录及调查分析记录
		3.3 采购支付金额应定期与现金预算进行比较，对重大差异应进行必要的调查	
		3.4 超现金预算的支付应由高级管理层批准	
4	确保所有的现金折扣都可充分利用	4.1 应付账款应注明到期日，设置专人定期检查应付账款是否到期	（1）询问财务人员制作应付账款到期表的控制流程 （2）采用判断抽样的方法抽取3~4个月的应付账款到期末（按审计时间范围为12个月为例），检查制作人及复核人签字，检查是否有过期未付的应付账款
5	所有已支付的应付账款都正确、完整、及时地（在恰当的会计期内）进行记录	5.1 应付账款的支付凭证应由制作人以外的财务人员核对相应的审批单据	同3.1
		5.2 对于从供货商发来的对账单，应与应付款明细账核对，并制作调节表，有差异的应查明原因	同2.7
6	应付账款被正确地披露	6.1 会计期末制作应付账款清单，由专人检查余额为负数的明细客户，并在制作报表时做必要的重分类调整	（1）询问年末应付账款负数的处理过程 （2）检查年末应付账款明细账，对所有负数余额进行调查，并跟踪至年末报表，确认已进行必要的重分类调整

（八）购货的入库和退回内部控制审计的要点

购货的入库和退回内部控制审计的要点如表4-3-8所示。

表4-3-8　购货的入库和退回内部控制审计的要点

序号	控制目标	控制活动	审计程序
1	仓库接受的产品与经批准的采购订单相符	1.1 收货时，收货人员核对产品的规格、型号、数量是否与经过批准的采购订单相符	（1）询问仓库及相关人员关于入库和退回方面的控制流程 （2）采用判断抽样的方法从归档的入库单中抽取___份样本，检查入库单是否有制作人及复核人签字，并跟踪至相应的采购订单，核对入库单上的产品规格、型号、数量是否与采购订单相符
		1.2 收货人以外的人员应复核收货人的清点工作，审核收货人填写的入库单，并在入库单上签字	
		1.3 公司建立产品质量检验程序，对需要进行质量检验的产品，应按规定及时检验，并有书面的检验记录	（1）询问仓库及相关人员关于公司产品检验的相关流程中有哪些属于免检产品的范围 （2）从抽取的样本中，对所有须检验的产品，跟踪至相应的检验记录，检查检验手续是否符合公司的政策
2	对于不符合采购订单的供货商送货，按公司政策及时处理	2.1 公司建立处理不符合采购订单的供货商送货的相关政策	
		2.2 仓库不接受不符合订单采购要求如规格、型号及超订单数量、质量等情况的产品，除非经过特殊授权	同1.1
		2.3 不符合采购订单要求的产品应在规定的时间内及时退回	同1.1和2.4
		2.4 接受不符合采购订单的供货商送货应经授权管理层批准，并有书面的批准记录	（1）从抽取的样本中，对所有发现的入库单上的产品数量大于采购订单数量或其他规格、型号等的不符情况，跟踪至授权管理层批准接受的书面记录，或者跟踪至相应的退回单据 （2）若发现检验不合格产品，则跟踪至授权管理层批准接受的书面记录，或者跟踪至相应的退回单据
		2.5 应退回的产品在专门区域保管，并有明显的标记	实地观察仓库的安排，检查应退回的产品是否放置于专门的区域，并有明显的标记

（续表）

序号	控制目标	控制活动	审计程序
3	已收产品的退回应办理合理的手续	3.1 所有运输产品的交通工具出厂都应经安全人员检查放行手续是否完备	（1）询问相关部门如保安部门和仓库等，了解出库货物的大门放行程序 （2）采用判断抽样的方法从书面放行记录中抽取＿＿份样本，检查产品发运的放行记录 （3）若无书面放行记录，则实地观察产品发运的放行情况
		3.2 所有出库的产品应有适当部门签收	（1）向仓库人员了解出库单是否有收货签收 （2）采用判断抽样的方法从归档的出库单/发货单中抽取＿＿份样本，检查是否有收货签收
		3.3 适当管理层对退回货物的损失进行核准，并定期分析发生原因	（3）询问适当管理层退回产品损失的审批程序 （4）获取退回产品申报表，检查是否有适当管理层的签字 （5）获得退回产品的分析资料如损失率分析表等，查核分析是否合理
4	入库和退回应正确、完整、及时地进行记录	4.1 由收货人以外的人员复核收货人的清点工作，审核收货人填写的入库单，并在入库单上签字	同1.1
		4.2 入库单是事先连续编号的，并定期检查其是否连续使用	检查入库单/退回单，看其是否连续编号
		4.3 采购退回的单据是事先连续编号的，并定期检查其是否连续使用	
		4.4 对在会计期末前后发生的收货及退货进行追踪和必要的调节，以确保仓库账上的入库和退回记录于正确的会计期内	（1）抽取会计期末前＿＿天至会计期末后＿＿天所有的入库单，跟踪至相应的仓库账，检查其内容是否记录正确，并且记录于正确的会计期内 （2）抽取会计期末前＿＿天至会计期末后＿＿天所有的退回单，跟踪至相应的仓库账，检查其内容是否记录正确，并记录于正确的会计期内

（续表）

序号	控制目标	控制活动	审计程序
4	入库和退回应正确、完整、及时地进行记录	4.5 仓库应及时将入库及退回的信息传递给采购部门、生产部门、财务部门等相关部门	（1）询问仓库与采购部门、生产部门、财务部门等相关部门有关信息沟通的政策和流程 （2）若有书面记录，则查阅相关的书面记录，并评估其合理性

（九）费用的审批、报销和截止内部控制审计的要点

费用的审批、报销和截止内部控制审计的要点如表4-3-9所示。

表4-3-9 费用的审批、报销和截止内部控制审计的要点

序号	控制目标	控制活动	审计程序
1	费用的批准程序符合公司的管理制度	1.1 公司制定书面的费用审批流程和制度（包括费用审批权限、报销政策等） 1.2 部门所有费用由部门主管审批，部门主管的费用由其上级领导审批	（1）与财务部门或其他相关人员进行访谈，了解费用审核流程、相关制度及执行状况等 （2）获得被审计单位书面的费用审核流程或政策，并复核该流程或政策的完整性和管理层的确认
		1.3 费用报销单应由具备相应权限的审批人批准，并签字确认	（1）获得费用报销单范本 （2）采用判断抽样的方法从费用明细账中抽取____份样本，追查到费用审核表、发票和其他原始单据，查看是否与明细账一致，费用审核表的填写是否符合公司管理制度的要求，费用审核表是否按权限经费用支出部门主管、财务人员审批，超出预算的费用是否经额外程序审批，原始发票是否与费用报销单一致，费用是否记入适当的会计期间 （3）评估费用处理是否符合公司的政策 （4）获取预算外费用发生的原因、频率等的相关分析报告，并评估其合理性
2	有效批准费用的支出	2.1 预算内的费用按公司一般费用审批程序批准 2.2 预算外的费用按额外的审批程序批准或不予批准	（1）获得费用报销单范本 （2）采用判断抽样的方法从费用明细账中抽取____份样本，追查到费用审核表、发票和其他原始单据，查看是否

（续表）

序号	控制目标	控制活动	审计程序
2	有效批准费用的支出	2.3 定期复核预算外费用发生的合理性和频率	与明细账一致，费用审核表的填写是否符合公司管理制度的要求，费用审核表是否按权限经费用支出部门主管、财务人员的审批，超出预算的费用是否经额外程序审批，原始发票是否与费用报销单一致，费用是否记入适当的会计期间 （3）评估费用处理是否符合公司政策 （4）获取预算外的费用发生的原因、频率等的相关分析报告，并评估其合理性
3	只接受经有效批准并实际发生的费用的报销	3.1 审核费用报销单是否经过部门主管或额外批准程序的批准	
		3.2 审核费用报销单的填写是否符合公司管理制度的要求	
		3.3 将费用报销单与所附的发票、入库单等原始单据进行核对，审批原始单据的合法性	
4	费用被正确、完整、及时地记录	4.1 按费用的性质和实际发生的日期，录入正确的会计科目和会计期间	
		4.2 财务主管人员对费用凭证及附件进行复核，并签字确认	

第4节　固定资产业务内部控制审计实务

一、固定资产业务的内部控制

固定资产主要包括房屋、建筑物、机器、机械、运输工具，以及其他与生产经营活动有关的设备、器具、工具等。

（一）建立固定资产业务的岗位责任制

企业应当建立固定资产业务的岗位责任制，明确相关部门和岗位的职责、权限，确保办理固定资产业务的不相容岗位相互分离、制约和监督。同一部门或个人不得办理固定资产业务的全过程。

有关固定资产的主要业务有编制资本预算、购置固定资产、验收固定资产、保养和维修、折旧、盘点、报废与清理。为了加强控制，各项业务必须有明确的职责分工。

（1）对固定资产的需求应当由使用部门提出。采购部门、企业内部的建筑或建设部门一般无权首先提出采购或承建要求。

（2）资产请购或建造的审批人应与请购或建造要求提出人职务分离。

（3）资本预算的复核审批人应独立于资本预算的编制人。

（4）固定资产的验收人应同采购或承建人、款项支付人职务分离。

（5）资产使用或保管人不能同时担任资产记账工作。

（6）资产盘查工作不能只由使用、保管人员或只由负责记账的人员来进行，还应请独立于这些人员的第三者共同参加。

（7）资产报废的审批人不能同时是资产报废通知单的编制人。

（二）固定资产业务的流程与控制措施

企业应当根据固定资产的特点，分析、归纳、设计合理的业务流程，查找管理的薄弱环节，健全风险管控措施，保证固定资产安全、完整、高效运行。固定资产业务的流程，通常可以分为取得、验收移交、日常维护、更新改造和淘汰处置五个环节。具体内容如图4-4-1所示。

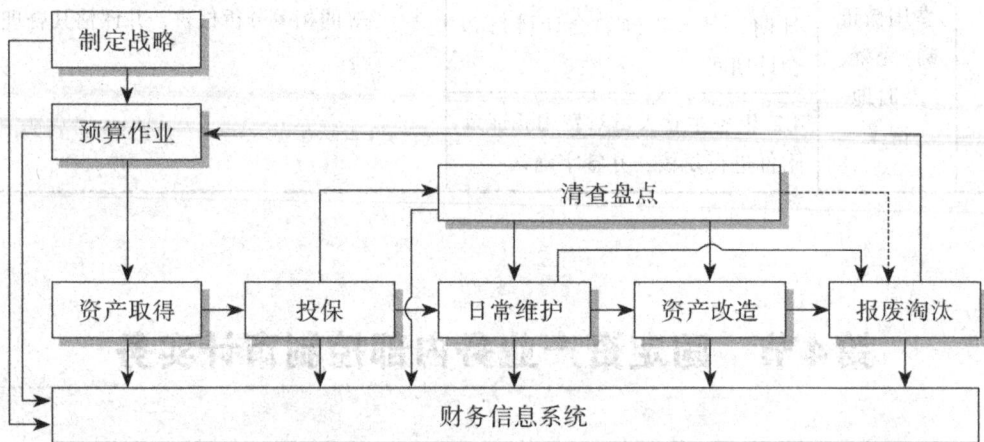

图4-4-1 固定资产业务的流程

表4-4-1对固定资产管理环节可能存在的主要风险及管控措施进行了阐述。

表4-4-1 固定资产管理环节可能存在的主要风险及管控措施

管理环节	主要风险	管控措施
固定资产取得	一是新增固定资产验收程序不规范，可能导致固定资产质量不符合要求，进而影响固定资产运行	1. 建立严格的固定资产交付使用验收制度 （1）企业外购固定资产应当根据合同、供应商发货单等对所购固定资产的品种、规格、数量、质量、技术要求及其他内容进行验收，出具验收单，编制验收报告 （2）企业自行建造的固定资产，应由建造部门、固定资产管理部门、使用部门共同填制固定资产移交使用验收单，验收合格后移交使用部门投入使用

（续表）

管理环节	主要风险	管控措施
固定资产取得	二是固定资产投保制度不健全，可能导致应投保固定资产未投保、索赔不力，不能有效防范固定资产损失风险	（3）未通过验收的不合格固定资产，不得接收，必须按照合同等有关规定办理退换货或其他弥补措施 （4）对于具有权属证明的固定资产，取得时必须有合法的权属证书 2. 重视和加强固定资产的投保工作 （1）企业应当通盘考虑固定资产状况，根据其性质和特点，确定和严格执行固定资产的投保范围和政策；投保金额与投保项目力求适当，对应投保的固定资产项目按规定程序进行审批，办理投保手续，规范投保行为，防范固定资产损失风险 （2）对于重大固定资产项目的投保，企业应当考虑采取招标方式确定保险人，防范固定资产投保舞弊 （3）已投保的固定资产发生损失的，企业应及时调查原因和受损金额，向保险公司办理相关的索赔手续
资产登记造册	固定资产登记内容不完整，可能导致固定资产流失、固定资产信息失真、账实不符	（1）制定适合本企业的固定资产目录，列明固定资产编号、名称、种类、所在地点、使用部门、责任人、数量、账面价值、使用年限、损耗等内容 （2）按照单项固定资产建立固定资产卡片，固定资产卡片应在固定资产编号上与固定资产目录保持对应关系，详细记录各项固定资产的来源、验收、使用地点、责任单位和责任人、运转、维修、改造、折旧、盘点等相关内容，便于固定资产的有效识别；固定资产目录和卡片均应定期或不定期复核，保证信息的真实和完整
固定资产运行维护	固定资产操作不当、失修或维护过剩，可能造成固定资产使用效率低下、产品残次率高，甚至发生生产事故，或者造成资源浪费	（1）固定资产使用部门会同资产管理部门负责固定资产日常维修、保养，将固定资产日常维护流程体制化、程序化、标准化，定期检查，及时消除风险，提高固定资产的使用效率，切实消除安全隐患 （2）固定资产使用部门和管理部门共同建立固定资产运行管理档案，并据以制定合理的日常维修和大修理计划，并经主管领导审批 （3）固定资产实物管理部门审核施工单位资质和资信，建立管理档案；修理项目应分类，明确需要招投标项目；修理完成，由施工单位出具交工验收报告，经固定资产使用部门和固定资产实物管理部门核对工程量并审批；重大项目应专项审计 （4）操作人员上岗前应由具有资质的技术人员对其进行充分的岗前培训，特殊设备实行岗位许可制度，需持证上岗，必须对固定资产运转进行实时监控，保证固定资产使用流程与既定操作流程相符，确保安全运行，提高使用效率

（续表）

管理环节	主要风险	管控措施
固定资产升级改造	固定资产更新改造不够，可能造成企业产品线老化、缺乏市场竞争力	（1）定期对固定资产技术先进性进行评估，结合盈利能力和企业发展可持续性，固定资产使用部门根据需要提出技改方案，与财务部门一起进行预算可行性分析，并且经过管理部门的审核批准 （2）管理部门需对技改方案实施过程适时监控、加强管理，有条件的企业应建立技改专项资金并定期或不定期进行审计
固定资产清查	固定资产丢失、毁损等造成账实不符或固定资产贬值严重	（1）财务部门组织固定资产使用部门和管理部门定期对固定资产进行清查，明确资产权属，确保实物与卡、财务账表相符，在清查作业实施之前编制清查方案，经管理部门审核后进行相关的清查作业 （2）清查结束后，清查人员需要编制清查报告，管理部门需就清查报告进行审核，确保清查报告的真实性和可靠性 （3）对于清查过程中发现的盘盈（盘亏），清查人员应分析原因、追究责任、妥善处理，清查报告审核通过后及时调整固定资产账面价值，确保账实相符，并上报备案
抵押和质押	固定资产抵押制度不完善，可能导致抵押固定资产价值低估和固定资产流失	（1）加强固定资产抵押、质押管理，明晰固定资产抵押、质押流程，规定固定资产抵押、质押程序和审批权限等，确保固定资产抵押、质押经过授权审批和适当程序；同时，应做好相应记录，保障企业资产安全 （2）财务部门办理固定资产抵押时，如需要委托专业中介机构鉴定和评估固定资产的实际价值，应当会同金融机构有关人员、固定资产管理部门、固定资产使用部门现场勘验抵押品，对抵押固定资产的价值进行评估。对于抵押固定资产，应编制专门的抵押固定资产目录
固定资产处置	固定资产处置方式不合理，可能造成企业经济损失	企业应当建立健全固定资产处置的相关制度，区分固定资产不同的处置方式，采取相应控制措施,确定固定资产处置的范围、标准、程序和审批权限，保证固定资产处置的科学性，使企业的资源得到有效的运用，具体来说有以下几点： （1）对使用期满、正常报废的固定资产：应由固定资产使用部门或管理部门填制固定资产报废单，经企业授权部门或人员批准后对该固定资产进行报废清理 （2）对使用期限未满、非正常报废的固定资产：应由固定资产使用部门提出报废申请，注明报废理由、估计清理费用和可回收残值、预计处置价格等；企业应组织有关部门进行技术鉴定，按规定程序审批后进行报废清理

（续表）

管理环节	主要风险	管控措施
固定资产处置	固定资产处置方式不合理，可能造成企业经济损失	（3）对拟出售或投资转出和非货币交换的固定资产：应由有关部门或人员提出处置申请，对固定资产价值进行评估，并出具资产评估报告，报经企业授权部门或人员批准后予以出售或转让；企业应特别关注固定资产处置中的关联交易和处置定价，固定资产的处置应由独立于固定资产管理部门和使用部门的相关授权人员办理，固定资产处置价格应报经企业授权部门或人员审批后确定；对于重大固定资产处置，应当考虑聘请具有资质的中介机构进行固定资产评估，采取集体审议或联签制度；涉及产权变更的，应及时办理产权变更手续 （4）对出租的固定资产：由相关管理部门提出出租或出借申请，写明申请的理由和原因，并由相关授权人员和部门就申请进行审核；审核通过后应签订出租或出借合同，包括合同双方的具体情况，出租的原因和期限等内容

二、固定资产业务内部控制审计的要点

（一）内部控制审计之前的调查

内部审计人员在对某公司的固定资产业务进行内部控制审计之前，应制定调查问卷（如下）并开展调查。

固定资产业务内部控制审计调查问卷

1. 固定资产的种类有哪些？确认的标准是什么？

2. 固定资产由哪个部门管理？

3. 是否制定资本性支出预算？制定的频率如何？制定过程是怎样的？

4. 资本性支出预算的执行情况如何？由谁来监控？

5. 购置固定资产时，如何选择供应商或承包商？是否有比价？

6. 关于固定资产采购、处置和报废的审批权限是如何设置的？

7. 如何决定是"内部调拨""购买"还是"租赁"固定资产？在决策前是否进行成本比较分析？

8. 如何确保购置的固定资产符合公司的发展目标？

9. 固定资产的验收流程是怎样的？有哪些部门参与？如何控制？

10. 购置固定资产是否必须与供应商签订采购合同？合同是否经律师审核并盖合同专用章？

11. 申请固定资产购置的操作流程如何？

12. 公司有何控制措施确保固定资产的购置、转移和处置能及时和准确入账？

13. 公司的折旧政策是怎样的？是否报经董事会批准？近两年是否有过变更？变更的理由是什么？

14. 如何计算固定资产的折旧？

□手工

□计算机系统自动生成

15. 折旧若非系统自动生成，那么是否有专人独立复核？

16. 折旧计提是否存在会计制度的差异？如有，是否进行纳税调整？是否有人复核？

17. 公司的固定资产是否有减值现象？如何衡量？是否计提减值准备？如何计算？

18. 固定资产的实物管理的责任是否落实到相关部门或个人？

19. 固定资产的内部调拨流程如何？使用哪些单据？审批程序是怎样的？

20. 固定资产的内部调拨有无税务影响？

21. 对固定资产的利用率是否进行分析？分析的频率和方式是怎样的？

22. 请介绍一下租入固定资产的操作程序？你认为其和购入固定资产有何重大的不同？

23. 对固定资产是否进行定期盘点？盘点的频率如何？参与的部门有哪些？

24. 固定资产盘点中发现的盘盈、盘亏如何处理？

25. 公司是否定期对固定资产进行维修？若非定期维修，那么如何确定是否需要对固定资产进行维修？

26. 固定资产管理是否采用计算机系统？该系统包括了固定资产管理的哪些功能？

27. 是否建立固定资产的编码管理制度？如何确保其完整性？

28. 有无建立固定资产台账？固定资产信息的更改流程是怎样的？由谁授权？

29. 是否对固定资产进行保险？保险政策如何？

30. 公司有无不需用、未使用的固定资产？

31. 固定资产的报废程序是怎样的？由谁审批？是否报董事会备案？

32. 对于固定资产的报废，财务人员是否会及时更新财务账和固定资产管理账？

33. 工程项目建设是否通过招标？对于自建固定资产，如何保证工程承包商的选择符合公司的目标和利益？

34. 工程项目的预算如何制定？由谁审批？

35. 如何保证工程质量符合要求？工程进度如何控制？

36. 工程项目的竣工验收由谁参加？财务何时入账？何时将在建工程转为固定资产？

37. 是否有人定期分析项目的投资回报率？

38. 公司是否对账外物资有所管理，如低值易耗品、模具等的管理？

39. 在现在的工作中，你最担心和关心的事是什么？

（二）固定资产的购置和入账（供应商选择）内部控制审计的要点

固定资产的购置和入账（供应商选择）内部控制审计的要点如表4-4-2所示。

表4-4-2　固定资产的购置和入账（供应商选择）内部控制审计的要点

序号	控制目标	控制活动	审计程序
1	固定资产的购置符合公司年度经营计划和预算，为公司生产经营切实所需	1.1 编制年度固定资产预算，应包括购置、调拨、租赁等内容，并经高级管理层审批	（1）对制定固定资产年度采购预算的相关部门进行访谈，了解预算制定的流程 （2）获得书面的固定资产年度采购预算制定流程 （3）对照政策，评估固定资产年度采购预算流程的符合程度 （4）采用判断抽样的方法从归档的文件中抽取＿＿份最近年度的固定资产采购预算，查看是否有相应管理人员的审批签字
		1.2 根据实际情况制定管理层的审批权限，以正式文件形式下发各部门，所有固定资产的购买都必须填写书面的申请表格，并按审批权限报请相应管理层审批	（1）获得书面的固定资产采购申请单范本 （2）采用判断抽样的方法从归档的文件中抽取＿＿张固定资产采购申请单，查看是否有申请部门负责人及相应管理人员的审批签字，并在财务部门备案 （3）寻找预算外的固定资产采购申请，查看其是否有高级管理层的签字确认
		1.3 预算外的固定资产采购必须经公司高级管理层审批	
		1.4 提出申请后，由专人判断固定资产是购买、租赁或是内部调用	（1）通过交叉性询问了解有关固定资产购置制度的规定，了解一定金额以上的固定资产购置是否须经多家书面询价，并须与供应商（承包商）签订采购合同 （2）获得并审阅书面的固定资产采购制度 （3）采用判断抽样的方法从已采购固定资产的归档文件中抽取＿＿份固定资产采购文件，包括申请单和相应的采购合同或工程项目合同，查看采购申请单上是否注明供应商（承包商）的选择理由，以及是否经过询价的过程，采购合同或工程合同是否经公司法律事务部门审核后盖合同章确认
		1.5 定期分析预算偏差	（1）询问固定资产调拨、租赁、购置的预算制定和偏差分析过程 （2）采用判断抽样的方法抽取＿＿张预算分析表，查看是否涵盖时间、价格差异

（续表）

序号	控制目标	控制活动	审计程序
1	固定资产的购置符合公司年度经营计划和预算，为公司生产经营切实所需	1.6 自建工程项目必须编制可行性研究报告和项目预算，经公司财务部门负责人、工程管理部门负责人和高级管理层审批	（1）与编制项目可行性研究报告和项目预算的相关部门进行访谈，了解其编制的流程 （2）获得项目可行性研究报告和项目预算的范本 （3）采用判断抽样的方法从归档的文件中抽取____份最近年度的项目可行性研究报告和项目预算，查看是否有相应管理人员的审批签字 （4）询问相关人员，在作购买、租赁、内部调拨决策前是否进行了分析，若进行过分析，则应了解相关理由 （5）获取书面固定资产的申请报告
2	固定资产的购置价格公平合理	2.1 公司制定书面制度，明确一定金额以上的资产购置必须经多家供应商书面询价程序，工程项目应向社会公开招标，询价（招标）结果和供应商（承包商）的选择理由必须在采购申请单上进行说明	（1）对项目管理部门、固定资产使用部门相关人员进行访谈，了解工程项目招标的流程 （2）获得书面的工程项目招标流程 （3）采用判断抽样的方法抽取____份最近年度的项目招标书，查看是否有相应管理人员和机构的签字盖章 （4）采用判断抽样的方法从未完成的工程中抽取____份样本，查看是否存在未按程序招标的项目，若存在这种项目，则应询问理由
		2.2 采购过程（询价、定价、预付款、运输、验收、安装、交付使用、付款等）均有书面记录，所有记录需由相关部门的负责人签字审核	同1.4
		2.3 一定金额以上的固定资产采购与供应商（承包商）签订采购合同或工程合同，并经公司法律事务部门审核后盖合同章确认	
		2.4 供应商（承包商）的档案信息完整、真实，有定期的更新和管理层的复核	（1）与采购部门经理进行访谈，了解更新供应商（承包商）的标准和流程： ①对供应商（承包商）的定期复核频率 ②对供应商（承包商）的复核程序与方法（如评价报告等）

（续表）

序号	控制目标	控制活动	审计程序
2	固定资产的购置价格公平合理	2.4 供应商（承包商）的档案信息完整、真实，有定期的更新和管理层的复核	（2）采用判断抽样的方法从供应商清单中抽取____家供应商，查看相应的评价报告，判断是否经过公司规定的定期复核流程 （3）从评价报告中寻找不合格的供应商，查看其是否还在最新的经管理层批准的合格供应商清单中 （4）查看不合格的供应商清单和相关档案是否有保存
3	固定资产会计信息完整、准确、及时	3.1 财务部门复核固定资产购置或在建工程项目的原始单据和资料，确保其完整性和有效性，并与备案的固定资产年度采购预算和项目预算进行符合性审核	（1）与财务部门相关人员进行访谈，了解其对于固定资产采购预算与实际情况复核的内容，评估其对于该控制点的认知 （2）获得财务部门的固定资产年度采购预算执行分析表作符合性复核 （3）［仅当控制活动1.2之（2）的结果为不符合固定资产年度采购预算时］检查固定资产的归档文件，确认预算外固定资产采购是否有更高层管理人员签字
		3.2 财务部门设置固定资产明细账，固定资产管理部门设置固定资产台账，定期核对固定资产明细账和台账，对不一致的记录进行调整	
		3.3 经批准的固定资产采购申请表报财务部门备案，财务部门负责跟踪采购结果，确保所有采购均已入账	（1）与财务部门相关人员进行访谈，了解固定资产明细账的登记和更新流程 （2）与固定资产管理部门相关人员进行访谈，了解固定资产台账的登记和更新流程 （3）采用判断抽样的方法从固定资产明细账中抽取____笔记录，与固定资产台账相核对；再从固定资产台账中抽取____笔记录，与固定资产明细账相核对，确定其是否一致
4	固定资产质量符合合同和生产要求	4.1 收入固定资产时，由固定资产管理部门及使用部门组织验收，并在连续编号的验收单上签字	（1）与固定资产管理部门相关人员进行访谈，了解固定资产验收的流程 （2）采用判断抽样的方法从归档的文件中抽取最近____张固定资产验收单，查看其是否有相关人员的签字，确认验收单是否连续编号和使用

（续表）

序号	控制目标	控制活动	审计程序
4	固定资产质量符合合同及生产要求	4.2 自建工程项目，工程管理部门应会同其他相关部门（技术部门、财务部门等）定期检查工程项目的质量和进度，形成书面报告 4.3 工程项目结束，由固定资产使用部门、工程管理部门和聘请的第三方的评审机构进行验收，并编制验收决算报告（包括竣工结算报告），验收决算报告应经上述部门负责人和机构签字盖章	（1）与项目管理部门、固定资产使用部门相关人员进行访谈，了解工程项目验收的流程 （2）获得书面的工程项目验收流程 （3）采用判断抽样的方法抽取____份最近年度的项目竣工结算报告，查看是否有相应管理人员和机构的签字盖章 （4）采用判断抽样的方法从未完成的工程中抽取____份样本，查看是否存在未按预定日期及时竣工的项目，若有，则应询问理由

（三）固定资产的折旧内部控制审计的要点

固定资产的折旧内部控制审计的要点如表4-4-3所示。

表4-4-3　固定资产的折旧内部控制审计的要点

序号	控制目标	控制活动	审计程序
1	固定资产折旧政策符合国家会计制度和相关法规	1.1 书面制定固定资产折旧政策，该政策一旦确定，不得随意变更，并报公司董事会备案 1.2 固定资产折旧政策的制定基于国家和行业会计制度、明确的固定资产分类标准，在会计制度允许的范围内规定各类固定资产的折旧年限	（1）与财务部门相关人员进行访谈，了解固定资产折旧政策，判断其是否符合国家会计制度和相关法规 （2）获得书面的固定资产折旧政策的范本 （3）根据了解到的固定资产折旧政策，询问计提折旧的财务人员对政策的了解程度和执行的一贯性程度
2	固定资产会计信息的真实性、完整性和及时性	2.1 固定资产的折旧额由计算机系统每月自动生成，系统由专人维护并定期测试以确保其正常运作	（1）与财务部门或IT部门管理固定资产模块系统的人员进行访谈，了解系统计算固定资产折旧的相关信息及系统的运行和维护情况

（续表）

序号	控制目标	控制活动	审计程序
2	固定资产会计信息的真实性、完整性和及时性	2.1 固定资产的折旧额由计算机系统每月自动生成，系统由专人维护并定期测试以确保其正常运作	（2）上线检查系统主文件的设置，查看固定资产折旧计算公式的设置是否符合公司规定的固定资产折旧政策 （3）取得系统维护和测试的相关书面文件，确认其正常运作 （4）采用判断抽样的方法从本年新增的固定资产中抽取____项固定资产，查看其折旧额的提取是否计算正确
		2.2 财务人员检查计算机系统生成的固定资产折旧计算清单，分析其合理性	（1）与财务部门相关人员进行访谈，了解其对固定资产折旧计算清单的检查和分析过程 （2）采用判断抽样的方法，从归档的文件中抽取____个月的三轮车资产折旧计算清单，查看并评估其计算的合理性
		2.3 提取固定资产折旧的会计凭证，由财务经理进行复核并签字	（1）询问财务经理对于复核固定资产折旧计提凭证的事项，评估其对于该控制的认知情况 （2）采用判断抽样的方法从归档的固定资产折旧计提凭证中抽取____张凭证，检查财务经理的复核签字
		2.4 对于已提足折旧、停提折旧的固定资产，在固定资产清单上已明确列示	（1）询问财务部门固定资产的经办人，了解提足折旧和停止计提折旧的固定资产情况和操作办法 （2）获得固定资产清单 （3）对照固定资产折旧计提凭证所附的计算方法，确认固定资产清单中不包含停提和提完折旧的固定资产

（四）固定资产的调用内部控制审计的要点

固定资产的调用是指同一家企业内部各部门之间对固定资产的调拨。

固定资产的调用内部控制审计的要点如表4-4-4所示。

表4-4-4 固定资产的调用内部控制审计的要点

序号	控制目标	控制活动	审计程序
1	固定资产的调用程序符合公司的规定和整体规划	1.1 固定资产的调用应由固定资产使用部门填制固定资产调用申请单，该申请单包括调用原因、固定资产调出方和调入方等	（1）通过交叉询问了解公司的固定资产调用流程 （2）获得书面的固定资产调用流程，确认有管理层的确认

（续表）

序号	控制目标	控制活动	审计程序
1	固定资产的调用程序符合公司的规定和整体规划	1.2 固定资产调用申请单应由固定资产使用部门负责人、国宝资产管理部门负责人和高级管理层审批 1.3 固定资产管理部门应对固定资产使用部门提出的国宝资产调用申请进行审核，核对固定资产年度采购预算或调拨计划，对于采购计划外的调用，须在固定资产申请单上注明 1.4 固定资产调用申请单须经固定资产调用部门双方签字确认	（3）与固定资产管理部门、固定资产使用部门和管理层相关人员进行访谈，询问他们对固定资产调用流程的认知度 （4）采用判断抽样的方法从归档的文件中抽取＿＿＿张固定资产调用申请单，查看其填写内容是否完整，并固定资产调用部门双方负责人、固定资产管理部门和管理层审批签字
2	合理调配资源，经济有效地利用现有固定资产	2.1 固定资产管理部门应定期审查固定资产利用效率情况，如存在闲置资产，应及时采取调用、出售等解决方法	（1）与资产管理部门相关人员进行访谈，询问有关审查固定资产利用率情况的事项，评估其对该控制点的认知情况 （2）获取书面的固定资产利用效率报告 （3）检查该固定资产利用效率报告的执行和跟进情况
3	固定资产记录是完整和正确的	3.1 固定资产调用申请单经固定资产管理部门和管理层审批后，办理固定资产交接手续，固定资产管理部门应及时更新固定资产台账	（1）与固定资产管理部门相关人员进行访谈，了解固定资产台账的登记和更新流程 （2）对控制活动1.1中抽取的固定资产调用申请单，查看相应固定资产台账是否已同步更新

（五）固定资产的租入内部控制审计的要点

固定资产的租入内部控制审计的要点如表4-4-5所示。

表4-4-5 固定资产的租入内部控制审计的要点

序号	控制目标	控制活动	审计程序
1	固定资产的租入符合国家法律及公司和有关规定，为公司经营切实所需	1.1 固定资产的租入应由固定资产使用部门填写书面的固定资产租入申请单，该申请单上注明租入固定资产的名称、租出方和租入理由等	（1）通过交叉询问了解公司的固定资产租入的流程（包括询价制度和供应商的选择） （2）获得固定资产租入申请单的范本 （3）与固定资产管理部门相关人员进行

（续表）

序号	控制目标	控制活动	审计程序
1	固定资产的租入符合国家法律及公司和有关规定，为公司经营切实所需	1.2 固定资产租入申请单租赁申请应由固定资产使用部门负责人、资产管理部门负责人和高级管理层审批	访谈，了解他们分析固定资产租入成本和购买成本的程序和方法 （4）与固定资产使用部门相关人员和管理层进行访谈，询问他们对固定资产租入流程的认知度 （5）采用判断抽样的方法从归档的文件中抽取最近___张固定资产租入申请单，查看其是否注明申请租入原因、固定资产租出方、租入固定资产的名称、预算内或预算外租入、询价结果、供应商的选择理由等，并经固定资产使用部门负责人、固定资产管理部门和管理层审批签字
		1.3 固定资产管理部门应对固定资产使用部门提出的租入申请进行审核，判断租入的必要性和合理性，核对固定资产年度预算，对于预算外的租入，须在固定资产租入申请单上注明	
		1.4 固定资产的租入必须与固定资产出租方签订固定资产租入合同，固定资产租入合同必须经公司法律事务部门审核后盖合同章确认	（1）与固定资产管理部门和法律事务部门相关人员进行访谈，询问是否所有固定的资产租入均与固定资产租出方签订固定资产租入合同并经法律事务部门审核后盖合同专用章 （2）获得上次内部控制审计以来的所有固定资产租入合同复印本 （3）查看上述固定资产租入合同是否经双方管理层签字并盖合同专用章
2	固定资产的租入价格公平合理	2.1 有相应制度明确一定金额以上的固定资产租入必须经多家供应商书面询价程序，询价结果和供应商的选择理由必须在固定资产租入申请单上说明	同1.1
		2.2 固定资产管理部门在审核固定资产使用部门提交的固定资产租入申请单时，应对该固定资产的租入成本和购买成本进行比较分析	

（续表）

序号	控制目标	控制活动	审计程序
3	固定资产租入费的支付符合合同条款的规定，是合理的	3.1 租入费的支付应由固定资产使用部门提出书面申请，申请上应注明固定资产的起始租入日、申请支付的租入费所涵盖的租入期和固定资产的使用状态等	（1）与固定资产使用部门和财务部门相关人员进行访谈，了解有关租入费支付的流程 （2）询问财务部门相关人员有关将固定资产租入费支付申请单和固定资产租入合同进行符合性复核的情况 （3）获得固定资产租入费支付的书面流程和固定资产租入费支付申请单的范本 （4）采用判断抽样的方法从归档的文件中抽取____张固定资产租入费支付申请单，查看是否注明固定资产的起始租入日、申请的租入费所涵盖的租入期、固定资产的使用状态等，并检查是否有固定资产使用部门负责人和其他相关管理层的审核签字 （5）采用判断抽样的方法从固定资产租入费的明细账中选取____张交易凭证，查看其附件是否完整，是否有相应管理层的审核
		3.2 固定资产租入费支付申请单应由固定资产使用部门总经理审批，再按审批权限报请公司管理层审批	
		3.3 固定资产租入合同报财务部门备案	
		3.4 经审批的固定资产租入费支付申请单提交财务部门后，由财务部门相关人员负责将固定资产租入费支付申请单与备案的固定资产租入合同进行符合性审核	
		3.5 固定资产租入费的入账有管理层的监控和复核	
4	租入的固定资产记录是完整和正确的	4.1 经营性租入固定资产办理交接手续后，应设置租入固定资产备查簿	（1）与固定资产管理部门相关人员进行访谈，了解有关设立租入固定资产备查簿的情况 （2）实地观察租入固定资产备查簿的登记情况，查看是否清楚地注明入且固定资产的所在部门、所在区域、起始租入日、固定资产的使用状态等 （3）检查财务账上是否有单列的"融资租入固定资产"科目和融资租入固定资产台账 （4）采用判断抽样的方法从租入固定资产备查簿中抽取____项固定资产，进行实地盘存，确定其存在性和与登记情况的一致性
		4.2 融资性租入固定资产办理交接手续后，应更新固定资产台账，在财务账上单列融资租入固定资产	

（六）固定资产的处置内部控制审计的要点

固定资产的处置内部控制审计的要点如表4-4-6所示。

表4-4-6　固定资产的处置内部控制审计的要点

序号	控制目标	控制活动	审计程序
1	固定资产处置的符合公司的政策	1.1 固定资产处置申请单由固定资产使用部门或保管部门填写，申请上应注明固定资产的编号、名称和处置原因，由部门负责人审批 1.2 固定资产管理部门负责审核固定资产处置申请单，考虑固定资产是否可通过维修或调用发挥作用，若必须处置，则应考虑是否可以出售，并由固定资产管理部门负责人在固定资产处置申请单上签署意见 1.3 根据实际情况制定管理层的审批权限，以正式文件形式下发各部门，固定资产处置申请单应报相应管理层按固定资产出售和报废的审批权限审批	（1）与固定资产使用部门相关人员进行访谈，了解有关固定资产处置的流程 （2）与固定资产管理部门相关人员进行访谈，了解有关复核固定资产处置申请单的流程 （3）与财务部门（或独立于固定资产管理部的其他部门）的相关人员进行访谈，了解有关分析固定资产账面价值和出售价格的流程 （4）获得书面的固定资产处置申请单的范本 （5）获得书面的固定资产处置和报废审批权限一览表 （6）采用判断抽样的方法从归档的文件中抽取____张固定资产处置申请单，查看固定资产处置申请单上是否注明固定资产的编号、名称和处置原因，是否有固定价格磋商记录与结果，是否有固定资产使用部门负责人、固定资产管理部门负责人、财务部门的负责人（或其他独立部门）的审核意见及签字
2	固定资产的处置收入的公允性	2.1 若处置的固定资产可以出售，则由固定资产管理部门进行价格磋商，并将价格磋商记录与结果在固定资产处置申请单上注明 2.2 由独立于固定资产管理部门的管理层人员（如财务部负责人）综合考虑固定资产的账面价值和出售价格，并在资产处置申请单上签字批准	同1

259

序号	控制目标	控制活动	审计程序
3	固定资产的处置信息及时而准确地反映在会计记录中	3.1 固定资产管理部门根据经批准的固定资产处置申请单对固定资产进行处置，固定资产处置申请单和相关资料应及时报财务部门进行账务处理 3.2 财务部门复核固定资产处置申请单和相关资料 3.3 固定资产处置的会计凭证由财务经理进行复核并签字	（1）与财务部门相关人员进行访谈，了解固定资产处置的账务处理流程 （2）实地观察财务部门的复核过程 （3）采用判断抽样的方法从归档的固定资产处置凭证中抽取____份样本，复核固定资产处置申请单和相关资料并检查是否有财务经理的复核签字

（七）固定资产的维护内部控制审计的要点

固定资产的维护内部控制审计的要点如表4-4-7所示。

表4-4-7　固定资产的维护内部控制审计的要点

序号	控制目标	控制活动	审计程序
1	确保固定资产的完整性	1.1 公司制定固定资产保管制度，已提足折旧、准备报废的经营性租出固定资产，视同固定资产进行保管	（1）询问固定资产管理部门，了解在某项固定资产已决定处置但未处置前的管理程序 （2）实地观察固定资产的保管情况 （3）查阅最近的盘点记录，确定盘点清单中是否包含已经决定处置但尚未处置的固定资产
2	确保固定资产的正常运行，满足生产需要和公司的规章制度	2.1 公司制定固定资产维护制度，并确定维修的质量标准	（1）与固定资产管理部门、财务部门和固定资产使用部门相关人员进行访谈，了解固定资产维护制度的制定情况，是否经上级批准并下达到基层 （2）获得书面的固定资产维护制度，检查其内容如维护质量标准等，以及是否经管理层签字确认 （3）评估固定资产维护制度在相关部门贯彻执行的程度
		2.2 固定资产管理部门会同生产运行部门制订详细的年度固定资产维护计划，该计划应报上级审批，经主管领导审批后，下达相关部门	（1）与固定资产管理部门、财务部门和固定资产使用部门相关人员进行访谈，了解固定资产维护计划的制订情况，是否经上级批准并下达到基层 （2）获得书面的固定资产维护计划，固定

（续表）

序号	控制目标	控制活动	审计程序
2	确保固定资产的正常运行，满足生产需要和公司的规章制度	2.2 固定资产管理部门会同生产运行部门制订详细的年度固定资产维护计划，该计划应报上级审批，经主管领导审批后，下达相关部门	资产维护计划进行检查，查看是否有管理层的签字确认 （3）评估固定资产维护计划在相关部门贯彻执行的程度
		2.3 固定发生临时日常维护时，由固定资产使用部门提出申请，经主管领导授权批准后组织实施固定资产维护部门按照固定资产维护计划和既定质量标准定期对固定资产进行维护，维护完成后，固定资产使用部门和管理部门共同对维护结果进行验收，由主管领导签字确认并在维修记录中加以记录	（1）与固定资产管理部门主管人员进行访谈，了解固定资产日常维护的实施程序 （2）采用判断抽样的方法抽取___张固定资产维护申请单，检查固定资产维护申请单是否连续编号，是否经固定资产使用部门主管批准并追踪至维护记录，检查固定资产维护服务是否完成，经验收并记录
		2.4 固定资产管理部门要定期检查固定资产维护记录以检查维护工作是否按计划进行	（1）与固定资产管理部门主管人员进行访谈，了解其是否定期查看固定资产维修记录和维护频率 （2）检查固定资产维护记录是否经固定资产管理部门主管人员查阅，以及最近的检查时间
3	节约固定资产维护成本	3.1 经批准后的固定资产维护计划纳入企业预算管理体制	同2.2
		3.2 必须由外部维护服务提供商进行的维护，要经多方询价后进行选择询价结果作为固定资产维护申请单的附件备存	（1）与固定资产管理部门主管人员进行访谈，了解选择固定资产维护服务提供商询价的程序 （2）检查是否存在对固定资产维护服务提供商询价和评估的书面记录，评估是否按公司的规定程序进行
		3.3 固定资产维护服务合同的订立、修改、审批和管理参见"采购合同/订单的订立、审批和修改"	固定资产维修服务合同的相关审计程序参见"采购合同/订单的订立、审批和修改"
4	固定资产得到足够的保险保障	4.1 对固定资产进行投保	（1）与固定资产管理部门主管人员进行访谈，了解对固定资产投保的政策、保险范围，是否投保公众责任险 （2）取得保险单，评估其保险范围是否可以充分覆盖固定资产损失的风险 （3）询问了解公司是否制定了选择保险公司的依据，并获得书面文本，查核其制定的合理性
		4.2 公司制定选择保险公司的依据，并严格按依据选择保险公司	

（八）固定资产档案的管理内部控制审计的要点

固定资产档案的管理内部控制审计的要点如表4-4-8所示。

表4-4-8　固定资产档案的管理内部控制审计的要点

序号	控制目标	控制活动	审计程序
1	固定资产档案的完整性	1.1 制定对固定资产的编码管理制度，对所有固定资产进行编号，贴上标签，建立固定资产台账	（1）与固定资产管理部门主管人员进行访谈，了解公司的固定资产的管理制度，包括： ①是否有书面的固定资产管理制度 ②固定资产的编码体系规则 ③固定资产资料的保存与更新流程 （2）取得公司的固定资产管理制度，并与了解的情况比较是否相符
		1.2 编制固定资产清单，对固定资产的编号、类别、价值、使用部门、购买日期、折旧政策等信息和变动情况进行及时记录	（3）现场查看公司的固定资产，检查是否均已贴上固定资产标签或是否建立台账，采用判断抽样的方法抽取____份固定资产样本，追查至固定资产清单，判断记录是否准确 （4）获得固定资产清单，检查清单包含的内容是否全面，包括名称、种类、原值、净值、累计折旧、编号、购置日期、使用部门或地点、折旧政策等 （5）采用判断抽样的方法从固定资产清单中抽取____份样本，追查至相应的原始购置单据，检查其记录是否准确及时
2	固定资产档案正确、及时地得到更新	2.1 使用连续编号的固定资产验收单、调用单和处置申请单	（1）与固定资产管理部门主管人员进行访谈，了解固定资产验收、调用单和处置申请单是否连续编号，以及是否连续使用；了解固定资产资料的新增和更新流程，包括使用的单据、审核过程等 （2）采用判断抽样的方法抽取____笔资料修改记录（如新增、报废等），检查前后的修改单据是否与其连续编号
		2.2 根据经批准的固定资产验收单、调用单和处置申请单，对固定资产清单和台账进行及时更新	（3）采用判断抽样的方法从固定资产的验收单、调用单和处置申请单中抽取最近的____笔记录，追踪到固定资产清单和台账，确认其是否被及时更新
		2.3 对固定资产资料的修改均有合法的经批准的单据，并由专人核对修改的正确性	（1）与固定资产资料管理人员进行访谈，了解固定资产资料的修改程序 （2）采用判断抽样的方法从固定资产的验收单、调用单和处置申请单中各抽取____份样本，追踪到固定资产台账和清单，以及财务账，确认记录已被更新

（九）固定资产的盘点内部控制审计的要点

固定资产的盘点内部控制审计的要点如表4-4-9所示。

表4-4-9　固定资产的盘点内部控制审计的要点

序号	控制目标	控制活动	审计程序
1	保证固定资产的完整和账实相符	1.1 对固定资产进行定期盘点，由固定资产管理部门和使用部门人员共同参与，财务部门进行监盘，盘点中注意固定资产的使用状况，以及账外固定资产盘点的时间应一致，避免重复计算	（1）与固定资产管理部门、财务部门相关人员进行访谈，了解固定资产的盘点程序和频率、基层人员对固定资产盘点的了解程度、固定资产盘点小组的成立情况（是否包含了必要的人员） （2）获得书面的固定资产盘点制度（如有），比较是否与实际操作情况相符 （3）对固定资产盘点小组成立的书面文件（如通知或会议纪要，如有）加以审查，查看是否包含了必要的人员 （4）采用判断抽样的方法从固定资产清单中抽取＿＿项固定资产，并进行现场盘点
		1.2 编制固定资产盘点报告记录盘点结果，由所有参与盘点的人签字确认	（1）取得固定资产盘点结果，检查是否已由所有参与盘点的人签字确认 （2）固定资产盘点如有差异（盘盈或盘亏），是否调查了差异产生的原因和出具固定资产盘点差异报告，报有关部门签署处理意见 （3）固定资产盘点如无差异，检查会计记录，判断财务部门是否已依据审批意见进行账务处理；对固定资产登记卡加以审查，查看固定资产管理部门是否依据审批的处理意见调整台账
		1.3 发生固定资产盘点差异时，调查原因并出具固定资产盘点差异报告，提交管理层审批后，财务部门进行账务处理，固定资产管理部门调整台账	
2	保护固定资产的安全	2.1 设立专职部门或人员负责保卫和安全工作	（1）询问保卫部门，了解是否有一套运行良好的保卫体系确保固定资产的安全，包括： ①固定资产的管理责任是否明确且落实到人 ②固定资产的调拨是否须经管理层授权 ③重要的固定资产是否放置在安全可靠的处所并由专人负责保管 ④对于重要设施的接触和使用是否有记录 （2）观察重要固定资产的管理环境是否与保卫部门所述一致 （3）询问生产运行部门，了解是否有一套运行良好的安全体系和防护措施确保固定

（续表）

序号	控制目标	控制活动	审计程序
2	保护固定资产的安全	2.1 设立专职部门或人员负责保卫和安全工作	资产和使用者的安全 （4）实地观察高温、高压等危险设备的安全保护工作是否与保卫部门所述一致
		2.2 固定资产的运出需填制出门单，由适当管理层批准后放行	
		2.3 按照公司要求或行业/国家消防标准设计厂房，并安装相应的消防设施、器材和必要的通风设施，如烟感、喷淋系统和玻破报警器等；由专属部门负责消防设施/器材的保养和检验，并进行记录；消防设施经当地消防局检验合格	（1）询问保卫部门，了解固定资产运出公司的控制措施，是否必须填制出门单才可放行 （2）实地观察门卫的工作情况 （3）实地观察固定资产的物理安全设施
3	有效利用固定资产	3.1 公司对固定资产的使用状况定期进行检查，如有设备闲置，应具体分析原因并妥善处理	（1）与固定资产管理部门、财务部门相关人员进行访谈，了解固定资产盘点中是否会关注固定资产的使用状态，有无闲置固定资产，以及判断的依据 （2）如发现闲置固定资产，了解是否分析原因，并对固定资产价值进行评估 （3）取得闲置固定资产的分析报告，检查是否有管理层审阅并签字确认 （4）取得对固定资产减值的分析报告，了解计算的方法，评估其是否合理
		3.2 公司定期依据固定资产的使用状况检查结果，对相应的固定资产记录进行修正（如计提固定资产减值等）	

第5节　存货业务内部控制审计实务

一、存货业务的内部控制

存货主要包括原材料、在产品、产成品、半成品、商品及周转材料等；企业代销、代管、代修、受托加工的存货，虽不归企业所有，但也应纳入企业存货管理范畴。

存货业务所涉及的主要部门一般包括生产计划部门、仓库、生产部门、销售部门和财务部门。

（一）存货业务的分工与授权批准

职责分工、权限范围和审批程序应当明确规范，机构设置和人员配备应当科学合理。企业应当建立存货业务的岗位责任制，明确内部相关部门和岗位的职责、权限，确保办理存货业务的不相容岗位相互分离、制约和监督。

企业应当对存货业务建立严格的授权批准制度，明确审批人对存货业务的授权批准方式、权限、程序、责任和相关控制措施，规定经办人办理存货业务的职责范围和工作要求。

企业内部除存货管理部门和仓储人员外，其余部门和人员接触存货时，应由相关部门特别授权。对于属于贵重物品、危险品或需保密物品的存货，企业应制规定更严格的接触限制条件，必要时，存货管理部门内部也应当执行授权接触。

（二）存货业务的流程与控制措施

不同类型的企业有不同的存货业务特征和管理模式，即使同一家企业，不同类型存货业务的流程和管控方式也可能不尽相同。企业建立和完善存货内部控制制度，必须结合本企业的生产经营特点，针对流程中主要风险点和关键环节，制定有效的控制措施；同时，充分利用计算机信息管理系统，强化会计、出入库等相关记录，确保存货管理全过程的风险得到有效控制。

生产企业存货业务的流程一般可分为取得、验收、仓储保管、生产加工、盘点处置等阶段，历经取得存货、验收入库、仓储保管、领用发出、原料加工、装配包装、盘点清查、销售处置等主要环节。具体内容如图4-5-1所示。

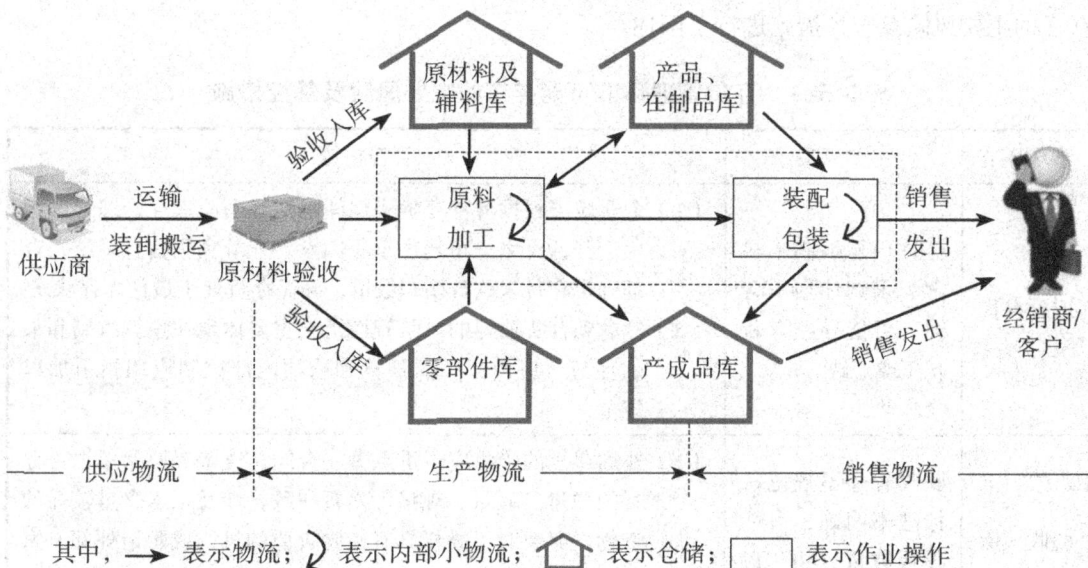

图4-5-1　生产企业存货业务的流程

具体到某个特定生产企业，存货业务的流程可能较为复杂，不仅涉及上述所有环节，甚至有更多、更细的流程，并且存货在企业内部要经历多次循环。例如，原材料要经历验收入库、领用加工，形成半成品后又入库保存或现场保管、领用半成品继续加工，加工完成为产成品后再入库保存，直至发出销售等过程。也有部分生产企业的生产经营活动较为简单，其存货业务的流程可能只涉及上述阶段中的某几个环节。

商品流通企业存货业务的流程通常经过取得、验收入库、仓储保管、销售发出等主要环节；零售商从生产企业或批发商（经销商）那里取得商品，经验收后入库保管或直接放置在经营场所对外销售。具体内容如图4-5-2所示。

例如，仓储式超市货架里摆放的商品就是超市的存货，商品仓储与销售过程紧密联系在一起。

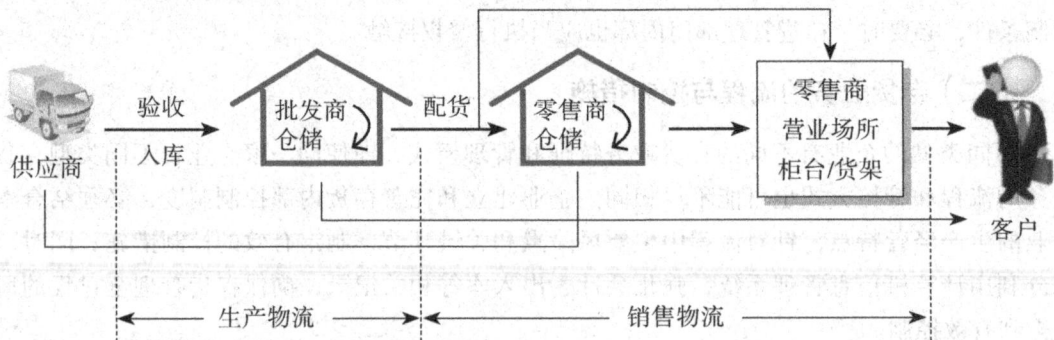

图4-5-2　商品流通企业存货业务的流程

总而言之，无论是生产企业，还是商品流通企业，存货的取得、验收入库、仓储保管、领用发出、盘点清查、销售处置等是其共有的环节。表4-5-1对固定资产管理环节可能存在的主要风险及管控措施进行了阐述。

表4-5-1　存货管理环节可能存在的主要风险及管控措施

管理环节	主要风险	管控措施
取得存货	存货预算编制不科学、采购计划不合理，可能导致存货积压或短缺	（1）企业应当根据各种存货采购间隔期和当前库存，综合考虑生产经营计划、市场供求等因素，充分利用信息系统，合理确定存货采购日期和数量，确保存货处于最佳库存状态 （2）考虑到存货取得的风险管控措施主要体现在预算编制和采购环节，应由相关的预算和采购内部控制应用指引加以规范
验收入库	验收程序不规范、标准不明确，可能导致数量克扣、以次充好、账实不符	（1）外购存货的验收应当重点关注合同、发票等原始单据与存货的数量、质量、规格等是否一致，涉及技术含量较高的货物，必要时可委托具有检验资质的机构或聘请外部专家协助验收 （2）对于自制存货的验收，企业应当重点关注产品质量，只有

（续表）

管理环节	主要风险	管控措施
验收入库	验收程序不规范、标准不明确，可能导致数量克扣、以次充好、账实不符	检验合格的半成品和产成品，才能办理入库手续，不合格品应及时查明原因、落实责任、及时处理 （3）对于其他方式取得存货的验收，企业应当重点关注存货来源、质量状况、实际价值是否符合有关合同或协议的约定
仓储保管	存货仓储保管方法不适当、监管不严密，可能导致损坏变质、价值贬损、资源浪费	（1）存货在不同仓库之间流动时，经办人员应当办理出入库手续 （2）存货在仓储期间要按照仓储物资所要求的储存条件妥善贮存，做好防火、防洪、防盗、防潮、防病虫害、防变质等保管工作，不同批次、型号和用途的产品要分类存放 （3）生产现场的在加工原料、周转材料、半成品等要按照有助于提高生产效率的方式摆放，同时防止浪费、被盗和流失 （4）对代管、代销、暂存和受托加工的存货，管理人员应单独存放和记录，避免与企业存货混淆 （5）结合企业实际情况，加强存货的保险投保，保证存货安全，合理降低存货意外损失风险 （6）仓储部门应对库存物料和产品进行每日巡查和定期抽检，详细记录库存情况；发现毁损、存在跌价迹象的，应及时与生产、采购、财务等相关部门沟通；对于进入仓库的人员应办理进出登记手续，未经授权人员不得接触存货
领用发出	存货领用发出审核不严格、手续不完备，可能导致货物流失	（1）企业根据自身的业务特点，确定适用的存货发出管理模式，制定严格的存货准出制度，明确存货发出和领用的审批权限，健全存货出库手续，加强存货领用记录 （2）无论是何种企业，对于大批存货、贵重商品或危险品的发出，均应当实行特别授权；仓储部门应当根据经审批的销售（出库）通知单发出货物
盘点清查	存货盘点清查制度不完善、计划不可行，可能导致工作流于形式、无法查清存货真实的状况	（1）企业应当建立存货盘点清查工作规程，结合自身实际情况确定盘点周期、盘点流程、盘点方法等相关内容，定期盘点和不定期抽查相结合 （2）盘点清查时，企业应拟订详细的盘点计划，合理安排相关人员，使用科学的盘点方法，保持盘点记录的完整，以保证盘点的真实性和有效性 （3）企业应当及时把盘点清查结果编制成盘点表，形成书面报告，对盘点清查中发现的问题，应及时查明原因，落实责任，按照规定权限报经批准后处理 （4）多部门人员共同盘点，应当充分体现相互制衡，严格按照盘点计划，认真记录盘点情况 （5）企业至少应当于每个年度终了开展全面的存货盘点清查，及时发现存货减值迹象，将盘点清查结果形成书面报告

（续表）

管理环节	主要风险	管控措施
存货处置	存货报废处置责任不明确、审批不到位，可能导致企业利益受损	企业应定期对存货进行检查，及时、充分地了解存货的存储状态，对于存货变质、毁损、报废或流失的处理要分清责任、分析原因

二、存货业务内部控制审计的要点

（一）内部控制审计之前的调查

内部审计人员在对某公司的存货业务进行内部控制审计之前，应制定调查问卷（如下）并开展调查。

存货业务内部控制审计调查问卷

1. 仓库的组织架构是怎样的（如归口部门、人员组成和职责分工）？

2. 公司存货的主要性质、类别（如原材料、备件、低值易耗品、在产品或产成品）？

3. 是否有来料加工、委托加工的过程？若有，请介绍其操作流程。

4. 公司是否有书面的仓库操作流程或收发货流程？

5. 原材料（包括备件、半成品和低值易耗品）的入库流程是怎样的？

（1）收货前是否收到采购部门的收货通知或采购订单？

（2）到货时是否按收货通知或采购订单进行签收、点数、称重、外观检查？货品与采购订单不相符时如何处理？

（3）是否有独立的货品待收区域？

（4）货品入库前是否须经过质检？

（5）入库单的签发过程是怎样的？

（6）入库单是否预先连续编号并连续使用？

（7）入库单的联次及各联次的流转是怎样的？

（8）月末是否与采购部门进行对账？对账差异是否进行调查和跟进？

6. 原材料（包括备件、半成品和低值易耗品）的发出流程是怎样的？

（1）原材料/半成品的发出是否符合生产计划？

（2）领料单是否经领用部门主管签字？

（3）发料时是否进行签收？

（4）领料单是否预先连续编号并连续使用？

（5）领料单据的联次及各联次的流转？

（6）月末是否与领用部门进行对账？对账差异是否进行调查和跟进？

7. 原材料的管理流程是否考虑了库存量警戒线过高和过低的问题？

8. 产成品和半成品入库的流程是怎样的？

（1）是否根据生产部门的生产计划接收产成品和半成品？

（2）产成品入库前是否经过质检？

（3）产成品入库单的签发依据和过程是怎样的？

（4）产成品入库单是否预先连续编号并连续使用？

（5）产成品入库单的联次及各联次的流转是怎样的？

（6）月末是否与生产部门进行对账？对账差异是否进行调查和跟进？

9. 产成品发货的流程是怎样的？

（1）产成品发货的依据是否是销售部门的发货通知单或其他类似单据？

（2）备货过程是怎样的？是否有独立的待发区域？

（3）出库单的签发流程是怎样的？

（4）出库单是否预先连续编号并连续使用？

（5）出库单的联次及各联次的流转是怎样的？

（6）发货的数量品种是否经仓库管理员和运输人员/客户签字确认？

（7）月末是否与销售部门进行对账？对账差异是否进行调查和跟进？

10. 仓库台账的记录使用手工账还是系统账？是否以原始单据作为记账的依据？

（1）如何进行对系统账的接触/输入控制？

（2）台账必须记录的存货信息有哪些？

11. 台账由谁记录？是否实时记录？交易的截止日期是否记录正确？

12. 是否有货品内部移库的业务？移库的流程是怎样的？

（1）移库是否使用调拨单？

（2）调拨单由谁批准？

（3）调拨单的发出/收入数是否经双方仓库的确认？

（4）调拨单是否预先连续编号并连续使用？

（5）调拨单的联次及各联次的流转是怎样的？

（6）月末调出调入仓库是否进行对账？对账差异是否进行调查和跟进？

13. 库房报表的制作过程是怎样的？

（1）报表是系统自动生成还是手工制作？

（2）报表和实物是否相符？

（3）报表是否经仓库主管复核签字？

14. 报表递交财务部门的周期是怎样的？财务账与仓库台账的核对周期是怎样的？对账差异的调查和处理流程是怎样的？

15. 盘点的流程是怎样的？

（1）盘点的周期、盘点的的组织、盘点的范围、盘点清单的准备是怎样的？

（2）是否有财务人员进行监盘？

（3）盘点记录、盘点汇总表/盘点报表如何形成？是否经监盘人员和盘点人员签字确认？

16. 盘点差异的账务调整是否经过管理层的批准？

17. 是否有外仓或委托代销商品？如何管理这些存货？外仓管理人员的隶属关系（公司内部职员/外包人员）？外仓和委托代销品是否进行盘点或者函证？

18. 仓库的操作管理是怎样的？

（1）各类货品的摆放是否清晰规范？

（2）退货在质检前是否单独堆放？

（3）残次冷背的存货是否有单独的堆放区域？

（4）残次冷背存货的处置程序是否依据管理层的批准？处置现场是否有仓库以外的部门对处置结果共同确认？

（5）每种货品是否有卷标进行标记？

（6）各货架/货位是否有货卡进行标记？

（7）发货时是否依据先进先出的原则？

19. 仓库的保安、消防工作是如何开展的？

（1）仓库有无书面的保安制度？

（2）是否有专职的仓库管理人员？

（3）如何控制公司人员的出入（如锁匙系统或门卡）？临时人员如何出入仓库（在登记簿上登记或由仓库管理人员陪同）？

（4）仓库是否保存有单价较高的存货或易被盗窃的存货？如何保管这些存货？是否安装有防盗设施（如探头或红外报警器）？

（5）库房是否安装有消防设施（如喷淋系统或火灾报警系统）？

（6）消防设施是否定期检修？消防设施是否经过消防局的认证？

（7）公司是否有危险品或有毒有害品的存货？如何保管这些存货？保管方式是否符合国家、行业或公司的有关标准？

20. 存货保险的确定流程是怎样的？

（1）如何确定存货保险的范围和金额？

（2）存货保险的范围和金额是否经过管理层的批准？

（3）保险公司的选择流程是怎样的？保险合同的签订过程是怎样的？

（4）保险到期是否有专人负责管理？

21. 财务部门如何进行有关存货的账务处理？

（1）记录和暂估应付款时是否依据入库单？

（2）暂估是在月底入库冲回还是实际入库冲回？

（3）记录销售时是否依据出库单？

（4）核算成本时是否依据仓库和生产部门的报表和原始单据？

（5）计提存货减值准备的政策、依据、金额是否经过管理层的批准？

（6）所有存货账面余额、账面价值的调整是否经过管理层的批准？

（7）是否存在过渡账户和相关模块？

21. 原材料已发出，账上已作出库处理，但仍由车间保管，相关的保管措施如何是怎样的？

22. 低值易耗品领用后是否存在相应的管理流程（如备查簿制度）？

23. 是否存在可以周转使用的包装材料？若有，请介绍一下如何管理这些包装材料？

24. 残次冷背是如何管理的？

25. 在现在的工作中，您最担心或最关心的事是什么？

（二）原材料入库内部控制审计的要点

详细内容参见本章第3节中"购货的入库和退回内部控制审计的要点"。

（三）在产品和原材料出库内部控制审计的要点

在产品和原材料出库内部控制审计的要点如表4-5-2所示。

表4-5-2　在产品和原材料出库内部控制审计的要点

序号	控制目标	控制活动	审计程序
1	领用单的填写和批准符合公司规程的要求	1.1 公司制定书面的货品领用操作流程，经相关管理层签字，并由操作人员贯彻执行	（1）与生产部门、仓库保管员或其他相关人员进行访谈，了解原材料、在产品领用和发出的操作流程及执行状况等 （2）获得被审计单位书面的原材料、在产品领用和发出操作流程或政策，并复核该流程或政策的完整性和管理层的确认
		1.2 领用人填写领料单，并由其部门主管审核签字	（1）获得领料单的范本 （2）采用判断抽样的方法从仓库台账的在产品和原材料发出记录中抽取___份样本，追查到其依据的领料单，查看是否与台账一致，领料单是否连续编号，填写是否规范，并且是否有领料部门和仓库保管员的签字 （3）评估在产品和原材料发出控制的有效性
2	只对有效的领料单进行发货	2.1 仓库保管员审核领料单是否已经适当授权并签字确认	
3	发货数量和品种正确	3.1 仓库保管员按领料单发货，领料人和发料人均在领料单上签字确认实发数	
4	准确记录所有在产品和原材料的发出	4.1 领料单据应预先连续编号，并且连续使用	取得已归档的领料单的仓库联，查看编号的连续性，若编号不连续，检查原因并评估其合理性

（续表）

序号	控制目标	控制活动	审计程序
4	准确记录所有在产品和原材料的发出	4.2 仓库保管员应以领料单作为原始凭证，登记在产品和原材料的台账	同1.2
		4.3 仓库保管员与领用部门应定期核对在产品和原材料的发出记录，调查差异产生的原因并采取相应的跟进措施	（1）与生产部门、仓库保管员或其他相关人员进行访谈，了解仓库与生产部门的领料对账程序 （2）获取原材料、在产品的领用和发出调节表的范本 （3）采用判断抽样的方法抽取___个月的调节表和对账单，查看其是否有双方确认的签字，对账结果是否有差异，对账双方是否对差异进行调查，调查结果是否合理，必要时对调查结果进行核实 （4）评估在产品和原材料发出记录对账控制的有效性
5	在产品和原材料货卡的信息准确	5.1 仓库保管员应及时准确地在在产品和原材料货卡上更新结存数量	（1）采用判断抽样的方法从存货明细账上抽取___份样本，检查在产品和原材料货卡的填写是否正确，是否与实盘数一致 （2）评估在产品和原材料货卡使用的有效性
		5.2 盘点过程中核对在产品和原材料货卡的正确性	

（四）在产品和产成品入库内部控制审计的要点

在产品和产成品入库内部控制审计的要点如表4-5-3所示。

表4-5-3　在产品和产成品入库内部控制审计的要点

序号	控制目标	控制活动	审计程序
1	只接受经过检验的在产品和产成品	1.1 所有在产品和产成品在入库前需由质检部门检验并在检验报告上签字	（1）与生产部门、仓库保管员或其他相关人员进行访谈，了解在产品和产成品入库的基本流程，以及在产品和产成品的存放管理要求等 （2）获得仓库在产品和产成品质检报告的范本，查阅是否有经办人签字 （3）采用判断抽样的方法抽取___份检验报告，查看是否有质检部门的签字确认，是否填写允收和拒收数量
		1.2 仓库保管员应取得相应的检验报告后接受产成品和在产品	

（续表）

序号	控制目标	控制活动	审计程序
2	正确区分和保存不合格品	2.1 不合格的在产品和产成品应有单独的堆放区域，并以不同标签显示与合格货品的区别	（1）实地观察仓库管理状况，不合格产品的堆放、管理方法及其与合格货品的区分 （2）评估在产品和产成品存放控制的有效性
3	接受的在产品和产成品的数量和品种正确	3.1 仓库保管员清点收到的在产品和产成品后签发入库单，并由生产部门确认入库数量和品种	（1）获得入库单的范本 （2）采用判断抽样的方法从仓库台账的在产品和产成品收入记录中抽取____份样本，追查到仓库留存的入库单，查看是否与台账一致，入库单是否连续编号，填写是否规范，并且具备生产部门和仓库保管员的签字 （3）评估在产品和产成品入库控制的有效性
4	准确记录所有入库的在产品和产成品	4.1 入库单据应预先连续编号，并且连续使用	
		4.2 仓库保管员与生产部门应定期核对在产品和产成品的入库记录，调查差异产生的原因并采取相应的跟进措施	（1）与生产部门、仓库保管员或其他相关人员进行访谈，了解仓库与生产部门的对账程序 （2）获取在产品和产成品的产出和入库调节表的范本 （3）采用判断抽样的方法抽取____个月的调节表和对账单，查看对账是否有双方的签字确认，对账结果是否有差异，对账双方是否对差异进行调查，调查结果是否合理，必要时对调查结果进行核实 （4）评估在产品和产成品入库记录对账控制的有效性
5	在产品和产成品货卡的信息准确	5.1 仓库保管员应及时在货卡上登记在产品和产成品的结存数量	（1）采用判断抽样的方法从存货明细账中抽取____份样本，检查在产品和产成品货卡的填写是否正确，是否与实盘数一致 （2）评估在产品和产成品货卡使用的有效性

（五）产成品出库内部控制审计的要点

详细内容参见本章第2节中"产成品发运内部控制审计的要点"。

（六）存货的内部转移内部控制审计的要点

存货的内部转移是指货物和原材料在同一法人的不同仓库（本地或异地）间的转移。存货的内部转移内部控制审计的要点如表4-5-4所示。

表4-5-4　存货的内部转移内部控制审计的要点

序号	控制目标	控制活动	审计程序
1	所有存货的内部转移满足生产和销售的需要并使公司运营成本最小化	1.1 公司应制定书面的存货内部转移的操作流程或政策，经管理层确认并由操作人员贯彻执行	（1）与生产部门、销售部门、仓库保管员或其他相关人员进行访谈，了解存货内部转移的基本流程，以及相关的控制要求等 （2）获得被审计单位书面的存货内部转移的操作流程或政策，并复核该流程或政策的完整性和管理层的确认
		1.2 存货调拨单应由需求部门（如生产和销售部门）提请，并经本部门和物流部门主管批准	（1）获得存货调拨单的范本 （2）采用判断抽样的方法从仓库留存的调拨单中抽取____份样本，查看其数量和品种是否与台账记录一致，存货调拨单是否连续编号，填写是否规范，是否有审批部门的签字，调出和调入方保管员的签字 （3）评估存货内部转移控制的有效性
2	只处理有效的内部转移请求	2.1 调出仓库应复核存货调拨单的批准签字后方可进行发货	同1.2
3	正确处理存货的内部转移	3.1 调出仓库按照存货调拨单发货，经办人员签字确认实发货品的品种、数量，并保留一联存货调拨单	同1.2
		3.2 调入仓库按照存货调拨单收货，经办人员签字确认实收货品的品种、数量，并保留一联存货调拨单	
4	所有内部转移的存货在收入方和发出方分别正确记录	4.1 调拨单应当预先连续编号，并且连续使用	同1.2
		4.2 存货调出仓库和调入仓库均以存货调拨单作为原始凭证，登记调拨存货的台账	
		4.3 发出方和收入方应定期核对存货调拨记录，调查差异产生的原因并采取相应的跟进措施	（1）与生产部门、销售部门、仓库保管员或其他相关人员进行访谈，了解存货内部转移的对账流程，以及相关的控制要求等

（续表）

序号	控制目标	控制活动	审计程序
4	所有内部转移的存货在收入方和发出方分别正确记录	4.3 发出方和收入方应定期核对存货调拨记录，调查差异产生的原因并采取相应的跟进措施	（2）获得存货调拨发出/收入调节表的范本 （3）采用判断抽样的方法抽取____个月的调节表和对账单，查看对账是否有对账双方的签字确认，对账结果是否有差异，对账双方是否对差异进行调查，调查结果是否合理，必要时对调查结果进行核实 （4）评估存货调拨记录对账控制的有效性
5	异地存货的内部转移符合国家法规	5.1 对于异地存货的内容转移，公司应及时开出销售增值税发票	（1）询问异地存货内部转移的流程 （2）采用判断抽样的方法从销售明细中抽取____笔销售金额，追踪获取相关的原始凭证，查看增值税发票是否开立合理、合规
6	存货内部转移或发货运输途中的损耗被正确地计算并责任明确到相关人员	6.1 公司应制定运输途中存货损耗率的标准 6.2 超过损耗率的损耗，公司要追究相关人员责任 6.3 定期分析损耗的合理性	（1）询问相关管理层，了解存货损耗率标准的制定依据和超过存货损耗率的责任人索赔制度 （2）获取存货损耗率标准表，并评估其合理性 （3）获得存货损耗率定期分析报告，评估其合理性

（七）存货账目和盘点内部控制审计的要点

存货账目和盘点内部控制审计的要点如表4-5-5所示。

表4-5-5　存货账目和盘点内部控制审计的要点

序号	控制目标	控制活动	审计程序
1	仓库账与财务账的信息一致	1.1 仓库与财务部门应定期对账，对账结果由双方签字确认，调查对账发现的差异，并采取相应的跟进措施	（1）与财务部门、仓库保管员或其他相关人员进行访谈，了解仓库与财务部门对账流程，以及相关的控制要求等 （2）获得存货调拨发出和收入调节表的范本 （3）采用判断抽样的方法抽取____个月的调节表和对账单，查看对账是否有对账双方的签字确认，对账结果是否有差异，对账双方是否对差异进行调查，调查结果是否合理，必要时对调查结果进行核实

序号	控制目标	控制活动	审计程序
2	存货盘点计划的制订符合管理层的意图	2.1 盘点前应有详细的存货盘点计划，经适当的管理层审批后下达至各相关部门	（1）与财务部门、仓库保管员或其他相关人员进行访谈，了解并取得存货盘点计划的制作、审批，盘点执行，盘点记录，存货调整的流程，以及相关的控制要求等
3	执行有效的盘点	3.1 盘点应由现场管理员执行，并由独立的人员监盘，确保遵照存货盘点计划进行	（2）取得最近一次的存货盘点计划，复核评估其内容 （3）采用统计抽样的方法从存货明细账上抽取___份样本进行实盘，并与账面记录相核对
		3.2 盘点现场的存货应停止流动，不同地点的盘点应同时进行	（4）检查所盘点物品的货卡的填写是否正确，是否与实盘数一致 （5）复核盘点记录表、盘点报告的填写情况和签字，并核实重大的盘点差异的产生原因
		3.3 盘点记录应由盘点人员填写，并由盘点人员和监盘人员签字确认	（6）评估存货账面数量的真实性
4	存货账面余额调整是正确有效的	4.1 盘点差异被及时汇总并提交适当管理层批准后进行账务调整	（1）与财务部门相关人员进行访谈，了解存货余额调整的审批流程，以及相关的控制要求等 （2）抽取存货盘点差异调整的凭证，检查其是否依据管理层的决议，是否附有经确认的盘点差异汇总表或盘点报告 （3）评估存货账面余额及价值调整控制的有效性
5	准确记录寄存存货	5.1 在存货盘点计划制作时根据重要性原则考虑对外仓库存货的轮流盘点	（1）询问并获得存货盘点计划，查核其中是否包括寄存存货的轮流盘点 （2）观察寄存存货的盘点过程
		5.2 使用函证确认由外仓代管的存货余额	（3）获取询问外仓代管货余额的函证和函证控制表，检查函证的差异项有无解释原因和跟踪措施

（八）残次冷背存货的管理内部控制审计的要点

残次冷背存货是指质量有缺陷的（残次）或是不经常使用的生僻（冷背）的存货，它们均会对存货的会计账面价值产生减值的潜在影响。

残次冷背存货的管理内部控制审计的要点如表4-5-6所示。

表4-5-6 残次冷背存货的管理内部控制审计的要点

序号	控制目标	控制活动	审计程序
1	正确区分和保存残次冷背存货	1.1 分开存放残次冷背存货，并以不同货卡/标签列示	（1）询问关于管理残次冷背存货的相关政策 （2）取得并审核残次冷背存货的政策文件 （3）与财务部门、仓库保管员或其他相关人员进行访谈，了解残次冷背存货的管理方式，以及相关的控制要求等 （4）实地观察库房内残次冷背存货的存放管理情况 （5）评估残次冷背存货的现场管理状况
		1.2 制定残次冷背存货的管理政策	
2	存货账面价值反映其实际价值	2.1 公司制定存货跌价准备的计提政策并由财务人员参照执行	（1）与财务部门相关人员进行访谈，了解被审计单位关于计提存货跌价准备的会计政策，计提方法和依据，以及相关的控制要求等 （2）获取被审计单位计提存货跌价准备的书面政策，检查其是否经过高级管理层的书面认可 （3）采用判断抽样的方法从存货跌价准备明细中抽取____份样本，对其跌价准备计提的依据、方法和数额进行复核，并与管理层的确认文件相核对 （4）考虑被审计单位的战略计划、发展趋势和市场导向等因素，分析复核近____年以来（如3年）存货跌价准备的计提/冲回情况 （5）结合盘点情况和实地观察，评估存货跌价准备计提的真实性和充分性
		2.2 存货跌价准备的计提应经适当管理层确认并符合一贯性原则	
		2.3 计提存货跌价准备的依据、计算方法和金额应经适当管理层确认	
3	残次冷背存货的处置符合管理层的意图和一贯性原则	3.1 残次冷背存货处置的数量和方式应依据适当管理层批准的存货处置文件	（1）与财务部门、仓库保管员或其他相关人员进行访谈，了解残次冷背存货的处置流程，以及相关的控制要求等 （2）采用判断抽样的方法从残次冷背存货处置的凭证中抽取____份样本，复核其依据的处置文件是否经管理层的确认，处置的数量/金额是否有库房以外的部门共同确认评估残次冷背存货处置控制的有效性 （3）获得残次冷背存货货龄分析表，评估其合理性，查核是否有相关管理层的签字
		3.2 处置现场应由财务人员或其他授权部门连同库房保管员共同确认处置结果	

（续表）

序号	控制目标	控制活动	审计程序
4	残次冷背存货处置的账务处理应准时、正确和完整	4.1 残次冷背存货处置的账务处理应基于批准后的处置文件和实际处置结果	同3
		4.2 由专人定期复核分析残次冷背存货的货龄、产生原因和发生频度等	

（九）存货保险和安全内部控制审计的要点

存货保险和安全内部控制审计的要点如表4-5-7所示。

表4-5-7　存货保险和安全内部控制审计的要点

序号	控制目标	控制活动	审计程序
1	存货保险的范围和金额应合理制定	1.1 财务部门和仓库负责人应当共同确定存货保险的范围和金额	（1）与财务部门、仓库负责人或其他相关人员进行访谈，了解存货保险的范围、依据和申购流程，以及相关的控制要求等
		1.2 存货保险的范围和金额经适当管理层批准	（2）获取并复核管理层对存货保险申购的批准文件
		1.3 采购部门应负责或参与保险合同价款的商谈，保险合同的询价和采购程序应视同物资采购	（3）获取存货的保险合同，查看代表公司签订的部门是否有授权，是否具有相应的询价记录和法律部门给出的复核意见 （4）评估存货保险的充分性和有效性
2	危险品、有害货品的保管和处置符合国家或公司规定	2.1 公司按照相关法规或行业标准的要求制定书面的危险品、有害货品的保管和处置流程或政策，并由存货管理部门遵照执行	（1）对仓库负责人或其他相关人员进行访谈，了解危险品、有害货品的管理和处置流程，以及相关的公司政策等 （2）获得并复核书面的公司危险品、有害货品的管理和处置流程或政策 （3）实地观察危险品、有害货品的存储环境 （4）评估危险品、有害货品的管理流程或政策的执行情况
3	存货物理环境安全	3.1 通过门卡、锁匙或密码等手段限制除日常工作需要以外的人员接触存货	（1）与仓库保管员或其他相关人员进行访谈，了解对人员出入库房的控制和库房物理安全的总体情况
		3.2 安装适当的防盗设施（如探头、红外报警器等）	（2）实地观察对闲杂人员出入库房的控制 （3）检查临时出入库房登记簿的登记情况

（续表）

序号	控制目标	控制活动	审计程序
3	存货物理环境安全	3.3 临时出入库房须事先获得仓库保管员的批准，进行登记后由保管员陪同进入库房	（4）结合访谈和实地观察，评估人员出入库房控制的有效性和充分性
		3.4 按照公司要求或行业及国家消防标准设计库房，并安装相应的消防设施、器材和必要的通风设施（如烟感、喷淋系统、玻破报警器等）由专属部门负责消防设施或器材的保养和检验，并进行记录消防设施经当地消防局检验合格	（1）与仓库保管员、公司消防负责人或其他相关人员进行访谈，了解公司消防安全的总体情况，重点保护地区消防设施情况，以及相关的消防控制要求等 （2）获取标有重点保卫地区的公司平面分布图 （3）获取并复核被审计单位的灾害复原计划 （4）获取并复核被审计单位的最后一次消防演习记录 （5）获取消防检查的合格证书 （6）实地观察消防设施、消防通道的有效情况 （7）采用判断抽样的方法从消防设施检修及保养记录中抽取＿＿＿份样本，检查是否经过消防人员的复核和确认 （8）评估消防安全控制的有效性

第6节 生产制造业务内部控制审计实务

生产是将包括原料、辅料、包装物等各种物料转化为产成品的过程。加强生产制造业务内部控制审计，是为了保证与生产有关的业务活动均按照适当的授权进行，促使企业的生产活动协调、有序、高效地运行，保证生产活动中对资产和记录的接触、处理均经过适当授权，维护企业资产的安全。

一、生产制造业务的范围

生产制造业务的范围如图4-6-1所示。

1 计划和安排生产

　　生产计划部门的职责是根据客户订购单或者对销售预测和产品需求的分析来决定授权生产，即签发预先顺序编号的生产通知单，该部门通常应将发出的所有生产通知单顺序编号并加以记录；此外，该部门还需要编制一份材料需求报告，列示所需要的材料和零件及其库存

2 发出原材料

　　仓库的责任是根据从生产部门收到的领料单发出原材料，领料单上必须列示所需的材料数量和种类，以及领料部门的名称，领料单可以一料一单，也可以多料一单，通常需一式三联，仓库发料后，将其中一联连同材料交给领料部门，一联留在仓库登记材料明细账，一联交财务部门进行材料收发核算和成本核算

3 生产产品

　　生产部门在收到生产通知单和领取原材料后，便将生产任务分解到每一个生产工人，并将所领取的原材料交给生产工人，据以执行生产任务，生产工人在完成生产任务后，将完成的产品交生产部门查点，然后转交检验员验收并办理入库手续，或是将所完成的产品移交下一个部门，作进一步加工

4 核算产品成本

　　为了正确核算并有效控制产品成本，企业必须建立健全成本会计制度，将生产控制和成本核算有机结合在一起，一方面，生产过程中的各种记录、生产通知单、领料单、入库单等文件资料都要汇集到财务部门，由财务部门对其进行检查和核对，了解和控制生产过程中存货的实物流转；另一方面，财务部门要设置相应的会计账户，会同有关部门对生产过程中的成本进行核算和控制

5 储存产成品

　　产成品入库，须由仓库先行点验和检查，然后签收，签收后，将实际入库数量通知财务部门，据此，仓库确立了本身应承担的责任，并对验收部门的工作进行验证；除此之外，仓库还应根据品质特征将产成品分类存放，并编制标签

6 发出产成品

　　产成品的发出须由独立的发运部门进行，装运产成品时，发运部门必须持经有关部门核准的发运通知单，并据此编制出库单，出库单一般为一式四联，一联交仓库，一联由发运部门留存，一联送交客户，一联作为给客户开发票的依据

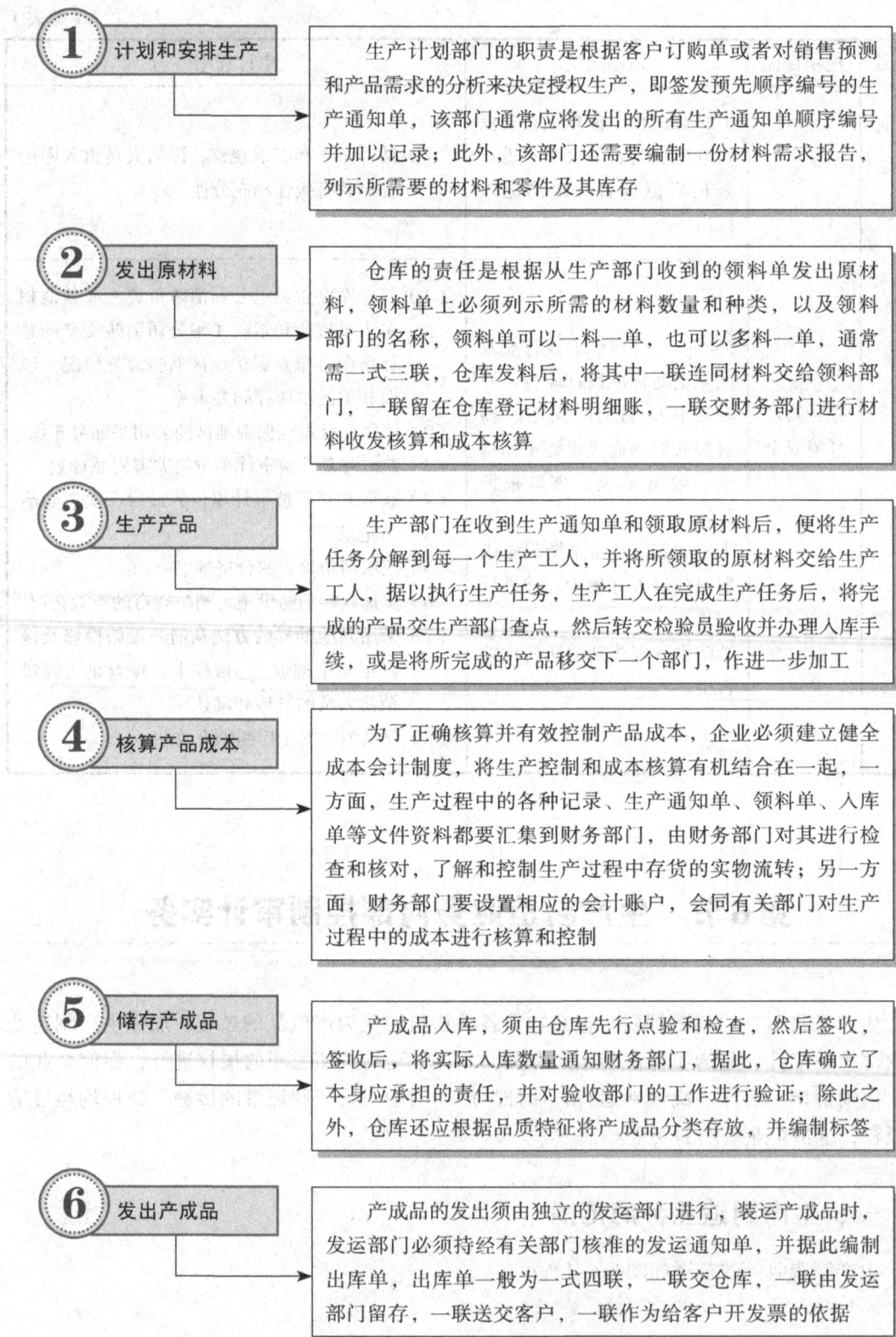

图4-6-1　生产制造业务的范围

上述业务通常涉及以下部门：生产计划部门、仓库、生产部门、人力资源部门、销售部门、财务部门等。

二、生产制造业务的凭证和记录

生产制造业务包括制订生产计划，控制、保持存货水平，以及与制造过程有关的交易和事项，涉及领料、生产加工、销售产成品等环节。生产制造业务涉及的凭证和记录如表4-6-1所示。

表4-6-1　生产制造业务涉及的凭证和记录

序号	名称	说明
1	生产指令	生产指令又称生产任务通知单或生产通知单，是企业下达制造产品等生产任务的书面文件，用以通知供应部门组织材料发放、生产车间组织产品制造、会计部门组织成本计算；广义的生产指令包括用于指导产品加工的工艺规程，如机械加工企业的"路线图"等
2	领发料凭证	领发料凭证是企业为控制材料发出所采用的各种凭证，如材料发出汇总表、领料单、限额领料单、领料登记簿、退料单等
3	产量和工时记录	产量和工时记录是登记工人或生产班组在出勤时间内完成产品数量、质量和生产这些产品所耗费工时数量的原始记录，常见的产量和工时记录主要有工作通知单、工序进程单、工作班产量报告、产量通知单、产量明细表、废品通知单等
4	工薪汇总表及工薪费用分配表	工薪汇总表是为了反映企业全部工薪的结算情况，并据以进行工薪总分类核算和汇总整个企业工薪费用而编制的，它是企业进行工薪费用分配的依据，工薪费用分配表反映了各生产车间、各产品所应负担的生产工人工薪和福利费
5	材料费用分配表	材料费用分配表是用来汇总反映各生产车间各产品所耗费的材料费用的原始记录
6	制造费用分配汇总表	制造费用分配汇总表是用来汇总反映各生产车间各产品所应负担的制造费用的原始记录
7	成本计算单	成本计算单是用来归集某一成本计算对象所应承担的生产费用，计算该成本计算对象的总成本和单位成本的记录
8	存货明细账	存货明细账是用来反映各种存货增减变动情况和期末库存数量及相关成本信息的会计记录

三、生产制造业务内部控制制度

生产制造业务内部控制制度主要包括以下内容。

（一）生产制造计划控制制度

生产制造计划控制是整个生产制造业务内部控制的起点，也是对生产制造过程进行有效控制的重要依据，可以分为确定生产需要和制定生产制造计划两部分。

（二）产品成本核算控制制度

产品成本核算控制制度一般由三个相互联系的控制制度构成，分别是成本核算的基础工作控制制度、成本责任控制制度和成本核算方法控制制度。

1. 成本核算的基础工作控制制度

成本核算的基础工作控制制度的主要内容有：建立和健全有关成本核算的原始记录制度，并建立合理的原始凭证传递流程；制定合理的消耗定额，完善定额管理制度；制定内部结算价格和内部结算制度。

2. 成本责任控制制度

成本责任控制制度就是通过设置成本费用责任中心，明确责任中心的成本控制目标，并将成本控制目标作为考核其成本责任或管理业绩，并据以实施奖惩的一种成本管理制度。

3. 成本核算方法控制制度

成本核算方法控制制度主要表现在如何根据企业生产特点和管理要求，正确选择成本核算方法。

四、生产制造业务内部控制审计的要点

（一）内部控制审计之前的调查

内部审计人员在对某公司的生产制造业务进行内部控制审计之前，应制定调查问卷（如下）并开展调查。

生产制造业务内部控制审计调查问卷

1. 公司现有几个生产车间？请提供生产管理部门的组织结构。

2. 公司主要产品的生产过程是怎样的？

3. 公司是按何种方式来计划生产量的？（请单选）

□ 以销定产的生产计划

□ 上级部门或母公司的指令性计划

□ 按工程合同/标书的批次生产

□ 其他（请说明）

4. 公司是否使用生产管理软件模块进行生产控制？

5. 请介绍一下生产计划的制订过程及其主要内容，包括参与人员部门、制订依据、审批过程和计划的组成部分等相关信息。

6. 公司如何进行生产计划的滚动性调整？是否有生产计划和实际产量的比较分析？

7. 公司对于计划外的紧急生产是否有应急的流程？

8. 计划外紧急生产是否有生产管理部门结合生产能力的判断和审批？

9. 公司的生产质量控制是否采用并获得了行业、国家或国际的相关标准的认证，如ISO 9000等？

10. 公司的质量检验部门在生产过程的哪个（些）环节进行质量控制？使用哪些书面确认的手段？

11. 公司生产过程中是否会产生有害于环境的副产品？若是，则公司是否有措施遵循国家的环境法规或标准？

12. 公司是否使用生产物料清单（BOM），如何制定BOM？

13. 公司使用何种生产管理和统计方法？（可以多选）

□ 看板制度

□ 生产批次流转单

□ 生产日程十字图表

□ 六西格玛生产管理法则

□ Kaizen（持续改善）生产管理法则

□ 其他（请说明）

14. 请介绍一下生产流程中的单据和其流转，如工作指令单或物料需求表等。

15. 生产部门如何对成品率和原料的耗费进行监控？有何改进措施？

16. 生产部门如何控制管理生产过程中的领料和多余原料的退库？

17. 是否曾出现停工待料情况？频度如何？影响多大？

18. 生产部门有何收集残料和次品的政策或操作流程？现行的做法是什么？

19. 请介绍一下公司现行的残料和次品的变卖政策或流程。

20. 生产部门是否有定期盘点生产线上在产品的制度并贯彻执行？

21. 请介绍一下公司产品成本结转的流程？

（1）如何保证所有的投料和费用都被完整和正确地记录在案？

（2）如何保证在产品被完整和正确地转出到产成品？

（3）使用标准成本法的公司，其成本差异是否被及时调整到正确的会计期间？

22. 使用标准成本法的公司，标准成本是如何制定的？是否有定期复核标准成本合理性的流程？

23. 直接和间接的人工费用记入产品成本的流程是怎样的？是否和工资支出费用相核对？

24. 是否有充分的措施保证生产过程中人员、资产等的安全？

25. 公司现有的生产能力有多大？目前达产率有多高？

26. 公司是否制定了产品材料消耗定额？是否对材料消耗进行详细记录？是否定期对消耗定额的执行情况进行偏差原因分析？是否定期进行定额指标修正？

27. 公司是否制定产品合格率指标？是否定期对次品率超标作出分析，并制定奖罚措施？

28. 在现在的工作中，您最担心或最关心的事是什么？

（二）生产计划内部控制审计的要点

生产计划内部控制审计的要点如表4-6-2所示。

表4-6-2　生产计划内部控制审计的要点

序号	控制目标	控制活动	审计程序
1	生产计划既符合销售预测需求和公司自身生产能力，也符合管理层的意图	1.1 生产计划由生产管理部门依据公司的销售预测情况、存货水平、产能等制订 1.2 生产计划得到适当管理层的批准	（1）与制订生产计划的相关人员进行访谈，了解生产计划的制订过程、使用的方法和参考的信息 （2）评价其使用有用信息的程度，如公司存货水平、生产能力等 （3）采用判断抽样的方法从生产计划文件中抽取＿＿份生产计划，查看是否有恰当管理层签字确认
2	有生产计划的执行分析，并对下期的计划进行滚动调整	2.1 定期分析比较实际生产情况与生产计划，并经管理层审阅 2.2 生产管理部门有生产计划的定期调整或滚动更新措施	（1）与生产管理部门相关人员进行访谈，了解生产计划的事后分析和比较过程 （2）获得书面的文件，如生产计划的比较分析报告，与实际产量的差异分析，VA/VE、Kaizen或者六西格玛的分析数据等，确认其已经管理层复核 （3）获得生产计划的后续调整文件，如滚动的更新文件或定期的修改后的计划，确认其调整的周期、制作人和管理层的签字确认

（三）生产流程（含生产质量控制、计划外生产）内部控制审计的要点

生产流程（含生产质量控制、计划外生产）内部控制审计的要点如表4-6-3所示。

表4-6-3　生产流程（含生产质量控制、计划外生产）内部控制审计的要点

序号	控制目标	控制活动	审计程序
1	合适的且被有效运用的生产工艺流程	1.1 生产工艺流程经过适当的管理层审核批准后才可进入生产程序	（1）与生产部门或技术部门相关人员进行访谈，了解生产工艺的制定和修订流程及审批权限 （2）采用判断抽样的方法对一个特定生产工艺流程进行检查，查看有无相应的审批程序
		1.2 对生产人员进行生产工艺流程培训	（1）与生产部门主管人员进行访谈，了解对生产人员进行工艺培训的过程、方式与安排通过检查相关培训记录（如人力资源部门的记录或培训反馈意见等），确定是否已对所有相关人员进行培训 （2）采用判断抽样的方法随机与生产部门的____名员工进行访谈，了解其上岗前是否确实经过适当的培训
		1.3 对产品的物料消耗/损耗（包括工时）进行试验，根据试验结果，或根据以前年度的定额执行情况，制定内部的产品消耗/损耗标准（或BOM），并由工艺/质量部门负责人审核	（1）与生产部门主管人员进行访谈，了解产品开工的批准流程，各批次的产品是否均根据经批准的生产计划或产品订单生产，生产指令是否跟随实物同时流转 （2）现场查看生产车间，采用判断抽样的方法随机抽取____个生产批次，检查每个生产批次的产品是否附有相应的生产指令 （3）将生产指令与经批准的生产计划相核对，检查生产指令是否符合生产计划或是否存在相应的经过审批的订单
2	日常生产符合生产计划	2.1 生产计划（或订单）经批准后方可生产且生产指令与每一生产批次相对应	同1.3
		2.2 详细的日生产计划（或月生产计划）是基于经批准的月生产计划（或年度生产计划）制订的	（1）与生产部门主管人员进行访谈，了解生产计划的细化过程 （2）检查经细化后的生产计划（如12个月的月度生产计划），查看有无相关主管的审核，并且是否符合原经批准的年度生产计划

（续表）

序号	控制目标	控制活动	审计程序
3	产品质量符合国家和公司标准	3.1 根据国家和行业的相关标准，制定公司内部产品质量标准，并报管理层批准	（1）与质量部门或技术部门主管人员进行访谈，了解公司质量标准的制定流程，包括负责制定标准的部门、制定标准使用的参数、参考的国家或行业标准、标准的审批程序等 （2）获得公司制定的书面质量标准，检查是否由质量部门或技术部门制定，同时是否经管理层批准
		3.2 独立地对各道工序的在产品进行抽检，与标准进行比较，形成质检报告，根据质检报告决定是否需重新加工	（1）与生产部门主管人员进行访谈，了解在生产过程中的质量检验程序，如检验频率、抽查标准、是否有人审核、所使用的报告格式等 （2）采用判断抽样的方法随机抽取____个生产批次，追查至相应的检验报告，检查是否符合规定的频率，抽检人是否独立，检验报告是否经审核，如有不合格产品，是否按规定处理
		3.3 定期进行质量汇总报告	（3）了解、获得质量汇总报告，并审核分析是否合理，查阅管理层的签字
4	材料耗用符合公司标准	4.1 生产中的材料耗用由专人统计并填写原料消耗表，由生产部门负责人（如车间主任）复核	（1）与生产部门主管人员进行访谈，了解对物料消耗或损耗（包括工时）的记录方式，如使用的单据、记录人、复核人、汇总方式 （2）采用判断抽样的方法抽取____笔消耗记录，检查是否由专人审核并进行正确的汇总
		4.2 生产管理部门编制生产日报表、月报表，分析差异原因，并由管理人员审核	（1）采用判断抽样的方法抽取____张生产日报表，检查是否经车间主任审核 （2）将选取的生产报表追踪至当月的生产月报表，检查登记是否正确，月报表是否经生产部门主管人员核准，以及是否对差异进行分析
		4.3 根据实际生产过程的反馈作定期比较分析，对制定的各项标准进行重新审核和调整	（1）与生产部门或技术部门主管人员进行访谈，了解物料消耗定额的制定或修订程序，如制定标准的部门、依据、审批过程等 （2）采用判断抽样的方法抽取____个产品的消耗定额标准，追查是否遵循相应的制定程序，是否存在相关的书面记录，包括依据的数据是否可靠并经确认、制定的结果是否经审批等 （3）了解消耗定额标准是否经定期复核更新，并检查更新报告等书面文件

（续表）

序号	控制目标	控制活动	审计程序
5	计划外生产符合公司规定	5.1 计划外的生产应符合公司的生产能力，补充生产通知应由销售部门、质管部门和生产部门主管人员批准	（1）与生产部门主管人员进行访谈，了解计划外生产的过程，以及生产指令是否经销售部门、质管部门和生产部门主管人员批准后下达 （2）采用判断抽样的方法抽取＿＿个计划外生产指令，检查是否经过适当的审批
6	生产安全	6.1 领料之后尚未投入生产的物料由专人负责管理 6.2 在产品和尚未入库的产成品由专人负责管理 6.3 有相关生产劳动安全的制度或操作手册，并得以执行	（1）询问领用的物料、在产品和未入库的产成品的管理流程，获得书面文本并评估适当性 （2）实地观察物料、在产品和未入库的产成品的保管情况 （3）询问了解生产劳动安全的制度，并获得操作手册，评估其合理性、合规性和完整性 （4）获得生产流程的相关记录，如设备运转情况记录、生产操作记录、在制品各工序间的交接记录等

（四）次品和残料内部控制审计的要点

次品和残料内部控制审计的要点如表4-6-4所示。

表4-6-4　次品和残料内部控制审计的要点

序号	控制目标	控制活动	审计程序
1	对次品和残料进行准确收集和记录	1.1 生产部门指定地点分类存放次品和残料，并通过适当的计量，由独立人员负责记录	（1）与生产部门相关人员进行访谈，了解公司产生的次品和残料的主要种类及它们的处置方式 （2）现场观察次品和残料的堆放方式，评估其是否符合管理规定和安全性 （3）与处置部门相关人员进行访谈，了解次品和残料处置的流程 （4）了解对于可修复再利用的残料的管理和登记制度 （5）获得书面的次品和残料的处置制度或规定，评估是否符合国家有关法律规定，是否有管理层的签字 （6）获得次品和残料记录簿，检查进出和再利用回收的登记是否依据适当的凭证，次品和残料是否经过适当的计量，以及经办人员的签字

（续表）

序号	控制目标	控制活动	审计程序
1	对次品和残料进行准确收集和记录	1.2 次品和残料运出厂门需经独立于生产部门的人员批准，并经过检查	采用判断抽样的方法从登记记录中抽取____笔次品和残料发出记录，对照门卫的放行记录，核对是否经过适当的批准
2	次品和残料的处置符合国家和公司的有关规定	2.1 公司制定有关次品和残料处置的制度或规定，并符合国家相关法律	同1.1
		2.2 指定部门（除生产部门以外）负责次品和残料的处置	
		2.3 次品和残料的发出，经过适当计量并由独立人员登记	
		2.4 对于可修复再利用的次品和残料，由专人进行管理和登记	
3	次品和残料所带来的收益流入公司并被正确记录	3.1 财务部门等相关部门参与对次品和残料的定价过程	（1）与财务部门等定价相关人员进行访谈，了解次品和残料的定价过程及销售政策
		3.2 次品和残料的定价由适当的管理层批准	（2）获得最近____个月份中次品和残料的价格表，查看是否有管理层的签字或书面认可
		3.3 所有次品和残料的出售均应开具发票	（3）获得近____个月的次品和残料销售凭证，检查是否与销售发出记录一致，是否已经确认收入，检查销售发票是否与定价一致
		3.4 财务部门依据发票和收取的货款编制记账凭证	（4）关于次品和残料的收发，参见"残次冷背存货的管理"

（五）产品成本的核算和入账内部控制审计的要点

产品成本的核算和入账内部控制审计的要点如表4-6-5所示。

表4-6-5　产品成本的核算和入账内部控制审计的要点

序号	控制目标	控制活动	审计程序
1	存货计价方法和间接费用的分摊方法正确	1.1 制定书面的存货计价方法，如FIFO、标准成本法，并经适当管理层审批	（1）与财务部门相关人员进行访谈，了解成本核算的流程，存货计价的方法、期间费用的分摊方法等 （2）获得书面的成本核算方法，并复核管理

（续表）

序号	控制目标	控制活动	审计程序
1	存货计价方法和间接费用的分摊方法正确	1.2 对生产过程中的每个阶段的存货制定标准成本和差异分摊的方法，并经适当管理层审批	层对该文件的确认和所采用成本核算方法的合理性
		1.3 制定书面的间接费用分摊方法，并经适当管理层审批	
2	及时、准确地记录所有实际发生的生产成本	2.1 领料单预先连续编号，并连续使用	（1）与财务部门、生产部门或其他相关人员进行访谈，了解生产成本汇总的流程 （2）采用判断抽样的方法从最近___个月生产部门递交的生产成本核算或汇总报表中抽取___份样本，追查到其依据的领料单，复核单据是否连续编号，领料是否经仓库确认
		2.2 产成品入库单预先连续编号，并连续使用	（3）采用判断抽样的方法从最近___个月生产部门递交的生产报表中抽取___份样本，追查到其依据的产成品入库单，复核单据是否连号，产成品入库是否经仓库确认 （4）采用分析性复核的方法，分析生产成本的变动趋势，结合其他营运信息判断生产成本的变动是否合理 （5）同2.5
		2.3 生产部门与仓库应定期核对在产品和原材料的发出记录，调查差异原因并采取相应的跟进措施	（1）与生产部门、仓库、财务部门或其他相关人员进行访谈，了解领料和产成品入库的对账流程 （2）采用判断抽样的方法抽取___个月的生产成本核算或汇总报表和生产报表，复核领料数和产成品入库数是否与仓库报表的发收数量一致
		2.4 财务部门复核生产报表（领料、产成品产出）与仓库报表（发料、产成品入库）的一致性和截止日期	（3）对于发现的不一致情况，查看双方是否对差异进行了调查，其结果是否合理，并复核相应的账务处理是否正确 （4）同2.5
		2.5 生产部门根据考勤记录等汇总核算人工工时、机器工时	（1）采用穿行测试法对生产成本、制造费用的汇总与核算进行测试 （2）获取生产成本、制造费用核算过程中所有原始单据和报表的范本，如领料单、入库

（续表）

序号	控制目标	控制活动	审计程序
2	及时、准确地记录所有实际发生的生产成本	2.5 生产部门根据考勤记录等汇总核算人工工时、机器工时	单、生产报表、库存报表、考勤记录、工费价格清单、生产成本核算表和制造费用核算表等，复核原始单据是否预先连续编号并连续使用，在成本核算和制造费用核算中是否使用了最新的工费价格清单，各项原始单据的汇总表数额是否与生产成本核算表、制造费用核算表总数一致，是否与账户记录一致 （3）采用判断抽样的方法从各项原始单据中抽取____份样本，查看是否已经包含在生产成本核算表、制造费用核算表中，核算是否正确
		2.6 财务部门使用最新的价格清单核算人工和制造费用	（1）与财务部门、生产部门或其他相关人员进行访谈，了解制造费用汇总的流程 （2）采用判断抽样的方法从最近____个月制造费用的明细账中抽取____份样本，追查到生产部门的相关原始报表，复核其是否与制造费用明细账的记录一致，是否使用了适当的人工、费用价目表 （3）采用分析性复核的方法，分析制造费用的变动趋势，结合其他营运信息判断制造费用的变动是否合理 （4）获取科目余额表，查看制造费用期末的余额是否都已转入生产成本 （5）同2.5
3	进行正确的成本分摊	3.1 计算标准成本和实际成本间的差异 3.2 财务主管部门人员对成本核算进行复核，并签字确认 3.3 管理层对成本核算中由于次品和残料造成的部分进行复核，并签字确认 3.4 定期复核存货的标准成本，并经适当管理层确认	（1）与财务部门相关人员进行访谈，了解成本分摊的方法，评估分摊方法的合理性 （2）采用判断抽样的方法从成本核算表中抽取____个产品，重新计算其应分摊的成本以及对期末存货和本期销售成本的影响，查看是否和表中的计算结果一致 （3）查看和了解次品和残料的成本计算方法，并评估其合理性 （4）复核成本核算是否经过财务部门主管人员的确认 （5）获取并复核最新的标准成本批准文件的范本

第7节　人力资源业务内部控制审计实务

人力资源是指由企业董事、监事、高级管理人员和全体员工组成的团队的总称。人力资源是影响企业内部环境的关键因素，它所包括的雇佣、培训、评价、考核、晋升、奖惩等业务向员工传达有关诚信、道德行为和胜任能力的期望水平方面的信息，这些业务都与企业员工密切相关，而员工正是企业中执行内部控制的主体。

良好的人力资源管理能够有效促进内部控制在企业中的顺利实施，并保证其实施的质量。企业应当制定和实施有利于自身可持续发展的人力资源政策。

一、人力资源管理应关注的重要风险及风险控制

（一）重要风险

人力资源指引按照优化人力资源的要求，明确指出了人力资源管理至少应当关注的重要风险。

（1）人力资源缺乏或过剩、结构不合理、开发机制不健全，可能导致企业发展战略难以实现。

（2）人力资源激励约束制度不合理、关键岗位人员管理不完善，可能导致人才流失、经营效率低下或关键技术、商业秘密和国家机密泄露。

（3）人力资源退出机制不当，可能导致法律诉讼或企业声誉受损。

（二）风险控制

企业在建立与实施人力资源政策内部控制制度时，应当至少强化对下列关键方面或关键环节的控制，以有效防范上述风险。

（1）岗位职责和任职要求应当明确规范，人力资源需求计划应当科学合理。

（2）招聘和离职程序应当规范，人员聘用应当引入竞争机制，培训工作应当能够提高员工道德素养和专业胜任能力。

（3）人力资源考核制度应当科学合理，能够引导员工实现企业目标。

（4）薪酬制度应当能保持和吸引优秀人才，并符合国家有关法律法规的要求，薪酬发放标准和程序应当规范。

二、人力资源的引进与开发控制

无论是新设立企业还是存续企业，为实现其发展目标，都会遇到人力资源的引进和开发问题。人力资源引进与开发的对象是高管人员、专业技术人员和一般员工。

（一）人力资源的引进

1. 高管人员的引进

高管人员主要通过公开选拔、竞争上岗和组织选拔，以及综合上述方式的推荐、测评、票决等方式引进，其中，公开选拔、竞争上岗这两种方式由于引入竞争机制，体现了"公开、平等、竞争、择优"的原则，能拓宽用人的视野，有利于优秀人才脱颖而出，是目前最主要的两种引进方式。公开选拔主要面向社会进行，竞争上岗适用于本单位或本系统内的选拔。高管人员引进的流程如图4-7-1所示。

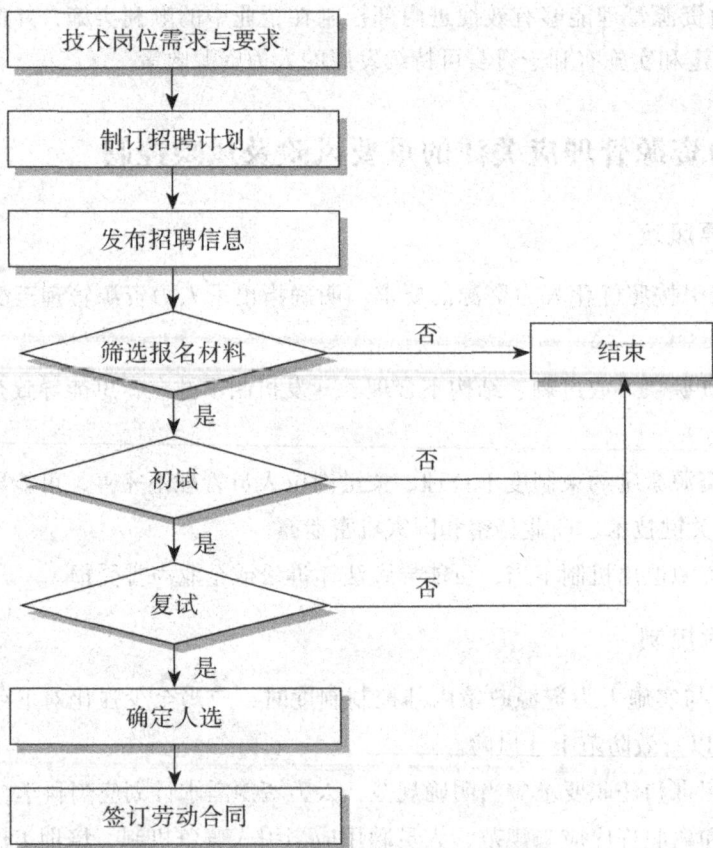

图4-7-1　高管人员引进的流程

2. 专业技术人员的引进

专业技术人员引进的主要方式是外部招聘，其主要形式有：发布广告、借助中介、上门招聘、熟人推荐、网络招聘等。专业技术人员引进的流程如图4-7-2所示。

```
┌─────────────────────────┐
│      发布招聘信息         │
└─────────────────────────┘
            │
            ▼
┌─────────────────────────┐
│        接受报名           │
└─────────────────────────┘
            │
            ▼
        ◇ 审核报名信息 ◇ ──── 否 ────→ ┌──────────┐
            │                          │   结束    │
            是                         └──────────┘
            ▼                              ▲
        ◇ 组织面试 ◇ ──── 否 ─────────────┤
            │                              │
            是                             │
            ▼                              │
        ◇ 考察 ◇ ──── 否 ──────────────────┤
            │                              │
            是                             │
            ▼                              │
┌─────────────────────────┐              │
│     决策层确定人选        │              │
└─────────────────────────┘              │
            │                              │
            ▼                              │
        ◇ 公示 ◇ ──── 否 ─────────────────┘
            │
            是
            ▼
┌─────────────────────────┐
│     人力资源部聘任        │
└─────────────────────────┘
```

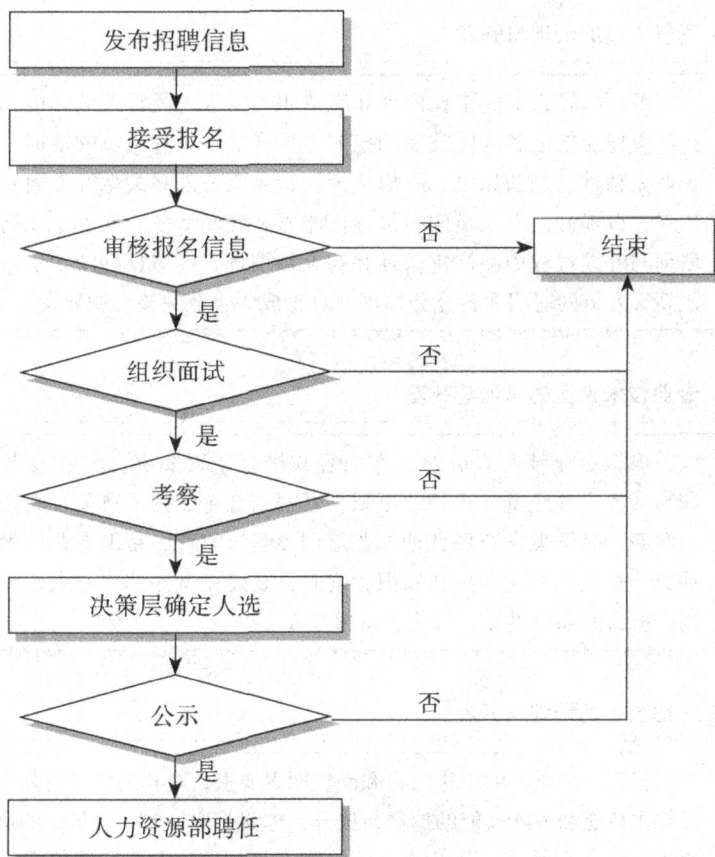

图4-7-2　专业技术人员引进的流程

3. 一般员工的引进

一般员工占据企业人力资源的大部分，主要处于企业生产经营一线，往往成为企业年度人力资源引进工作的重要内容。一般员工通常具有高流动性、更多关注短期物质激励、群体效应等特点。

一般员工引进的主要方式是外部招聘，其主要形式有：发布广告、借助中介、网络招聘等。一般员工引进的流程与专业技术人员引进的流程基本一致。

（二）人力资源的开发

人力资源开发的内容主要包括开发职业技能、开发职业品质和挖掘员工潜能三个方面。现代企业的人力资源开发，重点是开发员工的职业技能，即员工的专业知识技能。

人力资源开发根据不同层次、不同职务，主要形式有岗前开发培训、在岗开发培训、离岗开发培训、员工业余自学等。具体内容如图4-7-3所示。

类型一 ▶ **高管人员的培训与开发**

根据高管人员的工作内容和岗位职责要求，高管人员的培训与开发应该注重概念技能和人际技能的挖掘与提升；对高管人员的培训与开发要把企业家精神、创新思维、战略决策、领导能力公共关系等方面放在重要的位置，以提升高管人员的岗位胜任能力和履职水平；此外，在高管人员的培训与开发过程中要注重激励和约束相结合，创造良好的干事业的环境，让高管人员的聪明才智充分显现，真正成为企业的核心领导者

类型二 ▶ **专业技术人员的培训与开发**

根据专业技术人员的工作内容和岗位职责要求，专业技术人员的培训与开发应该注重知识持续更新，紧密结合企业技术攻关及新技术、新工艺和新产品开发来开展各种专题培训等继续教育，帮助专业技术人员不断补充、拓宽、深化和更新知识；同时，要建立良好的专业人才激励约束机制，努力做到以事业、待遇、情感留人

类型三 ▶ **一般员工的培训与开发**

根据一般员工的工作内容和岗位职责要求，对其的培训与开发应该更注重技术技能和人际技能的挖掘与提升，也就是说，对一般员工的培训与开发要把岗位知识技能、执行力、人际沟通等方面放在重要的位置，以提升一般员工的岗位胜任能力和履职水平，带动企业人力资源总体素质的提升

图4-7-3 不同类型人才的培训与开发

三、人力资源的使用与退出控制

人力资源的使用与退出是人力资源管理的重要组成部分。

（一）人力资源的使用

（1）企业应当设置科学的业绩考核指标体系，对各级管理人员和全体员工进行严格的考核与评价，以此作为确定员工薪酬、职级调整和解除劳动合同等的重要依据。

（2）为了充分发挥人才的作用，企业要创新激励保障机制，激发人才干事创业的积极性；要建立以绩效为核心的分配激励制度。

（3）在人才的使用过程中，管理人员要注意策略，通过对人才压担子、给路子、搭梯子，促进人才的快速成长。

（4）尊重人才成长规律，善于克服人力资源管理的"疲劳效应"。在人才发展最好时，要适时地调整岗位和职位，使其始终处于亢奋期和临战状态。

（二）人力资源的退出

建立企业人力资源退出机制是实现企业发展战略的必然要求。人力资源的退出必须以科学的绩效考核机制为前提，同时还需要相关的环境支撑。

（1）要在观念上将人员退出机制纳入人力资源管理系统和企业文化之中，使人力资源退出从计划到操作成为可能，同时获得员工的理解与支持。

（2）要建立科学合理的人力资源退出标准，使人力资源退出机制程序化、公开化，有效消除人力资源退出可能造成的不良影响。

（3）人力资源退出一定要建立在遵守法律法规的基础上，严格按照法律规定进行操作。一方面，退出方法要根据相关法律规定制定，要有书面材料记录员工的相关行为，使员工退出具有充分证据；另一方面，在实施退出时，要注意和劳动部门做好沟通，并按《中华人民共和国劳动法》规定，给予退出员工相应的补偿金额。

四、人力资源业务内部控制审计的要点

（一）内部控制审计之前的调查

内部审计人员在对某公司的人力资源业务进行内部控制审计前，应制定调查问卷（如下）并开展调查。

人力资源业务内部控制审计调查问卷

1. 公司人力资源部门的主要职能有哪些？

2. 公司是否有一份书面的人力资源政策和操作流程？现在的执行情况如何？

3. 公司人力资源是否已采用计算机系统辅助管理？采用的是什么系统？已实施时间为多长？

4. 公司的人力资源记录包括哪些内容？

5. 人力资源档案维护的权限如何？维护的依据是什么？是否需经过审批？

6. 人力资源档案维护后的正确性如何保证？

7. 人力资源档案如何进行保密控制和安全保障？是否根据保密程度进行分类？对每一类的查阅和修改权限是怎样的？

8. 对于人力资源档案的调用的权限如何？程序如何？如因特殊需要调用人力资源档案，是否会通过特殊审批程序达到目的？

9. 公司是否有书面的薪金、津贴和福利标准？

10. 公司的社会保险标准是否符合国家或地方政府的有关规定？

11. 薪金、津贴和福利及社会保险计算是怎样的？

（1）如何计算？由何人计算？

（2）计算中是否已包括加班、休假因素？

（3）是否有对计算的复核？由何人复核？

（4）是否对其审批后生效？由何人审批？

12. 薪金、津贴、福利分别通过什么形式发放？

13. 社会保险是否按时缴纳？

14. 员工的个人所得税是否代扣代缴？

15. 公司全部员工是否均需要打考勤卡？具体用何种方式记录工时？

16. 如何保证考勤卡记录真实有效？

17. 员工因特殊原因未能打考勤卡，如何处理？

18. 员工出差是否需要安排计划，并事先得到批准？批准的权限如何？

19. 员工能得到几种形式的休假？休假申请和取消的流程？

20. 经批准的员工出差、休假时间如何记录？

21. 员工加班是否需要申请？审批程序如何？加班时间如何确认？

22. 员工加班将得到怎样的补偿？该补偿措施是否符合法律规定？

23. 每月是否有员工工作时间统计？是否需经过员工、管理人员和人力资源部的确认？

24. 是否制定书面的人力资源计划？并经过高级管理层的审阅？

25. 公司各部门的编制是如何确定的？是否有书面的岗位资格和职责说明？人力资源部如何参与？

26. 人力资源部对于编制内的人员招聘，是主动着手招聘还是待用人部门申请后再开始招聘？

27. 公司采用几种途径征集应聘者资料？对应聘者有哪些基本限制？

28. 应聘者的考评是通过什么方式进行的？由什么人员进行考评？

29. 录用由什么部门、什么人员确定？是否有例外？薪金、津贴和福利是如何确定的？

30. 新员工的录用手续是怎样的？是否签订劳动合同？

31. 公司是否具备统一格式的劳动合同？该合同是否经过公司法律人员的确认？

32. 公司是否考虑员工的职业规划？

33. 公司是否提供适当的培训？具体的培训方式是怎样的？是否有系统的公司内各岗位培训计划还是根据各部门的需求随时设计？

34. 培训是否考虑了公司发展和员工的需求？

35. 公司对员工的业绩考评如何进行？

36. 业绩考评结果是否由管理人员和员工双方确认？业绩考评结果如何与奖惩挂钩？

37. 员工的晋升、调派是否设定书面的标准？特殊情况需要履行怎样的特殊流程？

38. 员工的晋升和调派流程是怎样的？

39. 员工合同到期时的处理方式是怎样的？如需要与员工中止合同，公司的处理方式是怎样的？

40. 员工离职时是否有适当程序保障公司资料、财产的安全？是否进行工作的移交？

41. 人力资源部门是否定期统计人员离职情况并分析原因？

42. 人力资源稳定及发展是否被视为管理人员、人力资源部门重要的核心问题？

43. 人力资源信息的保密是否有分级？

44. 公司是否替员工使用了合理、合规的避税政策？

45. 公司是否给非公司编制人员发放工资和制定相应的管理制度？

46. 公司是否对生产工人采用计件工资？若是，则该工资数量是否有管理层的定期复核？

47. 公司是否有相应的人工定额？若是，则该定额数量是否有管理层的定期复核？

48. 在现在的工作中，您最担心或最关心的事是什么？

（二）招聘、晋升、调派、合同到期和中止内部控制审计的要点

招聘、晋升、调派、合同到期和中止内部控制审计的要点如表4-7-1所示。

表4-7-1　招聘、晋升、调派、合同到期和中止内部控制审计的要点

序号	控制目标	控制活动	审计程序
1	人力资源计划符合公司经营的需求	1.1 公司各部门根据企业经营规模扩大和职能变化的需要，制订本部门的年度人力资源计划	（1）获得各部门年度人力资源计划、汇总各部门计划和经平衡调整后的公司人力资源年度计划，查看是否经高级管理层的签字或者确认
		1.2 部门的人力资源计划需经人力资源部门综合平衡，高级管理层批准	（2）从人力资源部门获得审计年度末公司人员汇总表（分部门），与从财务部门取得的工资发放人数核对一致 （3）对比各部门实际雇员人数与年度计划的差异
		1.3 年度预算外的人员需求计划，应由需求部门专门提出，高级管理层批准	（4）向人力资源部门了解产生差异的原因 （5）对于实际雇员超出计划的部门，查看计划外雇用需求文件，是否经高级管理层签字确认
2	雇用、晋升、调派适应公司文化并具有胜任能力的人	2.1 各用人部门应详细、明确地提供职位说明以及资格要求，并在发生变更时及时修订	（1）获得公司职位设置和职位说明书面文件，检查是否一致 （2）获得公司有关雇用的政策与程序，查看是否有适当的管理层的签字，是否有保密协议的签订要求
		2.2 对雇用不同职位的人员设计不同的面试程序，人力资源部门与需求部门均应参加，面试记录必须填写完整	（3）采用判断抽样的方法从归档的人力资源档案中抽取____名本年度雇佣人员的简历、面试记录、管理层对雇用的批准文件、体检记录、录用文件、劳动合同、检

（续表）

序号	控制目标	控制活动	审计程序
2	雇用、晋升、调派适应公司文化并具有胜任能力的人	2.2 对雇用不同职位的人员设计不同的面试程序，人力资源部门与需求部门均应参加，面试记录必须填写完整	查文件是否符合程序，批准签字是否齐全 （4）对照雇用职位资格要求，检查招聘简历、面试记录和体检记录的符合程度
		2.3 设定晋升标准，并应与业绩评价相结合	（1）获得公司有关晋升的政策与程序，查看是否有适当的管理层签字 （2）采用判断抽样的方法，从归档的人力资源档案中抽取＿＿＿名本年度晋升人员的简历、业绩考评资料、晋升文件、批准文件，检查文件是否符合程序，批准签字是否齐全 （3）对照晋升职位资格要求，检查简历、业绩考评资料的符合程度
		2.4 调派人员需符合职位要求，并且经原用人部门、人力资源部门和调派部门三方的审核	（1）获得公司有关调派的政策与程序，查看是否有适当的管理层签字，是否有保密协议的签订要求 （2）采用判断抽样的方法从归档的人力资源档案中抽取＿＿＿名本年度调派人员的简历、调派文件、批准文件，检查文件是否符合程序，批准签字是否齐全 （3）对照调派职位资格要求，检查个人简历、调派的符合程度
		2.5 人力资源部门应将拟录用、晋升、调派人员的名单依据人事权限交相应的管理层批准	同2.1、2.3和2.4
		2.6 人员雇用前应进行身体检查	同2.1
3	维护人员的稳定性	3.1 员工合同到期或中止，用人部门应向人力资源部门提出，由人力资源部门与员工交谈后作出复核意见	（1）获得企业有关合同到期和中止的政策与程序，查看是否有适当管理层签字 （2）采用判断抽样的方法从归档的人力资源档案中抽取＿＿＿名本年度合同到期或中止人员的资料，检查人力资源部门的面谈记录、合同到期和中止批准文件、退出文件是否齐全，是否符合程序，批准签字是否齐全 （3）获得劳动合同样本，询问公司法律顾问该合同是否符合国家法律规定

（续表）

序号	控制目标	控制活动	审计程序
3	维护人员的稳定性	3.2 人员的稳定性（离职率）作为用人部门领导和人力资源部门的考核指标之一	（1）获得企业各部门领导和人力资源部门的考评指标，是否将员工稳定性作为指标之一 （2）获得人力资源部门定期的离职统计资料和比例报告，查阅管理层的审核签字 （3）复核报告，查看有无异常趋势，若有，查核是否作合理分析；若无，与人力资源部门进行访谈，了解原因
		3.3 人力资源部门每月统计离职员工的数量及其离职原因，计算离职比例	
4	人员雇用、晋升调、派、合同到期和中止程序符合相关法规与公司制度	4.1 制定书面的雇用、晋升、调派、合同到期和中止制度，公司所有活动依据该制度执行	同2.1、2.3、2.4和3.1
		4.2 人力资源部门与新雇佣的员工签订劳动合同，办理录用手续；与合同到期和中止的员工办理退工手续	同2.1和3.1
		4.3 人力资源部门与新雇用或调岗的从事特定岗位的员工签订适当协议（如保密协议、非竞争协议等）	同2.1和2.4
		4.4 使用劳动部门统一的劳动合同或经公司法律人员审核的劳动合同	同3.1
		4.5 员工合同终止时履行中止程序和适当的离职交接程序，确保公司的资产被归还、工资被准确地计算	（1）与人力资源部门相关人员进行访谈，了解离职员工所办理的手续，员工提出离职后的信息取得权限和接触限制 （2）采用控制活动3.1之（2）中抽样的离职人员资料，获得其离职申请表，查看是否有各部门的相关负责人（如IT部门、人力资源部门、财务部门、行政部门和业务部门等）的签字 （3）询问并评估离职程序的合理性 （4）采判断抽样的方法抽取___名离职人员资料，查核是否有离职书

序号	控制目标	控制活动	审计程序
5	经济有效的雇用活动	5.1 人力资源部门在年度预算中单列招聘费用预算，并由高级管理层批准	（1）获得人力资源部门关于审计年度招聘费用的预算，与财务部门获取的资料核对一致，并检查是否有高级管理层的签字确认
		5.2 人力资源部门根据职位、时间要求、重要性的不同选择经济、有效的招聘方式	（2）从财务部门获得本年实际招聘费用，与预算进行比较 （3）向人力资源部门了解招聘方式，获得书面文件 （4）采用控制活动2.1之（3）中抽样的雇用人员资料，检查其招聘方式是否与招聘规定相符
6	岗位设计是合理的，岗位政策有利于保护公司资产	6.1 公司设立轮岗政策	询问并获得轮岗制度的书面文本
		6.2 公司的岗位设计有书面的存档，并经适当的管理层复核批准	（1）询问人力资源部门关于岗位设计的相关信息，如设计流程、参与设计的人员、管理层审批程序等 （2）获取岗位设计的相关文件，如流程图、职责矩阵等，检查其是否有管理层的复核，其内容是否有悖于公司的政策 （3）对于发现的问题，寻求当地管理层的解释与说明

（三）人员的培训内部控制审计的要点

人员的培训内部控制审计的要点如表4-7-2所示。

表4-7-2　人员的培训内部控制审计的要点

序号	控制目标	控制活动	审计程序
1	培训满足公司发展和员工发展的需要	1.1 人力资源部门根据公司战略发展规划制订配套的培训目标和计划	（1）获得人力资源部门的培训工作规划，评估是否与企业发展规划相适应
		1.2 员工根据企业发展规划和自己的职业规划，提出对培训的需求	（2）与公司员工进行访谈，了解员工提出培训需求的方式、程序和结果了解他们对公司提供的发展机遇的看法 （3）获得各部门的年度培训计划 （4）获得人力资源部的年度培训计划和预算，查看是否有高级管理层的签字确认

序号	控制目标	控制活动	审计程序
2	确保员工得到足够的培训	2.1 设计各层级（新员工、转正、各职阶）、各部门、各岗位的培训课程	（1）采用判断抽样的方法从归档的培训文件中抽取____份样本，查看是否处理员工的培训需求，是否按计划执行培训，培训的内容是否与计划一致，是否取得培训反馈意见或员工的培训总结和心得 （2）采用判断抽样的方法从归档的培训文件中分别抽取____名新入职员工、转正员工、晋升员工的资料，查看是否有相应的培训合格记录，并且所接受的培训是否相符
		2.2 员工新进企业，转正、晋升之前必须经过适当培训，合格后方能实现转正、晋升	
		2.3 培训记录列入员工个人资料	审阅员工档案，查看是否有培训的相关记录作为档案的一部分
3	培训按计划进行，并是有效果的	3.1 每年度各部门根据公司发展和员工发展制订各自的培训计划	同1
		3.2 人力资源部门经汇总平衡后制订年度培训计划和预算，包含在人力资源计划中，由高级管理层批准	（1）同1 （2）向财务部门了解培训费用的支出情况，检查培训预算的执行情况
		3.3 各部门按人力资源部门平衡后的计划调整自己的培训计划，并在计划时间提出培训要求，人力资源部门执行培训	
		3.4 每次内部培训结束后，人力资源部门应对培训效果征求受训人员的意见，并定期进行统计，以作为未来改进的依据	同2.1
		3.5 员工参加外部培训，应将培训内容和心得整理后交部门主管审核，最终由人力资源部门存档	

（四）业绩考评内部控制审计的要点

业绩考评内部控制审计的要点如表4-7-3所示。

表4-7-3 业绩考评内部控制审计的要点

序号	控制目标	控制活动	审计程序
1	业绩考评能客观、公正地评价员工	1.1 公司制定业绩考评的相关流程或制度，例如，考评的周期、考评的具体方法，以及按不同岗位设计的具体、客观、合适的考评标准，并得到管理层的批准	（1）与管理层进行访谈，了解公司是否有业绩考评流程或制度，并获得业绩考评流程或制度，查看其是否得到高级管理层批准
		1.2 业绩考评过程采取主管与员工面谈的方式，主管对员工的评价应得到员工的认可，双方均在业绩考评文件上签字确认	（2）采用判断抽样的方法对____名员工进行访谈，了解他们对于业绩考评流程和标准的知晓程度，以及实际业绩考评过程和方法
		1.3 员工如对主管的评价意见不予认可，人力资源部门调查并最终确认考评结果	（3）采用判断抽样的方法从归档的业绩评价文件中抽取____份样本，查看是否按规定的周期、方法和标准进行业绩考评，是否有考评双方的签字和人力资源部门的确认等
		1.4 业绩考评流程、方法和标准应事先被员工所认知	
2	业绩考评有助于提升员工的士气，帮助公司发展	2.1 业绩考评记录应列入员工的个人资料，人力资源部门负责归档保管	（4）追踪样本员工到其工资水平变化记录或其他升迁记录，确认业绩考评对薪金和晋升的影响
		2.2 员工奖励、惩罚、晋升、调派、续约、解除或中止合同均应依据业绩考评记录	

（五）薪金、津贴和社会保险内部控制审计的要点

薪金、津贴和社会保险内部控制审计的要点如表4-7-4所示。

表4-7-4 薪金、津贴和社会保险内部控制审计的要点

序号	控制目标	控制活动	审计程序
1	确保员工的薪资水平符合国家法律、公司政策、满足公司运作的需要	1.1 人力资源部门根据薪资的市场情况、公司的实际情况、公司的经营计划和预算情况，制定具体的薪金、津贴、计件工资或人工定额的制度或标准，并经管理层批准	（1）与人力资源部门相关人员进行访谈，了解有关薪金、津贴和社会保险制度及规定 （2）获得书面的薪金、津贴和社会保险制度及规定，检查其是否通过高级管理层的批准

（续表）

序号	控制目标	控制活动	审计程序
1	确保员工的薪资水平符合国家法律、公司政策、满足公司运作的需要	1.2 聘用新员工，由人力资源部门根据公司制度确定其薪金、津贴标准	（3）审阅社会保险制度，评估其与国家政策规定的符合程度 （4）采用判断抽样的方法从人力资源档案中抽取____名新员工或新晋升、调派员工的档案，对照公司薪金、津贴制度和规定，查看其薪金、津贴标准是否符合规定 （5）抽查发现不符合规定的薪金、津贴标准，查看是否有高级管理层的批准并评估其合理性
		1.3 员工晋升、调派由人力资源部门根据制度确定新的薪金、津贴标准	
		1.4 人力资源部门应随时关注国家有关社会保险的相关规定，及时更新企业的社会保险制度，得到公司规定的相关负责人的审核批准	
		1.5 人力资源部门根据人事档案为所有员工投保社会保险	（1）获得人力资源部门的投保名单，对照员工名单，评估是否相符 （2）采用判断抽样的方法从社会保险、个人所得税明细账中抽取____份样本，追踪到社会保险缴纳单据和所得税缴纳书，查看是否按时缴纳凭证，是否经审核
2	确保薪金、津贴和福利的计算准确、完整，符合国家法律	2.1 每月由人力资源部门汇总经审核的考勤记录、加班记录等时间记录，根据公司薪金、津贴制度计算薪金、津贴和扣款	（1）对人力资源部门相关人员进行访谈，了解薪金、津贴的计算、复核和审批流程 （2）采用判断抽样的方法从存档的薪金、津贴计算表中抽取____份样本，对照员工考勤记录等资料，审核薪金、津贴、社会保险和代扣个人所得税是否被准确地计算 （3）查看薪资计算表是否有复核人员和人力资源部门主管人员的审批签字
		2.2 人力资源部门每月根据公司执行的社会保险制度计算出应由员工负担的部分和应由公司负担的部分	
		2.3 计算代扣代缴的个人所得税	
		2.4 由独立的第三人复核薪金、津贴、社会保险、个人税金、其他各项扣款等计算的正确性	
		2.5 薪金、津贴计算表报经制度规定的适当管理层批准	
3	确保发放的薪金、津贴是正确、及时、安全的	3.1 公司的薪金制度明确规定薪金发放时间和代发银行	（1）与人力资源部门、财务部门相关人员进行访谈，了解薪金、津贴的发放制度、形式和流程 （2）与公司员工进行访谈，了解是否按时领取工资和工资条
		3.2 人力资源部门将薪金、津贴发放表和付款申请单交财务部门，经财务部门主管负责人复核审批	

（续表）

序号	控制目标	控制活动	审计程序
3	确保发放的薪金、津贴是正确、及时、安全的	3.3 出纳人员凭批准的付款申请单开出支票，连同明细表交银行代发工资	（3）采用判断抽样的方法从薪金、津贴发放记账凭证中抽取＿＿份样本，查看是否及时发放，是否有经授权批准的、审核后的薪金、津贴发放表，是否有批准的付款申请，财务部门相关负责人是否已审核凭证 （4）确定财务部门不能取得不应有的薪金信息
		3.4 人力资源部门制作工资单并及时在工资发放日发给所有员工	
4	薪金、津贴的计提和发放被准确、及时地记录	4.1 财务人员根据经过授权批准的、审核后的薪金、津贴发放表制作相关凭证，并登记入账	同3
		4.2 财务部门相关负责人应对与薪金、津贴发放有关的凭证进行审核	
5	社会保险和个人所得税的缴纳是准确、及时的	5.1 人力资源部有专门人员办理社会保险和个人所得税事宜	同1.4
		5.2 人力资源部门每月按时填制付款申请，支付社会保险费用和代扣税金	
6	员工的敏感信息如薪金等保密	6.1 公司有禁止员工间交流薪金的制度	（1）询问人力资源部门关于员工间不得交流薪金情况的相关制度，并获取书面文本，查阅管理层的签字 （2）观察工资单的发放过程，确认有相关保密措施 （3）询问财务部门相关人员关于工资发放流程并复核其书面文件
		6.2 工资单的发放有相关的保密措施	
		6.3 只有经过授权的财务部门人员才能获得员工薪金的相关信息	

（六）考勤和休假内部控制审计的要点

考勤和休假内部控制审计的要点如表4-7-5所示。

表4-7-5　考勤和休假内部控制审计的要点

序号	控制目标	控制活动	审计程序
1	及时、准确地记录员工的实际出勤情况	1.1 公司应制定书面的考勤制度，并经管理层批准或确认	（1）与人力资源部门相关人员进行访谈，了解考勤和休假的相关制度或规定 （2）获得书面的考勤和休假制度的范本，评

（续表）

序号	控制目标	控制活动	审计程序
1	及时、准确地记录员工的实际出勤情况	1.1 公司应制定书面的考勤制度，并经管理层批准或确认	估其是否符合国家有关法律法规的规定，是否有管理层的签字 （3）与公司相关人员进行访谈，了解考勤制度或规定的执行情况
		1.2 员工按考勤制度记录工作时间，由相应的主管负责人负责审核考勤记录	（1）采用判断抽样的方法从归档的资料中抽取＿＿个月份员工的考勤统计表，查看是否有相应的分析 （2）采用判断抽样的方法从以上抽取的考勤统计表中，再次抽取前＿＿名加班时间较长的员工记录，查看其加班是否经过批准，加班记录是否准确，月累计加班时间是否超过36小时
		1.3 员工休假时有书面的请假申请，并经过适当管理层的审核批准	
		1.4 员工出差前应有书面申请，并经过规定的主管负责人的审核批准	
		1.5 员工加班应根据考勤制度记录工作时间，由相应主管负责人审核考勤记录	（3）采用判断抽样的方法从控制活动1.2之（1）中抽取的考勤统计表中，再次抽取前＿＿名休假时间较长的员工记录，查看其休假是否经过批准，是否符合相关制度
		1.6 人力资源部门负责统计考勤记录、出差和请假记录，并经员工确认	（4）与休假员工及主管人员进行访谈，了解休假期间正常工作的执行情况，评估休假对工作的影响程度
		1.7 每月人力资源部门对考勤统计资料进行分析，并将结果交各部门	（5）采用判断抽样的方法从控制活动1.2之（1）中抽取的考勤统计表中，再次抽取前＿＿名出差时间较长的员工记录，查看其出差是否经过批准，是否符合相关制度 （6）从以上抽取的员工考勤记录中，查看该记录是否得到员工及其主管人员的确认 （7）从财务部门获得员工相应月份的员工薪金计算发放表，对照考勤记录和公司相关制度，检查考勤记录是否已被考虑
2	确保根据国家相关法律法规规定的员工应有权利能够得到保障	2.1 公司应制定休假制度，休假制度应符合国家劳动法的相关规定，并经管理层批准或确认	同1.1
		2.2 员工加班应予以记录，并符合国家劳动法的相关规定	同1.2
		2.3 考勤记录、休假记录和加班记录应反映在薪金计算中	

序号	控制目标	控制活动	审计程序
3	员工休假满足公司正常运作的要求	3.1 员工休假应填写书面的休假申请书，并经主管负责人审批	同1.2
		3.2 员工休假时应合理安排其工作（代理或移交）	
4	休假政策有利于保护公司资产安全	4.1 公司应安排强制休假	（1）询问人力资源部门管理层，了解公司是否有强制休假制度 （2）获取强制休假制度的书面文本

（七）人力资源档案管理内部控制审计的要点

人力资源档案管理内部控制审计的要点如表4-7-6所示。

表4-7-6 人力资源档案管理内部控制审计的要点

序号	控制目标	控制活动	审计程序
1	确保人力资源资料的安全和完整	1.1 所有人力资源资料有系统的分类和确定的连续编号方法	（1）与人力资源部门相关人员进行访谈，了解有关人力资源资料管理的相关制度和规定 （2）获得书面的人力资源资料管理的相关制度和规定的范本 （3）观察人力资源资料的存放环境，评估是否能保证资料的安全 （4）获得人力资源档案的范本，查看是否连续编号和使用 （5）采用判断抽样的方法抽取____份人力资源资料，检查其内容是否与人力资源主文件一致
		1.2 所有人力资源资料应及时分类归档，存放于安全的地方并由人力资源部门设专人保管	
		1.3 建立档案时，所有人力资源资料在主文件（信息汇总表）上登记	
2	确保人力资源资料的保密性	2.1 人力资源资料应有适当的保安措施，只有经过授权的人员才可以查阅和调阅	（1）与人力资源部门相关人员进行访谈，了解人力资源资料查阅和调阅流程，了解人力资源资料是否有保密级的划分，以及是否按保密级程度由专人分类保管 （2）观察保密级人力资源资料的存放是否符合保密需要
		2.2 对人力资源资料应确定保密级，根据保密级确定相应负责人的审批权限	

（续表）

序号	控制目标	控制活动	审计程序
2	确保人力资源资料的保密性	2.3 对不同保密级的人力资源资料须有相应的保管方式 2.4 保密级人力资源资料仅限于在专管人员的陪同下在档案室内查阅，不得调阅 2.5 查阅和调阅人力资源资料需填制书面的查阅和调阅申请单，并根据保密级程度，按照审批权限报经相关负责人书面批准 2.6 建立档案查阅和调阅登记簿，所有阅览均有记录，有借阅者的签字确认 2.7 调阅的人力资源资料须由专人监督及时归档	（3）获得保密级人力资源资料查阅和调阅的审批权限，是否有管理层的签字确认 （4）采用判断抽样的方法从查阅、调阅档案登记簿中抽取___份样本，查看其是否有借阅者的签字、归还日期等 （5）追踪到相应的查阅和调阅申请单，检查其是否根据保密级程度有相应负责人的审批签字 （6）从上述调阅样本中，查看是否存在保密级资料被调阅的记录，如有此类情况，查看是否有相应负责人的审批签字
3	人力资源资料的修改是准确的	3.1 由适当的管理层定期对人力资源资料进行复核 3.2 对人力资源资料的修改给予相应的单据，如招聘评审表、离职表、工资晋升表等，并根据权限经相关负责人书面批准 3.3 人力资源部门职员应根据经批准的修改单据进行修改，并在资料登记簿上做修改记录 3.4 人力资源信息的修改应在得到书面批准后限时完成	（1）与人力资源部门管理层进行访谈，了解其定期复核人力资源主档案的流程 （2）获得复核报告或其他书面的复核证据，确认有无复核签字和复核日期 （1）与人力资源部门相关人员进行访谈，了解人力资源资料的修改流程 （2）采用判断抽样的方法从档案的修改日志中抽取___笔修改记录，查看其原始单据是否有相应负责人的审批签字 （3）追踪到人力资源主档案，确认修改已经被及时执行更新 （4）从以上抽取的修改记录中，查看修改审批时间和登记时间的间隔，是否符合公司规定

第5章

信息系统审计

　　信息系统审计是指内部审计机构和内部审计人员对组织的信息系统及其相关的信息技术内部控制和流程所进行的审查和评价活动。

第1节 信息系统审计概述

为了规范信息系统审计工作，提高审计质量和效率，根据《内部审计基本准则》，制定《第2203号内部审计具体准则——信息系统审计》，该准则对信息系统的审计作出了明确的规定。

一、一般原则

（一）审计的目的

信息系统审计的目的是通过实施信息系统审计，对组织是否实现信息技术管理目标进行审查和评价，并基于评价意见提出管理建议，协助组织信息技术管理人员有效地履行职责。

组织的信息技术管理目标主要包括：

（1）保证组织的信息技术战略充分反映组织的战略目标；

（2）提高组织所依赖的信息系统的可靠性、稳定性、安全性和数据处理的完整性、准确性；

（3）提高信息系统运行的效果与效率，合理保证信息系统的运行符合法律法规和相关监管要求。

（二）责权划分

组织中信息技术管理人员的责任是进行信息系统的开发、运行和维护，以及与信息技术相关的内部控制的设计、执行和监控；信息系统审计人员的责任是实施信息系统审计工作并出具审计报告。

从事信息系统审计的内部审计人员应当具备必要的信息技术和信息系统审计专业知识、技能、经验。必要时，实施信息系统审计可以利用外部专家服务。

（三）其他

信息系统审计既可以作为独立的审计项目组织实施，也可以作为综合性内部审计项目的组成部分实施。

当信息系统审计作为综合性内部审计项目的一部分时，信息系统审计人员应当及时与其他相关内部审计人员沟通信息系统审计中的发现，并考虑依据审计结果调整其他相关审计的范围、时间和性质。

内部审计人员应当采用以风险为基础的审计方法进行信息系统审计，风险评估应当贯穿于信息系统审计的全过程。

二、信息系统审计计划

内部审计人员在实施信息系统审计前，需要确定审计目标并初步评估审计风险，估算完成信息系统审计或专项审计所需的资源，确定重点审计领域和审计活动的优先次序，明确审计组成员的职责，编制信息系统审计方案。

编制信息系统审计方案时，除遵循相关内部审计具体准则的规定外，还应当考虑下列因素：

（1）高度依赖信息技术、信息系统的关键业务流程和相关的组织战略目标；

（2）信息技术管理的组织架构；

（3）信息系统框架和信息系统的长期发展规划及近期发展计划；

（4）信息系统及其支持的业务流程的变更情况；

（5）信息系统的复杂程度；

（6）以前年度信息系统内、外部审计所发现的问题及后续审计情况；

（7）其他影响信息系统审计的因素。

当信息系统审计作为综合性内部审计项目的一部分时，内部审计人员在审计计划阶段还应当考虑项目审计目标和要求。

三、信息技术风险评估

内部审计人员进行信息系统审计时，应当识别组织所面临的与信息技术相关的内、外部风险，并采用适当的风险评估技术和方法，分析和评价其发生的可能性和影响程度，为确定审计目标、范围和方法提供依据。

（一）信息技术风险的分类

信息技术风险是指组织在信息处理和信息技术运用过程中产生的、可能影响组织目标实现的各种不确定因素。信息技术风险包括：

（1）组织层面的信息技术风险；

（2）一般性控制层面的信息技术风险；

（3）业务流程层面的信息技术风险。

（二）识别和评估风险应关注的内容

识别和评估风险应关注的内容如表5-1-1所示。

表5-1-1 识别和评估风险应关注的内容

序号	类别	关注的内容
1	组织层面、一般性控制层面的信息技术风险	（1）业务关注度，即组织的信息技术战略与组织整体发展战略规划的契合度以及信息技术（包括硬件及软件环境）对业务和用户需求的支持度

（续表）

序号	类别	关注的内容
1	组织层面、一般性控制层面的信息技术风险	（2）信息资产的重要性 （3）对信息技术的依赖程度 （4）对信息技术部门人员的依赖程度 （5）对外部信息技术服务的依赖程度 （6）信息系统及其运行环境的安全性和可靠性 （7）信息技术变更 （8）法律规范环境 （9）其他
2	业务流程层面的信息技术风险	业务流程层面的信息技术风险受行业背景、业务流程的复杂程度、上述组织层面和一般性控制层面的控制有效性等因素的影响而存在差异。一般而言，内部审计人员应当了解业务流程，并关注下列信息技术风险： （1）数据输入 （2）数据处理 （3）数据输出

提醒您

内部审计人员应当充分考虑风险评估的结果，以合理确定信息系统审计的内容和范围，并对组织的信息技术内部控制设计合理性和运行有效性进行测试。

四、信息系统审计的内容

信息系统审计主要是对组织层面信息技术控制、信息技术一般性控制和业务流程层面相关应用控制的审查和评价。

（一）组织层面信息技术控制

组织层面信息技术控制是指董事会或最高管理层对信息技术治理职能和内部控制的重要性的态度、认识和措施。内部审计人员应当考虑表5-1-2所列控制要素中与信息技术相关的内容。

表5-1-2　组织层面信息技术控制要素与内容

序号	要素	内容
1	控制环境	内部审计人员应当关注组织的信息技术战略规划与业务战略规划的契合度、信息技术治理制度体系的建设、信息技术部门的组织结构和关系、信息技术治理相关职权与责任的分配、信息技术人力资源管理、对用户的信息技术教育和培训等方面
2	风险评估	内部审计人员应当关注组织的风险评估的总体架构中信息技术风险管理的框架、流程和执行情况，信息资产的分类、信息资产所有者的职责等方面
3	信息与沟通	内部审计人员应当关注组织的信息系统架构及其对财务、业务流程的支持度、董事会或最高管理层的信息沟通模式、信息技术政策或信息安全制度的传达与沟通等方面
4	内部监督	内部审计人员应当关注组织的监控管理报告系统、监控反馈、跟踪处理程序、组织对信息技术内部控制的自我评估机制等方面

（二）信息技术一般性控制

信息技术一般性控制是指与网络、操作系统、数据库、应用系统及其相关人员有关的信息技术政策和措施，以确保信息系统持续稳定地运行和支持应用控制的有效性。对信息技术一般性控制的审计应当考虑表5-1-3所列的控制活动。

表5-1-3　信息技术一般性控制审计要考虑的控制活动

序号	活动	审计内容
1	信息安全管理	内部审计人员应当关注组织的信息安全管理政策，物理访问及针对网络、操作系统、数据库、应用系统的身份认证和逻辑访问管理机制，系统设置的职责分离控制等
2	系统变更管理	内部审计人员应当关注组织的应用系统及相关系统基础架构的变更、参数设置变更的授权与审批，变更测试，变更移植到生产环境的流程控制等
3	系统开发和采购管理	内部审计人员应当关注组织的应用系统及相关系统基础架构的开发和采购的授权审批，系统开发的方法论，开发环境、测试环境、生产环境严格分离情况，系统的测试、审核、移植到生产环境等
4	系统运行管理	内部审计人员应当关注组织的信息技术资产管理、系统容量管理、系统物理环境控制、系统和数据备份及恢复管理、问题管理、系统的日常运行管理等

（三）业务流程层面应用控制

业务流程层面应用控制是指在业务流程层面为了合理保证应用系统准确、完整、及时完成业务数据的生成、记录、处理、报告等功能而设计、执行的信息技术控制。对业务流程层面应用控制的审计应当考虑下列与数据输入、数据处理和数据输出环节相关的控制活动：

（1）授权与批准；

（2）系统配置控制；

（3）异常情况报告和差错报告；

（4）接口/转换控制；

（5）一致性核对；

（6）职责分离；

（7）系统访问权限；

（8）系统计算；

（9）其他。

提醒您

信息系统审计除上述常规的审计内容外，内部审计人员还可以根据组织当前面临的特殊风险或需求，设计专项审计以满足审计战略，具体包括（但不限于）下列领域：

（1）信息系统开发实施项目的专项审计；

（2）信息系统安全专项审计；

（3）信息技术投资专项审计；

（4）业务连续性计划的专项审计；

（5）外包条件下的专项审计；

（6）法律、法规、行业规范要求的内部控制合规性专项审计；

（7）其他专项审计。

五、信息系统审计的方法

内部审计人员在进行信息系统审计时，可以单独或综合运用下列审计方法获取相关、可靠和充分的审计证据，以评估信息系统内部控制的设计合理性和运行有效性：

（1）询问相关控制人员；

（2）观察特定控制的运用；

（3）审阅文件、报告和计算机文档或日志；

（4）根据信息系统的特性进行穿行测试，追踪交易在信息系统中的处理过程；

（5）验证系统控制和计算逻辑；

（6）登录信息系统进行系统查询；

（7）利用计算机辅助审计工具和技术；

（8）利用其他专业机构的审计结果或组织对信息技术内部控制的自我评估结果；

（9）其他。

内部审计人员可以根据实际需要利用计算机辅助审计工具和技术进行数据的验证、关键系统控制或计算的逻辑验证、审计样本选取等；内部审计人员在充分考虑安全的前提下，可以利用可靠的信息安全侦测工具进行渗透性测试等。

第 2 节　信息系统审计实务

一、对信息系统计划开发阶段的审计

对信息系统计划开发阶段的审计包括对计划的审计和对开发的审计，既可以是事中审计，也可以是事后审计。比较而言事中审计更有意义，审计结果的得出利于故障、问题的及早发现，利于调整计划，利于开发顺序的改进。

（一）信息系统计划阶段

信息系统计划阶段的关键控制点有：计划是否有明确的目的，计划中是否明确描述了系统的效果，是否明确了系统开发的组织，对整体计划进程是否正确预计，计划能否随经营环境改变而及时修正，计划是否制定有可行性报告，关于计划的过程和结果是否有文档记录，等等。

（二）系统开发阶段

系统开发阶段包括系统分析、系统设计、代码编写和系统测试。其中涉及功能需求分析、业务数据分析、总体框架设计、结构设计、代码设计、数据库设计、输入输出设计、处理流程及模块功能的设计。编程时依据系统设计阶段的设计图及数据库结构和编码设计，用计算机程序语言来实现系统的过程。测试包括动态测试和静态测试，是系统开发完毕，进入试运行之前的必经程序。系统开发阶段关键控制点的审计内容如表5-2-1所示。

表5-2-1　系统开发阶段关键控制点的审计内容

序号	关键控制点	审计内容
1	分析控制点	是否已细致分析企业组织结构，是否确定用户功能和性能需求，是否确定用户的数据需求

（续表）

序号	关键控制点	审计内容
2	设计控制点	设计界面是否方便用户使用，设计是否与业务内容相符，性能能否满足需要，是否考虑故障对策和安全保护
3	编程控制点	是否有程序说明书，并按照说明书进行编写；编程与设计是否相符，有无违背编程原则；程序作者是否进行自测；是否有程序作者之外的第三人进行测试；编程的书写、变量的命名等是否规范
4	测试控制点	测试数据的选取是否按计划和需要进行，是否具有代表性；测试是否站在公正客观的立场进行，是否有用户参与测试；测试结果是否正确记录

二、对信息系统运行维护阶段的审计

对信息系统运行维护阶段的审计又细分为对运行阶段的审计和对维护阶段的审计。

（一）系统运行过程的审计

系统运行过程的审计是在信息系统正式运行阶段，针对信息系统是否被正确操作和是否有效地运行，从而真正实现信息系统的开发目标、满足用户需求而进行的审计。对信息系统运行过程的审计分为系统输入审计、通信系统审计、处理过程审计、数据库审计、系统输出审计和运行管理审计六大部分。具体内容如表5-2-2所示。

表5-2-2　信息系统运行维护阶段关键控制点的审计内容

序号	关键控制点	审计内容
1	系统输入审计	（1）是否制定并遵守输入管理规则 （2）是否有数据生成顺序、处理等的防错、保护措施 （3）防错、保护措施是否有效
2	通信系统审计	（1）是否制定并遵守通信规则 （2）对网络存取控制和监控是否有效
3	处理过程审计	审计主要针对数据输入系统后是否被正确处理。关键控制点有：被处理的数据、数据处理器、数据处理时间、数据处理后的结果、数据处理实现的目的、系统处理的差错率、平均无故障时间、可恢复性和平均恢复时间
4	数据库审计	（1）对数据的存取控制和监视是否有效 （2）是否记录数据利用状况，并定期分析 （3）是否考虑数据的保护功能 （4）是否有防错、保密功能 （5）防错、保密功能是否有效

（续表）

序号	关键控制点	审计内容
5	系统输出审计	（1）输出信息的获取和处理是否有防止不正当行为和机密保护措施 （2）输出信息是否准确和及时 （3）输出信息的形式是否被客户所接受 （4）是否记录输出出错情况并定期进行分析
6	运行管理审计	（1）操作顺序是否标准化 （2）作业进度是否有优先级 （3）操作是否按标准进行 （4）人员交替是否规范 （5）能否对预计与实际运行的差异进行分析 （6）遇到问题时能否相互沟通 （7）是否有经常性培训与教育

（二）维护过程的审计

维护过程的审计包括对维护计划、维护实施、改良系统的试运行和旧系统的废除等维护活动的审计。维护过程的关键控制点有：

（1）维护组织的规模是否适应需要；

（2）人员分工是否明确；

（3）是否有一套管理机制和协调机制；

（4）维护过程发现的可改进点，维护是否得到维护负责人同意；

（5）是否对发现的问题作了修正；

（6）维护记录是否有文档记载；

（7）是否定期分析；

（8）旧系统的废除是否在授权下进行。